Birgit Waßmann
Übergriffe aus dem Jenseits.
Gibt es Geister und Dämonen?

Die Tür, die den Eingang verschließt,
ist dieselbe, die
ihn öffnet

Übergriffe aus dem Jenseits

Gibt es Geister und Dämonen?

Birgit Waßmann

Bibliografische Information der Deutschen Nationalbibliothek:
Die Deutsche Nationalbibliothek verzeichnet diese Publikation
in der Deutschen Nationalbibliografie, detaillierte bibliografische
Daten sind im Internet über dnb.dnb.de abrufbar.

Neuauflage, 1. Aufl.: 2016

© 2024 Birgit Waßmann

Verlag: BoD · Books on Demand GmbH, In de Tarpen 42,
22848 Norderstedt
Druck: Libri Plureos GmbH, Friedensallee 273,
22763 Hamburg

ISBN: 978-3-7583-4012-3

Inhalt

Selbstbestimmung oder Hingabe?

Vorwort

Für Menschen, die eine Reise in unbekannte Welten antreten, ist es mitunter schwierig, die dabei auftauchenden Probleme zu erfassen und einzuordnen. Bei dem Versuch, ein wenig Licht in das Dunkel zu bringen, sind sie auf das Studium esoterischer Schriften angewiesen in der Hoffnung, gewisse Aspekte der eigenen Erfahrungen wiederzufinden.

Die Entwicklung wird bei jedem unterschiedlich verlaufen, doch gewisse Grundzüge wiederholen sich und ziehen sich wie ein roter Faden durch die Erlebnisse. Diejenigen, die sich – meist unbemerkt von der Gesellschaft – aufgemacht haben, um zu neuen Ufern zu gelangen, werden Problemen und Hindernissen begegnen, die sich in vielen Aspekten ähneln.

Von großem Nutzen sind dabei Hinweise, die Auskunft darüber geben, auf welche Weise gefährliche Klippen umschifft werden können. Nicht Jeder wird in die gleiche Falle tappen oder sich im Labyrinth der Versuchungen und Irrwege verlaufen. Doch Etliche stoßen an ihre Grenzen und wissen irgendwann nicht mehr ein noch aus, weil ihnen der Überblick abhanden gekommen ist. Der Lebensmut und das Gefühl für ein sinnvolles Dasein gehen verloren. Wirkliche Hilfe findet sich kaum und einfache Lösungen existieren nicht, daher sind Informationen von großem Wert, die auf Gefährdungen hinweisen. Nur dann besteht die Möglichkeit, diese zu vermeiden. Auf der Grundlage von Selbstreflexion und dem Vergleich mit ähnlichen Erfahrungsberichten können subjektive Erlebnisse eine objektive Einschätzung erfahren.

Die Lektüre dieses Buches wird womöglich einige liebgewonnene Illusionen zerstören. Die Situation, in der sich Menschen befinden, die in ein falsches Fahrwasser geraten sind, ist wahrlich nicht beneidenswert. Daher bieten Hinweise, die auf die fatalen

Folgen von Irrtümern aufmerksam machen, eine Möglichkeit, dass tiefe Tal dennoch zu durchqueren.

Die dunklen Mächte existieren tatsächlich. Sie können vor allem dann ihre volle Wirksamkeit entfalten, wenn eine Person in trauriger oder feindseliger Verfassung ist. Negative Stimmungen liefern die Betroffenen ungeschützt den Angriffen von Gegenmächten aus. Dann fließen Ströme negativer Energie in den Organismus hinein, die wiederum eine feindselige, destruktive Geisteshaltung verstärken. Ein verhängnisvoller Kreislauf kommt in Gang, der nur schwer zu durchbrechen ist. Wichtig ist, diese Zusammenhänge zu durchschauen und trotz kritischer und feindseliger Gedanken der negativen Stimmung nicht allzu viel Raum zu geben.

Die Bewusstwerdung unterbewusster Strömungen, die bei medialen Personen einsetzt, hält Chancen und Gefahren bereit. Ähnliche Vorgänge finden bei allen Menschen unterhalb der Bewusstseinsschwelle statt und sind somit nicht ohne weiteres steuerbar. Eine Person, die um das Wirken der negativen Energien weiß, wird womöglich daran gehen, Gegenmaßnahmen zu ergreifen und sich in einen Kampf verstricken, der allerdings wenig Aussicht auf Erfolg hat. Die Gegenkräfte sind in der Regel überlegen. Je größer die Anstrengungen, sich ihnen zu widersetzen und die Oberhand zu behalten, desto mehr gewinnen sie an Stärke und werden nach einiger Zeit zu echten Plagegeistern. Dennoch können Gegenmaßnahmen eine Linderung der negativen Beeinflussung bringen. Daher ist es nicht ratsam, völlig darauf zu verzichten. Die Entwicklung von Unterscheidungsvermögen ist von grundlegender Bedeutung, denn es befähigt sensitive Menschen u.a. dazu, niedrig gesinnte Geister nicht mit Geistlehrern zu verwechseln.

Der Kontakt mit einer Instanz, die das Ich vor besitzergreifenden, tyrannischen Mächten warnt und nach alternativen Möglichkeiten Ausschau hält, ist ebenfalls sehr hilfreich. Andernfalls bildet sich ein Teufelskreis aus Angst und Negativität. Im Unterbewusstsein erwachen starke geistige Kräfte – teilweise von der Person selbst erzeugt, – die sie zu Fall bringen können. In der Folge drohen psychische Erkrankung und geistiger Verfall. Abergläubische Vorstellungen, die zu einer verzerrten Wahrnehmung führen, sind unbedingt zu vermeiden. Wie schnell führt eine Vermutung zur nächsten, bis sich letztendlich ein Berg aus negativen Glaubenssätzen und fehlerhaften Annahmen gebildet hat, der sich nur schwer wieder beseitigen lässt. Wenn die Phantasie sich frei entfaltet und dazu neigt, sich in abenteuerliche Vorstellungen hineinzusteigern, wird sie leicht das Opfer selbsterzeugter Wahnvorstellungen.

Der Realitätsbezug darf niemals vernachlässigt werden. Wenn sich Jemand seinem ‚inneren Selbst' geöffnet hat und passiv auf die ‚göttliche Führung' wartet, um sich ganz ‚hinzugeben', sind die Probleme bereits vorprogrammiert. Im Extremfall gibt er seinen Beruf auf, trennt sich von seinem Partner und bricht alle Brücken hinter sich ab; – nur um sich plötzlich im Niemandsland wiederzufinden. Das Leben zieht in der Folge an ihm vorbei, ohne dass sich etwas Nennenswertes ereignet.

Eine plötzliche Veränderung der Lebenssituation ist nicht erstrebenswert für diejenigen, die sich nicht mit großer Sicherheit auf ihre inneren Wahrnehmungen verlassen können und von der Richtigkeit ihrer Entscheidung überzeugt sind. Sobald Zweifel da sind, sollten alle Aspekte der Entscheidung einer genauen Prüfung zu unterzogen werden. Im Zweifelsfall ist es vorteilhafter, das kleinere Übel zu wählen, das darin bestehen kann, den bisherigen Lebensweg weiterzugehen, bis eine akzeptable Alternative gefunden wird.

In jedem Individuum existiert eine innere Instanz, die sich durch Impulse zu erkennen gibt und ein Empfinden vermittelt von der Richtigkeit einer Handlung oder einer verbalen Äußerung. Jeder Mensch ist bei der Gestaltung seines Lebensweges auf sich selbst, auf seine Fähigkeiten, Vorlieben und Erfahrungen angewiesen und trägt dafür die alleinige Verantwortung. Jemand, der unentwegt nach ,Höherem' strebt, übersieht dasjenige, was ihm zu Gebote steht und auf seinen Einsatz wartet.

Geduld und Ausdauer sind zwei Grundvoraussetzungen für die mediale und spirituelle Entwicklung. Werden schnelle, sichtbare Erfolge angestrebt, ohne sich einer Sache ganz zu widmen, wird sich irgendwann Enttäuschung einstellen. Vielleicht ist in einem solchen Fall der Verzicht auf weitere Erfahrungen die beste Lösung. Nicht jeder bringt die innere Bereitschaft mit für eine umfassende Wandlung seines gesamten Seins, wie sie einem Wanderer auf dem geistigen Pfad bevorsteht.

Die Aussagen in vorliegendem Buch basieren zum überwiegenden Teil auf Hinweisen aus der esoterischen Literatur, persönlichen Erfahrungen und auf Botschaften aus der geistigen Welt. Die eigenen Texte sind durch eine andere Schriftform kenntlich gemacht. Da ich über mehrere Jahre hinweg mediale Botschaften erhalten habe, bin ich mit der im Buch behandelten Thematik gut vertraut und zu gewissen Einsichten gelangt, die einem Außenstehenden verschlossen bleiben. Ich habe die Hoffnung, dass die nachfolgenden Informationen denjenigen Lesern, die sich für spiritistische und mediale Inhalte interessieren, dabei helfen, unnötige Irrwege zu vermeiden.

Die Rätsel des Okkultismus

„Die Grenze zwischen akademischer Wissenschaft und Okkultismus liegt stets dort, wo die wissenschaftliche Erkenntnis aufhört."
Horst E. Miers

Unter Okkultismus wird die Summe unerklärlicher Vorgänge verstanden, die sich anerkannten wissenschaftlichen Gesetzen und Regeln entziehen. Die Ursachen okkulter Erscheinungen des Natur- und Seelenlebens sind den Sinnen verborgen (okkult); sie werden von der offiziellen Wissenschaft noch nicht allgemein anerkannt.

Die Gabe, Kontakt mit anderen Ebenen außerhalb der materiellen Welt aufzunehmen, war bereits in früheren Zeiten Bestandteil religiöser Hochkulturen. Mittlerweile berichtet eine zunehmende Anzahl von Menschen über mediale Kontakte zu unsichtbaren Kräften, was kaum Zweifel an der Möglichkeit derartiger Kontaktaufnahmen aufkommen lässt.

Ein Kontakt mit Geistwesen entspricht im Grunde dem Kontakt zu Menschen, wenn man den Berichten Glauben schenkt. Jedem Menschen ist demnach grundsätzlich die Möglichkeit gegeben, mit der geistigen Welt in Beziehung zu treten, denn prinzipiell befinden sich alle Menschen in Verbindung mit den unsichtbaren

Sphären. Eine Trennung zwischen Diesseits und Jenseits durch feststehende Grenzen existiert im Grunde nicht. Alles fließt ineinander und wirkt in einer selbstverständlichen Weise zusammen.

Eine Analogie zu den Strahlen der Sonne verdeutlicht diesen Vorgang, mit dem Unterschied, dass geistige Strahlen (oder Schwingungen) in erster Linie auf Geist und Seele und nur indirekt auf den Körper einwirken. Mediale Menschen sind - manchmal unbewusst - ähnlich einem Empfangsgerät auf Strahlungen aus der unsichtbaren Welt eingestellt.

Die Kontaktaufnahme erfolgt über die inneren psychisch-geistigen Sinne, welche den äußeren Sinnen in analoger Form entsprechen. Die medialen Fähigkeiten, wie z.B. Hellsehen, Hellhören und Hellfühlen, treten bei psychisch kranken Menschen in verzerrter Form zutage, wo sie als Stimmen, visuelle und taktile Halluzinationen etc. wahrgenommen werden. Die Zusammenhänge sind leider noch wenig erforscht.

C.G. Jung zeigt den geheimnisvollen Gebieten der Psyche gegenüber mehr Aufgeschlossenheit als seine Kollegen, indem er bekennt: „Es ist wichtig, dass wir ein Geheimnis haben und die Ahnung von etwas nicht Wissbarem. Es erfüllt das Leben mit etwas Unpersönlichem, einem Numinosum. Wer das nie erfahren hat, hat Wichtiges verpasst. Der Mensch muss spüren, dass er in einer Welt lebt, die in einer gewissen Hinsicht geheimnisvoll ist, dass in ihr Dinge geschehen und erfahren werden können, die unerklärbar bleiben, und nicht nur solche, die sich innerhalb der Erwartung ereignen. Das Unerwartete und das Unerhörte gehören in diese Welt. Nur dann ist das Leben ganz" (in: Erinnerungen, Träume, Gedanken, S.358).

Das bislang noch Unbegreifliche zeigt sich den medialen Sinnen allerdings auch in sichtbarer Form, was mit dem Begriff *Hellsehen* gekennzeichnet wird. Schlaf und Traum können ebenfalls als okkulte und übersinnliche Ereignisse gesehen werden, meint F. Wenzel. Er bemängelt, „dass wir weithin nicht mehr wahrhaben

13

wollen, dass unser menschliches Wesen wie die gesamte Natur geradezu eingebettet ist in Übersinnlichem, Verborgenen und Rätselhaften. Wir schwimmen geradezu, um ein Wort Goethes zu gebrauchen, im Wunderbaren, dass heißt, Unerklärlichen und Unerforschten, wie der Fisch im Wasser. Das Okkulte ist eigentlich unsere zweite Natur" (S.13).

Die Parapsychologie untersucht und analysiert außernatürliche Phänomene des Bewusstseins, die sich nicht ohne weiteres erklären lassen. Sie befasst sich vor allem mit Aspekten des Bewusstseins, die von den übrigen Disziplinen außer acht gelassen werden. Psychiater und Psychologen müssen sich immer noch den Vorwurf gefallen lassen, parapsychologische Phänomene nicht ernst zu nehmen. Eine Reihe bislang gültiger Theorien würde hinfällig werden, falls die Aussagen in Bezug auf Telepathie, Präkognition, Medialität, Hellsehen und Psychokinese in Betracht gezogen und ernst genommen würden.

Innerhalb der Parapsychologie existieren zwei Richtungen: die spiritistische und die animistische Lehre. Der Spiritismus hält ein körperunabhängiges Bewusstsein für möglich, während der Animismus die okkulten Phänomene zwar anerkennt, diese jedoch ausschließlich auf telepathische, magische oder andere paranormale Wirkungen Lebender zurückführt, auf Menschen also, die das materielle Dasein noch nicht verlassen haben.

Parapsychologische Phänomene teilt man gewöhnlich in physische und psychische Erscheinungen ein (vgl.: Zolt Aradi, S.99):

▶ Physische Phänomene sind u.a.: Verschiedene Geräusche, plötzliche Temperaturveränderungen, Ströme kalter Luft, Erschütterungen unbekannter Herkunft, Schläge, elektrische und magnetische Erscheinungen, (z. B. plötzliche Veränderungen in der Elektrizität), Gewichtsveränderungen eines Mediums etc.

▶ Sogen. Spukerscheinungen treten häufig in Zusammenhang mit medialen Praktiken auf. Dazu gehören: Möbel und Gegenstände, die sich wie ‚von Geisterhand' bewegen, Sachen, die verschwinden und plötzliches wieder auftauchen u.a.

► Zu den psychischen Phänomenen gehören: Der Gebrauch einer fremden Sprache, die dem Medium im Normalzustand unbekannt ist (= Xenoglossie); Persönlichkeitsveränderungen, bei denen das Medium wie eine völlig neue Persönlichkeit erscheint; Psychometrie: Ein Medium kann durch Berühren eines Gegenstandes genaue Aussagen über diesen machen, usw.

Parapsychologische Erscheinungen treten auch in der Gegenwart von Personen auf, die – durch bewusste oder unbewusste Aktivität – in irgendeiner Weise daran beteiligt sind. Interessant sind dabei vor allem die Persönlichkeitsveränderungen, die mit den Medien vor sich gehen. Einige dieser Erscheinungen stimmen mit den Anzeichen einer Besessenheit überein, wie z.B. die Xenoglossie.

Mediale Praktiken haben seit den 70er Jahren des 20. Jahrhunderts im Zuge der New-AgeBewegung einen immensen Aufschwung genommen. Auf den in allen größeren Städten regelmäßig stattfindenden Esoterik-Messen wird der neueste Stand der Entwicklung präsentiert. Informationen über spirituelle Heilmethoden, Auralesen und -photografie, Radiästhesie, Chirologie, Channeling, Numerologie etc. stoßen dort auf reges Interesse.

Kaum thematisiert werden Entgleisungen und die Gefahren, mit denen sich Psychologen und Sekten-Beratungsstellen konfrontiert sehen. Diesen mangelt es allerdings häufig an spezifischem Wissen, weshalb sie kaum in der Lage sind, den Dingen auf den Grund zu gehen.

Was ist es zu verstehen, wenn Menschen behaupten, von unsichtbaren Mächten angegriffen und misshandelt zu werden und die Spuren der Misshandlung deutlich sichtbar in Erscheinung treten? Eine Frau in der Freiburger Psychiatrischen Klinik klagte z.B., eine große, für Außenstehende unsichtbare, Schlange würde sie umschlingen. An ihrem Körper zeigten sich tatsächlich Schlangenwindungen, die von Assistenzärzten fotografisch festgehalten wurden. Der immer gleichbleibende Hinweis auf ‚Hysterie' ist zwar bequem, aber unzureichend.

Orthodoxe Psychiater betrachten geistige Prozesse als Vorgänge, die sich auf das physische Gehirn beschränken. In dieser Sichtweise wird das Gehirn zu einer Fabrik, in der Wahrnehmungen produziert werden. Eine weit verbreitete Annahme setzt die Grenze der Wahrnehmung mit der Grenze dessen, was überhaupt wahrnehmbar ist, gleich. Dass etwas mit den normalen Sinnen nicht erkannt werden kann und sich darüber hinaus auch der Erfassung durch Instrumente entzieht, gilt gemeinhin als Beweis für dessen Nichtexistenz. Doch die Sinne verschaffen uns lediglich Informationen über begrenzte Bereiche dieser Welt. Die Augen des Menschen nehmen elektromagnetische Wellen nur innerhalb einer bestimmten Bandbreite wahr. Wenn die Empfänglichkeit der Augen auf andere Frequenzen umgestellt werden könnte, würden wir wahrscheinlich erstaunliche Dinge in unserer Umgebung entdecken.

Die Psychologie hat mit der Entdeckung des Unbewussten der okkulten Forschung einen großen Dienst erwiesen. Die Geheimnisse und Rätsel der menschlichen Seele wurden dem Verständnis näher gebracht, obwohl immer noch weite Bereiche unerkannt und ungeklärt bleiben. Eine große Anzahl von Versuchen und Tests wurde bislang durchgeführt, um eine Deutung für okkulte Phänomene zu finden. Doch die Erklärungsversuche seitens der Wissenschaft halten einer detaillierten Analyse nicht stand.

Die Fähigkeit einiger Medien, im Trancezustand mehrere Sprachen fließend zu sprechen, wurde z. B. mit *Hypermnesie* (= einer abnormen Steigerung des Gedächtnisses) erklärt. Die Begründung hierfür lautete: Die betreffende Person sei mit der fremden Sprache bereits ‚irgendwie' in Berührung gekommen. Ein äußerst angeregtes Gedächtnis habe später in hypnotischem Zustand das verborgene Wissen reaktiviert.

Dieser Deutungsversuch, weist einige Lücken auf, denn er umfasst nicht jene Fälle, in denen zuvor kein Bezug zu der Fremdsprache bestanden hat und er erklärt vor allem nicht die inhaltlichen Besonderheiten. Einige Medien konnten Auskünfte über Sachverhalte geben, von denen sie nachweislich zuvor keinerlei Kenntnis hatten.

Die Wissenschaft versucht, okkulte Phänomene allein aus dem Seelenleben der betroffenen Menschen zu erklären. Dieses Verständnis des Okkulten wird *Animismus* genannt. Nach Ansicht F. Wenzels kann der Animismus trotz seiner wichtigen Bedeutung für das Verständnis vieler okkulter Erscheinungen nicht allein genügen. Das Verstehen der übersinnlichen Erscheinungen aus dem Unbewussten reicht nicht aus, da allzu viele Fragen offen bleiben.

Neben der wissenschaftlichen Auffassung steht daher der Spiritismus, der über den rätselhaften Bereich des Unbewussten hinaus die Existenz von Geistern und geistigen Welten voraussetzt. Von der Welt der Geister, die ihre eigene Sphäre hat, reichen Verbindungen und Beziehungen bis zur sichtbaren Welt. Voraussetzungen für eine Beziehung zur Geistsphäre sind eine unvoreingenommene Haltung und mediale Fähigkeiten.

Wenzel plädiert dafür, sich nicht einseitig für nur eine einzige Sichtweise zu entscheiden. Er bemerkt: „Animismus und Spiritismus zusammen gehören zum Okkultismus und zu allen damit zusammenhängenden Tatsachen. So wenig wir das Geheimnis der menschlichen Seele erklären können, ebenso wenig können wir das Geheimnis der spirituellen Welt und ihrer Geister erklären" (S.14f.). Bei einer offenen Haltung gegenüber den Erfahrungen der Medien und den Kundgaben aus der jenseitigen Welt könnte die okkulte Lehre eine Erweiterung auf vielen Gebieten des Wissens über Natur und Seele sein, behauptet der Autor.

Die esoterische Lehre empfiehlt zwei Übungen, um Zugang zur geistigen Welt zu erlangen: die Bewusstmachung des Traumlebens und die gelenkte Meditation; beides erfordert eine längere Phase konsequenter Übung. In Traum schläft ein wesentlicher Teil der geistigen Kräfte. Die von der Seele durchlebten Traumereignisse sind ohne Hilfe des Wachbewusstseins nur schwer in Erinnerung zu rufen.

Das Unterbewusstsein ist für die Sprache der Bilder, der Symbole und intensiven Empfindungen empfänglich, während das Wachbewusstsein die Erlebnisse und Wahrnehmungen in mentale Begriffe kleidet. Daher muss zwischen beiden Funktionen eine Brücke existieren, erklärt Maria Szepes, da sonst ein Seelenleben nicht möglich wäre. „Zwischen den beiden Extremen des Bewusstseins arbeitet ein mentaler Transformator, der das Erlebnismaterial der seelischen Regionen für die andere Ebene umwandelt. Die höheren Vorausahnungen, die Intuition, die Erinnerung, werden dadurch möglich, dass dieser Umsetzer in beide Richtungen Bilderserien sendet" (S.253).

Die menschliche Seele umfasst also zwei verschiedene, einander fremde Welten, „an deren Schnittpunkten ein Dolmetscher am Werk ist." Auf der Tagseite drängt sich das Oberbewusstsein stärker in den Vordergrund, während sich auf der Nachtseite das Unterbewusstsein in vertrauter Umgebung befindet. Zwischen diesen Bereichen besteht ein Abhängigkeitsverhältnis; das eine kann sich nicht ohne das andere entfalten.

In meditativen Übungen findet eine Vereinigung der beiden Bewusstseinssysteme statt, die nun gemeinsam an den Erfahrungen in den unsichtbaren Welten teilhaben. Nur so lässt sich eine klare Wahrnehmung kontinuierlich aufrechterhalten. Ein erweitertes Bewusstsein kann nur erreicht werden, wenn die beiden getrennten Regionen sich verbinden: Die klare Sicht des mentalen Bewusstseins vereinigt sich mit der an Bildern und Symbolen orientierten Intuition des Unterbewusstseins; – zwei Welten erschließen sich dem menschlichen Geist.

Parapsychologische Erkenntnisse sind geeignet, das Interesse und den Glauben an die Existenz metaphysischer Bereiche in Geistes- und Seelenleben jenseits des physisch Sichtbaren zu wecken. Auch religiöse Glaubensrichtungen haben den Anspruch, über die sichtbare Welt hinauszuführen. In vielen Überlieferungen wird das Erleben von Heiligen geschildert. Diese Erzählungen sind voller Begebenheiten, die große Ähnlichkeiten mit medialen Phänomenen aufweisen. Möglicherweise findet sich in den Berichten der Medien ein Abglanz dessen wieder, was Heilige zu allen Zeiten erlebt haben?

Auch die naturwissenschaftlichen Disziplinen setzen die physische Realität nicht ausschließlich mit dem gleich, was sichtbar vor Augen liegt. Ultraviolette Strahlen bspw. können nicht mehr mit dem physischen Auge wahrgenommen werden, sind aber mit speziellen Messinstrumenten nachzuweisen. Ein einfacher Denkvorgang lag vor dem Computerzeitalter jenseits der materiellen Wahrnehmung, dennoch bestritt niemand seine Existenz.

Medialität ist ebenfalls ein Weg, das Unsichtbare zu erfassen, sie „schafft eine neue Atmosphäre, einen Denkraum, innerhalb dessen man mit dem Unsichtbaren, mit Seele und Geist, wieder vertrauter wird" und „hilft, die Abkehr von der Anbetung des ‚Stoffes und der Kraft' sowie der Welt der fünf Sinne überhaupt als des vermeintlich einzig Wirklichen, ... vorbereiten", betont J.M. Verweyen (S.178).

Die rationale Auffassung mit seiner Abkehr vom Wunder wird von den medialen Erkenntnissen in seine Schranken gewiesen, indem diese darauf hinweisen, dass die unveränderlich scheinenden Gesetzmäßigkeiten im Ablauf der Naturerscheinungen Ausnahmen zulassen. Von Augustinus ist der Ausspruch überliefert: „Wunder verstoßen nicht gegen die Natur, sondern nur gegen die uns bekannte Natur." Der jeweilige Standpunkt entscheidet darüber, ob ein Geschehen als übernatürlich oder als naturgegeben eingestuft wird. Vorstellungen, welche die Menschheit auf dem jeweiligen Stand ihrer Naturerkenntnis nicht in den Zusammenhang einordnen kann, geraten leicht ins Abseits, da sie den allgemein akzeptierten Anschauungen widersprechen. Doch die zahlreichen authentischen Berichte über mediale Erkenntnisse lassen bei einiger Aufgeschlossenheit kaum Zweifel an der Echtheit der Phänomene aufkommen.

Von theologischer Seite wird medialer Betätigung allgemeine Ablehnung entgegengebracht. Im Alten Testament werden Zauberei und Wahrsagerei als ‚Gräuel' angeprangert (vgl. 5.Mos., V.18; 19). Der Okkultismus wird in der Bibel als Feind der Kirche bezeichnet, die auftretenden Phänomene gelten als ‚Blendwerk des Bösen'. Seitens der katholischen Kirche existiert das strikte Verbot, an spiritistischen Sitzungen teilzunehmen. Für die New-Age-Bewegung hingegen erhält die Beschäftigung mit Medialität eine religiöse Dimension. Im Schamanismus gehören übersinnliche Fähigkeiten, wie etwa die Reise in die Anderswelt, zum Bestandteil der schamanischen Praxis, die entwickelt und gefördert werden.

Die Abkehr vieler Menschen von kirchlichen Traditionen beruht nicht zuletzt auf einem tiefgreifenden Mangel, der als ‚Erlebnis-Defizit' bezeichnet werden kann. Die Beschäftigung mit der geheimnisvollen Welt medialer und spiritistischer Erscheinungen kann den Glauben an eine höhere Form des Daseins neu beleben und zur Vertiefung, zu einer Bereicherung, des Daseins beitragen. Das Unvermögen der kirchlichen Tradition, ihren Anhängern eine unmittelbare Berührung mit dem Göttlichen zu vermitteln, hat zu einer Sinnsuche außerhalb der Kirche geführt. Die Hinwendung zu medialen Erfahrungen ist ein Kennzeichen dieser Suche, die aber leider allzu oft in eine Sackgasse führt. Leider werden in der esoterischen Gegenwartsliteratur zu wenige Hinweise in bezug auf die Untiefen gegeben, in denen sich eine Seele verirren kann.

Mediale Betätigung kann auf das geistige Wachstum eine belebende Wirkung ausüben, sofern es den Medien gelingt, abseitige Pfade zu meiden. Entscheidend dabei ist, welche Schlüsse aus dem Erleben gezogen werden. Die Erfahrungen rufen entweder Unverständnis und Verwirrung hervor oder sie werden zum Katalysator der spirituellen Entwicklung.

Spiritistische Kontakte

Die ‚Andere Welt' ist die Welt, die man nicht sieht. –
Sie ist überall.

Spiritismus als Protestbewegung

Unter Spiritismus versteht man die Beschwörung von Geistern, die
sich mithilfe eines Mediums in den unterschiedlichsten Formen
mitteilen und verständlich machen. Die Praxis der Geisterbeschwörung, von denen die Anrufung der Verstorbenen am weites-
ten verbreitet ist, kann auf eine lange Tradition zurückblicken.
Schon in Homers *Odyssee* wird eine Totenbeschwörung durchgeführt, und auch in vielen religiösen Gruppierungen hat die Anrufung Verstorbener ihren Platz.

Als philosophischer Wegbereiter der spiritistischen Bewegung in
der westlichen Welt gilt Emanuel Swedenborg, ein schwedischer
Wissenschaftler und Visionär, der im 18. Jhdt. lebte. Für ihn gehörte die Geisterwelt als ein unsichtbarer Bereich zur Natur, wobei
die geistige und natürliche Welt miteinander in Verbindung stehen
und aufeinander einwirken.

Die Grundgedanken des modernen Spiritismus stammen von Andrew Jackson Davis, der 1926 im Staat New York geboren wurde. Von früher Kindheit an besaß er erstaunliche hellseherische Fähigkeiten. Auf einer Seelenreise begegnete er eigenen Angaben zufolge berühmten Persönlichkeiten der Vergangenheit. Er traf u.a. Swedenborg, der ihm anbot, sein geistiger Lehrer zu sein. Davis verfasste ein Buch über Nature's Divine Revelations (dt.: Die Prinzipien der Natur), das viel Beachtung fand.

Der sich ausbreitende Spiritismus im 19. Jahrhundert kann als Protestbewegung gegen die Einseitigkeit des Materialismus in der industriellen Gesellschaft aufgefasst werden. Eine Flut von Experimenten, die darauf abzielte, mit dem Jenseits einen Kontakt herzustellen, sollte den Beweis erbringen, dass die Verstorbenen weiterexistieren und Anteil nehmen am Leben der Hinterbliebenen. Die Beschäftigung mit den Geistern der Toten wurde zur Ersatzreligion für Viele, die sich von den herrschenden Religionen enttäuscht abgewandt hatten.

Spiritistische Kirchen entstanden, zu deren Gottesdiensten die Verkündung von Botschaften durch gläubige Medien und die Heilung Kranker gehörten. Während das Christentum von einem grundlegenden Konflikt zwischen Gut und Böse ausgeht, verneinten viele Spiritisten die Existenz übelwollender Geister. Die Trennung zwischen den Gegensätzen wurde als Ausdruck einer neuen Geisteshaltung unscharf. Die Geister wurden fast durchweg als freundliche und hilfsbereite Wesen angesehen. Je häufiger ein Medium Kontakt mit einem Geist aufnahm, desto leichter gestaltete sich die Übermittlung. Spiritismus kann als eigenständiger Besessenheitskult der westlichen Welt bezeichnet werden. Die naive Glaubenshaltung bescherte manchem Spiritisten eine böse Überraschung. Die Ambivalenz der Berichte, welche die Licht- und Schattenseiten der Geisterkontakte zum Thema haben, erschwert allerdings eine objektive Beurteilung.

Menschen, die aufgrund eindrucksvoller Erlebnisse spiritistische Erscheinungen bejahten, wurden oft als leichtgläubig verurteilt. Die Kritiker verraten damit nur ihre gänzliche Unwissenheit, erklärt W. Beyer (vgl.: C. Wickland). Unvoreingenommene Sitzungsteilnehmer konnten sich davon überzeugen, dass Gegenstände ohne weiteres Zutun durch den Raum schwebten und damit die Gesetze der Schwerkraft überwanden. Medien waren fähig, sich in fremden Sprachen zu artikulieren und zu schreiben, obwohl sie davon zuvor keine Kenntnis hatten. Menschliche Gestalten bildeten sich aus dem scheinbaren Nichts; Gegenstände und auch Lebewesen konnten aus geschlossenen Räumen auf geheimnisvolle Weise in andere Räume versetzt werden.

An der Glaubwürdigkeit dieser Erscheinungen hat W. Beyer nicht den geringsten Zweifel. Ein Mensch mit gesundem Menschenverstand wird „gar nicht umhin können, anzuerkennen, dass ein denkender, ziel- und eigenbewusster Wille, der nicht vom Medium oder einem Sitzungsteilnehmer, sondern von vernunftbegabten Geistwesen ausgeht, an der Hervorbringung dieser Erscheinungen beteiligt sein muss" (S.16).

Die ‚Geister', mit denen C. Wickland, ein amerikanischer Psychiater, eigenen Angaben zufolge in Kontakt kam, waren ungebändigte Seelen; unwissende und umherirrende Triebwesen einst lebender Menschen. Obgleich sie über mehr oder weniger gute Verstandeskräfte verfügten, mangelte es ihnen an Vernunft und Erkenntnis. Die geistigen ‚Kundgaben' dieser Jenseitigen wiesen dementsprechende Unzulänglichkeiten auf. Das Medium, über das sie sich mitteilten, übte darauf keinen Einfluss aus. Diese Kundgaben „haben keinerlei Offenbarungscharakter, und ihre Quellen, die seelischen Personen, von denen sie ausgehen, *entstehen* nicht in der Seele des medialen Menschen als Abspaltungen von dieser, wie die wissenschaftliche Psychologie das auffasst, sondern *stehen* als sonderheitliche, selbständige und gleichwertige Wesen neben der Seele des medialen Menschen auf gleicher Stufe mit dieser."

Neben den gewöhnlichen Kundgaben aus der Geisterwelt existieren noch weitere: In einiger Entfernung befindet sich der zu der Seele gehörige ‚eigentliche Geist', der innerste Wesenskern des Menschen, der die besonderen Fähigkeiten, die Menschen von Tieren unterscheiden, vermittelt. Diese ‚reine Geistesgestalt' erblicken nur die Wenigen, denen der Zugang zu dieser Ebene, mit der schöpferische Geister und Genies verbunden sind, möglich ist. Psychologen, als von außen kommende Beobachter, lassen sich durch den Augenschein verführen und sprechen die schöpferischen Leistungen dem Unbewussten, der Seele zu. „Wohl kommen *diese* Leistungen nun wirklich aus der Persönlichkeit des Menschen selbst, doch nicht aus seiner unbewussten Seele, sondern aus seinem überbewussten Geiste", schreibt Wickland (S.12).

Wie kommen interessierte Menschen mit den geistigen Welten in Kontakt? Die ungarische Autorin Maria Szepes, Kennerin auf dem Gebiet des Okkultismus und Mediumismus, weist darauf hin, dass eine mentale Kontaktaufnahme zur anderen Realität gewisser Voraussetzungen bedarf. Das Eindringen in die andere Welt ist nicht ohne ausreichende Vorbereitung ratsam. Kritikfähigkeit und Willenskraft sind wichtige Voraussetzungen einer Kontaktaufnahme. „Es ist offensichtlich, dass man nur auf diese Weise eine reale Verbindung zu supranormalen Regionen herstellen kann; sonst kann man nicht wählen, welcher Gast zu Besuch kommen soll", erklärt die Autorin. Und sie fährt fort: „Es ist einfach nicht wahr, dass man die geistigen Manifestationen passiv abwarten und sich damit begnügen muss, was sich von selbst ergibt. Die esoterische Lehre macht es möglich, dass wir selbst jene Regionen aufsuchen, wo sich die Verstorbenen aufhalten, und dass wir in Kontakt mit ihnen jene Auskünfte, das uns Interessierende, als persönliches Erlebnis erfahren." (In: Die geheimen Lehren des Abendlandes, S.249.)

Die Theosophin H.P. Blavatsky wandte sich, nachdem sie mehrere spiritistische Gesellschaften zur Erforschung medialer Fähigkeiten gegründet hatte, in späteren Jahren gegen ‚spiritistische Umtriebe' und äußerte ihre Enttäuschung über „die verlorenen 25 Jahre ihres Lebens" im Zeichen des Spiritismus. Immerhin stand ihr über Jahre hinweg ein spiritistischer Kontroll- oder Schutzgeist zur Seite, den sie *John King* nannte. Diesem Geist verdankte sie etliche Eingebungen, die ihr besonders in kniffligen Situationen halfen. Einige Zeit später wurde sie von spirituellen ‚Meistern' angeleitet und vollzog den Übergang vom Spiritismus zur Theosophie.

Medialität, die in falschen Bahnen verläuft, kann fatale Folgen haben, wie zahlreiche Berichte von Medien aufzeigen. Die Eigeninitiative aus einer Laune heraus erweist sich oft als nachteilig. „Wer geistigen Kontakt unberufenermaßen aufnimmt oder erzwingt, begeht einen schwerwiegenden, riskanten Fehler", warnt K. Nowotny (S.35). In solchen Fällen kann die mediale Betätigung sehr unangenehme Komplikationen mit sich bringen, da der geistige Schutz nicht ausreichend ist.

Die Licht- und Schattenseiten der Geisterkontakte, die immer wieder anzutreffende Zweideutigkeit, machen eine Einordnung nach wie vor nicht einfach. Wahrheit kann von Täuschung oft nicht hineichend unterschieden werden, daher obliegt es jedem Medium, eine Prüfung und kritische Auswahl vorzunehmen, wenn es darum geht, sich mit Geistwesen in Verbindung zu setzen. Eine angemessene Vorbereitung und der richtige Zeitpunkt sind dabei von enormer Wichtigkeit.

Eine mediale Tätigkeit entsteht häufig aus einer inneren Berufung heraus: Ein deutlicher Impuls aus dem Unterbewusstsein, innere Bilder, eine innere Stimme, laden ein zu medialer Entfaltung. Diese Berufung kann in manchen Fällen auch durch ein menschliches Medium übermittelt werden.

Mediale Fähigkeiten weiten den Blick für das Entwicklungspotential der Spezies Mensch. Die Metaphysik weist über das materielle Dasein hinaus auf eine weitere Dimension der Existenz.

Wissenschaftliche Forscher haben die Wirksamkeit chemischer und physikalischer Gesetzmäßigkeiten im Organismus erkannt. Manche dieser Gelehrten gehen soweit, Lebewesen auf die äußerlich erkennbaren Funktionen einzugrenzen. Maschinenähnliche Naturwesen, die von den mechanischen Funktionen her erklärbar sind, bilden die Grundlage dieser Auffassung. Die Einseitigkeit und Mangelhaftigkeit einer solchen Anschauung liegt auf der Hand.

Spiritismus im positiven Sinne kann den Glauben stärken und Trauernden Trost spenden in schwerer Zeit. Äußerungen aus dem Jenseits können die ewigen Wahrheiten wiederbeleben und die Hilfsbereitschaft der Menschen fördern. Die spiritistische Betätigung kann eine seelische Erschütterung verursachen und damit Seelen aus einer Lethargie wecken. Geistige Erkenntnisse werden allerdings durch spiritistische Experimente kaum hinzugewonnen.

Séancen: Verbindung nach drüben'

Verstorbene soll man als Fortlebende ansehen.
Rudolf Steiner

Spiritisten suchen Kontakt zu den Geistern der jenseitigen Welt. Zu diesem Zweck nehmen sie die Hilfe von Medien in Anspruch, die sich als ‚Sprech- oder Schreibinstrument' zur Verfügung stellen. Die Geister übermitteln durch das Medium als ihr ‚Werkzeug' Botschaften von Irgendwo.

Erstaunliches wird von spiritistischen Zusammenkünften berichtet: In einem geschlossenen Raum geraten ohne ersichtliche Ursache feste Gegenstände in Bewegung; sie schweben, fliegen durch die Luft oder werden aus einem anderen Raum durch verschlossene Türen und Fenster wie ‚von Geisterhand' transportiert. Derartige *Apporte* können auch über weite Entfernungen hin erfolgen. Die Schwerkraft scheint außer Kraft gesetzt: Ein Tisch, eine Uhr oder die Stehlampe, schweben plötzlich ohne äußeres Zutun durch den Raum. Zahlreiche glaubwürdige Beobachter, wie z.B. Fanny Moser, waren in der Vergangenheit Augenzeugen paraphysikalischer Experimente.

Geschehnisse dieser Art grundsätzlich in Zweifel zu ziehen, zeugt von einem hohen Maß an Ignoranz, da eine Vielzahl von gut dokumentierten Berichten vorliegt, für deren Glaubwürdigkeit einiges spricht. Derartige Vorkommnisse werfen im wesentlichen die Frage auf, inwieweit die Annahme telepathischer und telekinetischer Fähigkeiten des Mediums zur Erklärung ausreicht.

Der Bonner Professor J.M. Verweyen nahm bei verschiedenen Gelegenheiten an spiritistischen Sitzungen teil. Über Klopflaute wurden Botschaften ‚von drüben' übermittelt wie: „Höret unsere Sprache" und: „Mögen eure Gedanken die richtige Fährte finden." Verweyen und auch sein neben ihm sitzender Nachbar nahmen seltsame körperliche Berührungen wahr. Zunächst reagierte er darauf mit großer Skepsis, doch die taktilen Empfindungen „wiederholten sich bei den späteren Begegnungen unter Bedingungen, die mir jeden Verdacht einer scheinmedialen Nachhilfe seitens des Mediums und ihrer etwaigen Helfer ausschlossen" (S.214).

Bei einer anderen Gelegenheit verspürte er während der Zusammenkunft auf der Oberfläche seiner linken Hand eine Art elektrischen Schlag. Gleichzeitig war eine grünliche Lichterscheinung in der Nähe der Hand zu erkennen. Der ‚Klopfgeist', der sich mit dem Namen ‚Nell' vorstellte, buchstabierte den Satz: „Nimm mich in dein Herz, ich will dein Führer, Freund und Berater sein" (S.217). Hartnäckiges Nachforschen brachte den vollständigen Namen des Geistes heraus. Es war, so wurde behauptet, der verstorbene Franziskaner und Ordensgeneral Coronell, der im 17. Jahrhundert lebte. Auf der Innenseite des Glasdeckels einer Uhr wurde nach einer der Sitzungen ein frisch eingraviertes ‚N' entdeckt, das sich zuvor nicht dort befunden hatte.

Die unterschiedlichsten Begebenheiten werden von spiritistischen Zusammenkünften erzählt.[1] In vielen Berichten über besondere mediale Fähigkeiten werden die *Teleplasma*, die Schöpfungen der Medien, die verschiedene Grade der Gestaltung zeigen und sogar menschenähnliche Formen annehmen können, erwähnt.. Es sind von den Medien sich loslösende, bewegliche Gestalten, deren Entstehung nicht einfach zu erklären ist.[2] Der englische Naturforscher Wallace bezeugte Anfang des 20. Jahrhunderts vor Gericht, selbst Zeuge der Entstehung eines Teleplasma-Phantoms gewesen zu sein. Es war in den Nachmittagsstunden bei hellem Tageslicht: „Als das Phantom erschien, befand ich mich nicht mehr als 2,5 Meter von M... entfernt, dieser stand und schien in Trance. Wenige Augenblicke später kam ein leichter weißer Rauch aus der Brustseite seines Anzuges; die Dichte des Rauches nahm zu; weiße Flocken bewegten sich in der Luft und dehnten sich aus vom Boden bis zur Höhe von M...s Schulter. Allmählich trennte sich diese weiße Wolke vom Körper M...s, der, mit seiner Hand zwischen sich und der Wolke hindurch fahrend, sagte: ‚Seht!' Die Wolke entfernte sich von ihm bis auf etwa. 3 Meter..." Sie nahm menschliche Formen an.

Von anderen Teilnehmern wurde erzählt, wie die Wolke sich zu einem Menschen verdichtete, der Handlungen ausführte und redete. Ein Dampfstrahl durchdrang die Kleidung des Mediums unterhalb seiner linken Brust. Der Strahl bildete dann eine Art Wolke,

---

[1] Während eines Experiments mit Gläserrücken verspürte eine Bekannte von mir plötzlich einen heftigen ‚elektrischen' Schlag auf ihrem Oberschenkel. Am Abend wiederholte sich das Erlebnis. Diesmal nahm sie etwas wie einen ‚Strahl' wahr, der durch ihr Schlüsselbein ging. Als auch noch in den Gardinen ohne erkennbaren Anlass eine wellenförmige Bewegung sichtbar wurde, erlitt sie eine Panikattacke, von der sie sich lange Zeit nicht erholte.

[2] *Teleplasma*, auch *Ektoplasma* genannt = ein von Medien abgesonderter Stoff, aus dem sich Geistererscheinungen bilden.

aus der die Geistmenschen heraustraten. Wallace fährt fort: „Schließlich näherte sich das Phantom langsam dem Medium und begann zu verblassen. Die Bewegung der weißen Materie zeigte sich wieder, und alles kehrte ebenso in das Medium zurück, wie es aus ihm entstanden war" (in: J.M. Verweyen, S.146f.).

Welche Erklärung gibt es für die Entstehung der teleplastischen Formen? Die beweiskräftigen Aussagen der Augenzeugen lassen es nicht zu, sie als reine Hirngespinste abzutun. Werden diese Gestalten vom Organismus und dem Bewusstsein des Mediums erzeugt und auch auf eine gewisse Distanz hin beeinflusst? Oder bedienen sich selbständige Geistwesen des menschlichen Organismus, um unter Verwendung des vom Medium ausgehenden Teleplasmas sichtbare Gestalt anzunehmen?

Fragen dieser Art beschäftigten auch den amerikanischen Psychologen William James von der Harvard-University bereits zum Ende des 19. Jhdts. Intensiv arbeitete er mit einem weiblichen Medium namens *Piper*. Bereits nach mehreren spiritistischen Sitzungen war er von der Echtheit der Erscheinungen überzeugt. James kamen Zweifel daran, ob sich die erzielten Resultate allein mit den Trancezustand des Mediums erklären ließen. Waren es nicht vielmehr telepathische Wirkungen? Der Psychologe kam nach eingehender Untersuchung zu der Ansicht, „dass ein äußerer Wille, mit uns in Verkehr zu treten, in irgendeiner Form vorhanden ist." (S.149). Geht man von der Annahme aus, alle medialen Erscheinungen seien auf hellseherische und telepathische Fähigkeiten der Medien selbst zurückzuführen, gesteht man diesen ein sehr weitreichendes Können zu.

Für die Mitglieder spiritistischer Zirkel steht es außer Frage, als Ursache der Phänomene tatsächlich existierende Geistwesen mit eigener Intelligenz zu betrachten, besonders dann, wenn während einer Séance Mitteilungen zutage gefördert werden, die sich erst in nachhinein als zutreffend erweisen. Die angesehene englische Gesellschaft für psychische Forschung (Society for Psychical Research) bestätigte in etlichen Fällen die spiritistische Hypothese. Prof. Verweyen war selbst Augenzeuge eines spektakulären Vorfalls, bei dem sich eine Uhr und ein Musikinstrument ohne äußeres Zutun frei schwebend in die Luft erhoben.

In eindrucksvoller Weise schildert C. Cutomo ihre teilweise haarsträubenden Erlebnisse mit der Geisterwelt. Es käme einer unzulässigen Vereinfachung gleich, derartige Erlebnisse als eigene Konstruktionen aus dem persönlichen Unbewussten erklären zu wollen. Festzustellen bleibt, dass nicht vorwiegend psychisch Kranke von derartigen Wahrnehmungen berichten. Allerdings kann eine stark angstbesetzte Reaktion auf die Erscheinungen in eine psychische Krise einmünden.

Zu der Frage, woher die okkulten Erscheinungen kommen, äußert sich W. Beyer: „Alle jene geheimnisvollen, medialen, magischen, okkulten Erscheinungen; – alle ohne jede Ausnahme, kommen aus der Seele eines dabei beteiligten, körperlich lebenden Menschen. Aber – diese Seele ist keineswegs der ursprüngliche Quellgrund, sondern nur Durchgang, Mittlerin, Leitungsbahn für jene Kräfte, welche die medialen Erscheinungen hervorbringen. Ihren Ursprung haben alle okkulten Vorgänge und Erscheinungen in einer körperlichen Geistpersönlichkeit. Diese durchaus selbständigen, eigenbewussten Geistpersönlichkeiten entstehen nicht in, sondern stehen neben und hinter der Seele des medialen Menschen. Für ihre Bekundungen in unserer Sinnenwelt sehen sie keine andere Möglichkeit als nur den Weg über eine solche Seele. Jegliche Geistbekundung von jenseitigen Daseinsebenen her an das Tagesbewusstsein von Menschen ist unumgänglich an die vermittelnde Mitwirkung einer noch im Körper lebenden Seele gebunden" (vgl. Vorwort zu C. Wickland).

Um sichtbare Form annehmen zu können oder zur Bewegung eines materiellen Körpers benötigen die Geister Energie, auch *Fluid* genannt, das sie den Medien entnehmen. Eine lang andauernde Ausübung der spiritistischen oder medialen Tätigkeit bringt

Erschöpfungszustände mit sich, da ein großer Teil des menschlichen Fluidums benötigt wird. (Vgl. hierzu: A. Kardec, Das Buch der Medien, S.176f.) Daher wird den Medien geraten, die mediale Tätigkeit umgehend einzustellen, sobald sie sich müde und erschöpft fühlen. In den Ruhezeiten wird die entzogene Energie wieder ersetzt.

Lichterscheinungen, die hellsehende Menschen wahrnehmen, stammen nicht aus dem Unterbewusstsein der betreffenden Person, sondern aus einer anderen, numinosen Quelle. Hellsichtige Personen können dies mit großer Gewissheit erkennen. Die Verstandesweisheit aber, der diese Erlebnisse nicht zugänglich sind, stellt sich diese Erscheinungen als ,Abspaltungen' aus der Psyche des Sehenden vor. Selbst Stigmatisierungen haben nicht allein ihren Ursprung in der Seele der Betroffenen. Die formenden Kräfte entstammen einer Quelle außerhalb der menschlichen Persönlichkeit und treten mit dieser in Wechselwirkung. Sie nehmen ihren Weg in die individuelle Seele, um zu Körperausdruck zu gelangen. Die menschliche Seele trägt ihren Teil zur Entstehung der Stigmatisierungen bei. Um zu einem individuell passenden Körperausdruck zu gelangen, existieren demnach zwischen der individuellen Seele und der ,Quelle' Wechselbeziehungen. Ein Individuum, das keinen Bezug zu Stigmatisierungen hat, wird diese auch nicht entwickeln. Die Resonanz in der individuellen Psyche veranlasst eine außerpersönliche Instanz, entsprechende Wirkungen hervorzubringen.

Zahlreiche Hinweise zeigen, dass Geistwesen fähig sind, durch den Körper eines Menschen zu wirken. Häufig werden alle möglichen psychologischen und medizinischen Erklärungen ins Feld geführt, um die Brisanz derartiger Vorfälle zu entkräften. Mit einer grundsätzlich ablehnenden Haltung wird die Annahme erschwert, dass der im Körper wohnende Geist des Menschen zeitweilig auch außerhalb desselben existieren kann.

Jeder Mensch ist ein in den materiellen Körper eingehüllter Geist; die Verbindung zwischen Geist und Körper kann mehr oder weniger fest sein. Der vergängliche Körper ist die notwendige Hülle, um auf der Erde Tätigkeiten ausführen zu können. Ein Individuum könnte weder sprechen noch auch nur einen Schritt tun, wenn kein Geist mit einem eigenen unsichtbaren Körper in ihm lebendig wäre. Dies wird leider von wissenschaftlich orientierter Seite oft übersehen. Verbreitet ist andererseits die Auffassung, der Geist sei fest an den irdischen Körper gekoppelt. Dies trifft nicht zu. Die Verbindung zwischen Geist und Körper ist viel lockerer, als allgemein angenommen wird. Dieser Umstand ermöglicht das Abdrängen eines Geistes aus seinem Körper durch ein fremdes Geistwesen.

Spiritisten und Hellseher, die ohne ausreichende Vorbereitung in die übersinnliche Welt eintreten, verstoßen gegen geistige Gesetze. „Wer die Gesetze der Natur bricht, verliert seine körperliche Gesundheit; wer die Gesetze des inneren Lebens bricht, verliert seine psychische Gesundheit", heißt es bei der Theosophin M. Collins, die sich von den ‚Meistern der Weisheit' inspirieren ließ. (In: Licht auf dem Pfad, S.85.) Eine Gefährdung geht von jenen Wesen aus, die sich in der astralen Welt aufhalten: „Der Jünger muss Meisterschaft über sich selbst haben, ehe er sich auf den gefahrvollen Pfad begeben und versuchen kann, auf jene Wesen zu treffen, die in der astralen Welt leben und wirken, die wir wegen ihrer hohen Erkenntnisfähigkeit und ihrer Fähigkeit, sich selbst und die und die sie umgebenden Mächte zu beherrschen, Meister nennen" (S.86).

Das folgende Beispiel kann aufzeigen, welchen unsicheren Situationen sich spiritistische Medien manchmal aussetzen: Fanny Moser machte die Bekanntschaft einer sensitiven Frau, die in ihren spiritistischen Sitzungen erstaunliche Phänomene zuwege brachte. Diese Séancen strengten sie außerordentlich an; sie wirkte abgespannt und konnte sich kaum aufrecht halten. Eine ganze zeitlang war sie „sehr schlecht disponiert infolge eines Unfalls: bei einer Levitation erwachte sie plötzlich und stürzte rücklings nieder. Hätte sie ihr Mann nicht rechtzeitig mit zwei Herren aufgefangen, würde sie wahrscheinlich das Genick gebrochen haben" (S.37). Derartige Vorkommnisse können als drastische Warnhinweise aufgefasst werden, die zu einem Abbruch der medialen Tätigkeit führen sollten.

Okkultisten, die ihre spirituelle Entwicklung vernachlässigen, entwickeln lediglich astrale und mentale Kräfte. Die höheren geistigen Formen der Existenz bleiben ihnen verschlossen mit entsprechenden Konsequenzen. Unterstützung aus den jenseitigen Bereichen erhält ein Medium in der Regel aus jener Ebene, auf der es sich vorwiegend aufhält. Mediale Gaben treten häufig in der Folge von Umsessenheit auf, die aus dem Kontakt mit der niederen Geisterwelt resultiert. Ein Medium ‚leiht' seinen Astralkörper den geistigen Wesenheiten. Diese heften sich an den Körper, entziehen ihm Energie und unterminieren im ungünstigen Fall seine Gesundheit. Nach dem Tod des Mediums nehmen die Wesen dessen feinstofflichen astralen Körper dauerhaft in Besitz, behauptet Hermann Rudolph (in: Gefahren des Okkultismus).

Auch Hilfesuchende, die sich bei einer Heilerin oder einem Heiler in Behandlung begeben, bleiben oft nicht verschont. Die Geistwesen, die bei medialen Sitzungen um Hilfe angegangen werden, begleiten die Betreffenden oft noch auf deren Heimweg. Sie halten sich noch eine zeitlang nach der Sitzung in deren Umgebung auf und können für die Anwesenden sehr lästig werden.

Die unterschiedlichen, teils haarsträubenden, Erlebnisberichte sprechen eine deutliche Sprache. Das Außergewöhnliche der Begebenheiten kann mitnichten auf die Annahme unterbewusster Persönlichkeitsanteile reduziert werden, wie dies häufig geschieht. Hier sind vielmehr Kräfte am Werk, die der herkömmlichen Wissenschaft mit Ausnahme der Parapsychologie noch weitgehend unbekannt sind, obgleich sie sich zeitweilig in sehr auffälliger Weise in Szene setzen.

Das automatische Schreiben

Nicht von den falschen Göttern lasst
euch lenken und leiten.

Die Hand schreibt Sätze, denen kein bewusster Denkvorgang zugrunde liegt; wie von Geisterhand wird der Stift geführt und reiht mehr oder weniger sinnvolle Worte aneinander. Vielen Menschen gibt das von ihnen praktizierte *automatische Schreiben* den Anstoß zu weitergehenden Erfahrungen mit unsichtbaren Kräften.

Das automatische Schreiben hat Max Dessoir ausgiebig erforscht und berichtet darüber in seinem Werk *Das Doppel-Ich*: Im ersten Stadium wisse der Schreibende noch, was er schreibt, empfände aber den Vorgang als unabhängig von seiner Willkür. Mit der Entwicklung größerer Freiheit für das Unterbewusstsein verliere der Schreiber „die Kenntnis von dem Inhalt seiner eigenen Schrift und beobachtet mit erklärlichem Staunen, wie manchmal die verborgensten Gedanken und Gefühle an das Tageslicht gelangen. Ist die Dualität auf den Gipfel gestiegen, so merkt das Sujet gar nicht, dass die Hand schreibt, und es kann zu gleicher Zeit sich ungestört mit andern Dingen beschäftigen, mit den Anwesenden plaudern u.s.f." (zit. bei H. Bender, S. 3).

Manche Medien zeichnen Namen von Verstorbenen und auch ganze Textseiten in der Handschrift des Dahingegangenen auf. Erklärungen für diese außergewöhnliche Fähigkeit sind nicht einfach zu finden, wie Z. Aradi bekennt: „Hat das Medium die Handschrift des Verstorbenen nie gesehen, dann stehen wir einem echten okkulten Phänomen gegenüber, das sich allerdings immer noch

35

durch Telepathie erklären lässt. Es bleibt die Frage offen, wer oder was den Bleistift bewegt" (S.108).

Über das automatische Schreiben, bei F. Moser auch *Kryptographie* genannt, bemerkt die Autorin: „Die Kryptographie zeigt alle Abstufungen, von bewusstem aber ungewollten Schreiben, bei dem Vp. noch weiß, dass und was sie schreibt, dies aber unter einen gewissen Zwang tut, bis zur vollständigen Emanzipation des Unterbewusstseins, das sich in den Besitz der Hand gesetzt hat. Dadurch findet eine Spaltung in eine unbewusst schreibende und eine unbeteiligt, aber bewusst zusehende Person statt, die wie ein Fremder vom Inhalt erst nachträglich Kenntnis nimmt durch Lesen des bereits Geschriebenen, oder auch durch taktile oder visuelle Interpretation der Muskelbewegungen während des Schreibens... Die Dualität kann so weit gehen, dass der Automatist nicht einmal weiß, dass die Hand schreibt und sich daher unbehindert mit anderen Dingen beschäftigen kann. Das Schreiben kann auch ersetzt werden durch Malen und Zeichnen, und alle drei können miteinander abwechseln" (S.158).

Zu den Personen, die mit automatischem Schreiben im Selbstversuch experimentierten, gehörte Ludwig Staudenmaier, Professor für Experimentalchemie in Freising bei München. Anfangs äußerst skeptisch, erlernte er aus einer wissenschaftlichen Neugier heraus das automatische Schreiben. Wider Erwarten hatte er nach einiger Übung Erfolg. Damit war die Tür geöffnet für weitere Erfahrungen, die er eingehend analysierte und akribisch dokumentierte. - Als traurige Konsequenz seiner über Jahre andauernden Forschungen beschloss der Professor sein Leben in einer Heilanstalt für Geisteskranke.

Über Medien, bei denen eine geheimnisvolle Kraft die Hand führt, berichtet auch F. Spirago. Für etliche Medien hatte der Kontakt unheilvolle Auswirkungen: Einige von ihnen mussten einen Nervenarzt konsultieren oder brachten sich aus Verzweiflung um.

„Die Gelehrten geben sich unnütze Mühe, solche Phänomene natürlich zu erklären", kritisiert der Autor (S.78).

Der verallgemeinernden Erklärung vieler Wissenschaftler, durch ‚unbewusste Muskelbewegungen' ließe sich Tischrücken und automatisches Schreiben restlos erklären, stimmt die Psychologin F. Moser nicht zu. Eines wurde nämlich bei derartigen Erklärungen völlig übersehen: der intelligente Inhalt der Botschaften. Diese Tatsache „ist tatsächlich das merkwürdigste, denn oft erscheint der Inhalt den Automatisten absolut fremd und unverständlich, vielfach direkt übernatürlich: nicht nur fühlt er sich plötzlich durch eine fremde, unwiderstehliche Gewalt zum Schreiben getrieben, das gleiche gilt auch vom automatischen Reden,... (er) sieht mit Entsetzen auf diese Weise seine geheimsten Gedanken verraten, oder sogar merkwürdige Dinge zum Vorschein kommen, die nur als ‚Botschaften' aus der ‚Geisterwelt' aufgefasst werden können..." (S.159).

Einschränkend verweist F. Moser allerdings auf „in den tiefsten Tiefen des Unterbewusstseins Verborgenes", welches zutage gefördert werde. Doch sie wirft die Frage auf, ob es genüge, das Unterbewusstsein zur restlosen Erklärung der automatischen Botschaften heranzuziehen? „Tatsächlich bleibt noch ein Rest, und dieser gibt... Rätsel auf, von deren Lösung wir allerdings noch weit entfernt sind. Hier befinden wir uns bereits mitten im Okkultismus" (S.160).

Eine ‚magische' Erklärung für die Fähigkeit des medialen Schreibens liefert F. Bardon. Im Verlauf einer magischen Schulung lernen MagierInnen, ihren feinstofflichen Astral- und Mentalkörper von dem sichtbaren grobstofflichen Körper zu trennen. Sie sind sogar fähig, einzelne Körperteile zu exteriorisieren; bspw. können sie ihre Hände an einen gewünschten Ort versetzen. Werden diese durch das Erdelement verdichtet, nehmen sie sogar grobmaterielle Form an und machen sich durch Klopftöne und andere Geräusche bemerkbar.[3]

Bei ausdauernder magischer Praxis können sogar Gegenstände bewegt und allerlei Spuk getrieben werden, versichert Bardon: „Die Fähigkeit des Fernschreibens zwischen lebenden Personen findet hier ihre Erklärung. Hat eine in Magie bewanderte Person ihre mentale und astrale Hand mittels Imagination freigelegt, kann die mentale und astrale Hand des Magiers auch auf die größte Entfernung die Hand des Partners in Besitz nehmen und, ähnlich wie beim medialen Schreiben geschildert, normale Mitteilungen machen. Es ist sogar möglich, die originalgetreue Handschrift des Magiers durch ein solches Experiment auf unbegrenzte Entfernung zu übermitteln. Diese Arbeit wird unter Eingeweihten das ‚Fernschreiben zwischen lebenden Personen' genannt" (S.321).

Auch Rudolf Steiner befasst sich mit dem automatischen Schreiben (vgl.: Das Initiaten – Bewusstsein, S.180f.). Er deutet auf geistig-ätherische Elementarwesen – die sich niemals auf der materiellen Ebene inkarnieren, – und die Interesse aufbringen für die menschlichen Schreibbewegungen. Im menschlichen Unterbewusstsein findet, im Allgemeinen unbemerkt, ein ständiger Verkehr statt mit Wesen dieser Art.

Mediale Menschen können, wenn sie ihr Ich ‚zurücknehmen', diese gelehrigen Elementarwesen in sich aufnehmen. Die Schreibbewegungen erfolgen dann nicht im Sinne des vollen menschlichen Bewusstseins, sondern im Sinne des Elementarwesens, das in ihnen sitzt. Im Moment einer Bewusstseinstrübung schlüpfen die Wesen in den Menschen hinein, so dass dessen Bewegungen nicht

---

[3] Eine Freundin erzählte mir ein Erlebnis, das sie als Kind hatte: Sie und ihre kleine Schwester erblickten eines Tages, während sie ausgelassen spielten, vor sich in der Luft eine Hand, deren ausgestreckter Zeigefinger ihnen drohte. Der Schreck saß tief und sie hat das Erlebnis n iemals vergessen.

mehr ich-gesteuert sind, sondern ein Elementarwesen das Zepter führt. (Vgl. auch: Flensburger Hefte; Magie, S.149.)

Wie der spielerische Umgang mit unsichtbaren ‚astralen' Mächten zu hartnäckigen Beeinflussungserlebnissen führt, schildert eindringlich Carola Cutomo. Das mediale Schreiben ebenso wie das mediale Zeichnen geschieht bei herabgedämpftem Bewusstsein. In diesem Zustand ist es Wesen aus der Astralsphäre möglich, verstärkt Einfluss zu nehmen. Der Verkehr mit der astralen Welt kann zu einer sich immer weiter steigernden Besessenheit führen. Auch Menschen mit ausgeprägtem Sinn für künstlerisches Schaffen können unter astralen Einfluss geraten, wenn ihr Bewusstsein während der Tätigkeit stark herabgedämpft ist.

Die Mitteilung aus der geistigen Welt an C. Cutomo lautet: **Jenseitskontakte seien unerwünscht und wirkten sich für Lebende in aller Regel immer negativ aus** (S.128). Medien, welche die Vorsichtsmaßregeln außer Acht ließen, müssten damit rechnen, immer stärker unter die Herrschaft entkörperter Wesenheiten zu geraten. Nach einiger Zeit sähen sie sich Zwängen ausgesetzt, denen sie, wenn auch nur widerwillig, gehorchen müssen. Bei L. Staudenmaier wird das Medium Helene Seiling erwähnt, die sich der aufdringlichen Forderung zum automatischen Schreiben nach einiger Zeit kaum noch entziehen konnte. Unter Umständen, die zum Teil äußerst unangenehm waren, wurde sie mental genötigt, sich allezeit zum Schreiben bereit zu finden. Von den unsichtbaren ‚Schreibern' wurde sie hartnäckig bedrängt, unabhängig davon, wo sie sich gerade aufhielt. Im Restaurant klopften ihre Finger, losgelöst von ihrem Willen, ungeduldig auf die Tischplatte, sehr zum Unwillen der anderen Gäste. Selbst zur Schlafenszeit blieb sie nicht verschont. In der Nacht meldete sich der ‚Lümmel' (wie sich das Wesen bezeichnenderweise selbst nannte) und wollte sie partout zum Schreiben zwingen! Die Frau verweigerte hartnäckig ihre Mitarbeit und konnte nur unter Aufbietung aller Kräfte verhindern, unter Zwang ungebändigte Bewegungen auszuführen.

Zwei Stunden kämpfte sie gegen das sie bedrängende Geistwesen und seine hartnäckigen Versuche, ihre Armmuskeln unter seine Kontrolle zu bringen.

Frau Seiling ist leider kein bedauerlicher Einzelfall. Auch andere Medien verloren die alleinige Kontrolle über ihre Bewegungsabläufe, da sie unsichtbaren Wesen erlaubt hatten, zeitweilig ihre Schreibbewegungen zu steuern. Edith Fiore behandelte eine Patientin, die an den Rand der Erschöpfung geraten war, weil sie sich von Geistwesen getrieben fühlte, rastlos Tag und Nacht Botschaften niederzuschreiben. Sie hatte offenbar warnende Anzeichen übersehen und den Geistern völlig die Kontrolle überlassen. Nun erlebte sie auf unangenehmste Weise, wohin die freiwillige Aufgabe der inneren Selbstbestimmung führen kann.

Mediales Schreiben oder mediales Zeichnen kommen häufig bei herabgedämpftem Bewusstsein zustande. Auch künstlerische Kreationen können unter dem Einfluss elementar-geistiger Wesen entstehen. Schreibzwänge, Stimmen oder Halluzinationen gehören sicher nicht zu den Erfahrungen, denen sich jedes Medium ausgesetzt sieht. Doch die beschriebenen Beispiele sind ein Hinweis darauf, wohin mediale Experimente führen können, wenn Medien Geistkontakte, die sich beharrlich aufdrängen, nicht nachdrücklich in ihre Schranken weisen.

Quija-Brett und Tischrücken

Wer unter der Oberfläche gräbt, tut es
auf eigene Gefahr.

Außergewöhnliche Phänomene und geheimnisvolle Praktiken üben auf manche Menschen eine starke Anziehungskraft aus. Die spannungsvollen Momente, welche die Erfahrungen mit dem Unbekannten bereithalten, lassen häufig alle Vorsicht vergessen. Eine Abart des automatischen Schreibens ist das *Glasrücken*, auch bekannt als *Tischchen rücken*. Es soll dazu dienen, eine Brücke ins Jenseits herzustellen und von dort Antworten auf alle möglichen Fragen zu erhalten.

Nicht selten werden *Glasrücken* und *Geisterbeschwörung* in einer Party-Atmosphäre als eine Art Gesellschaftsspiel betrieben, das der Unterhaltung dienen soll. Doch Wesenheiten höherer Ebenen werden derartige Anrufe wohl kaum entgegennehmen. Im günstigen Fall kommt keine Kommunikation zustande. Aus der spielerischen Art und Weise, mit astralen Mächten umzugehen, kann eine hartnäckige Belästigung entstehen.

Der bekannte Forscher auf dem Gebiet der Parapsychologie, Prof. Hans Bender, befasste sich in seiner Dissertation mit den sogenannten psychischen Automatismen (1936). Diese sind nicht mit automatischen Reflexbewegungen identisch. Bender untersuchte experimentell das Glasrücken und hielt es nach eingehender Prüfung für geraten, vor dieser Praxis eindrücklich zu warnen. Seine Beobachtungen während der künstlichen Dissoziation, die mit dem Glasrücken einhergeht, führten ihn auf die Fährte ungewöhnlicher seelischer Fähigkeiten. Bender hoffte, mit seinen Arbeiten die Diskussion über paranormale Fähigkeiten anzuregen. Er wünschte, dass diese „von den starken, jede objektive Beurteilung trübenden Affekten entlastet wird, die sich als Symptome vorgefasster, tief in der Bewusstseinsstruktur wurzelnder Meinungen allzu häufig einstellen" (S.VI). Weder die a priori negative, noch die allzu gläubige Haltung den okkulten Erscheinungen gegenüber hält Bender für angemessen, um dem schwierigen Gebiet Rechnung zu tragen.

Eine der Versuchspersonen Benders, eine 50jährige Studienrätin, gab zu Protokoll, während des Glasrückens nach einer Weile ein Zittern der Hände und Knie zu spüren und ein starkes ‚Rieseln' im ganzen Körper. Auch hatte sie die Empfindung, neben sich zu stehen oder zu sitzen. Von dem, was mithilfe des Glases buchstabiert wurde, hatte sie keinerlei Kenntnis. Bei späteren Versuchen gab die Frau an, sie hätte „das Gefühl des Gezogenseins von einer von ihrer Willkür völlig unabhängigen Bewegung." Auch verspürte sie eine ‚seismographische Empfindlichkeit' der Finger für Impulse, die sie als ‚außerpersönlich' erlebte (S.17).

Das automatische Buchstabieren der Versuchsteilnehmer führte bei Bender zu bemerkenswerten Ergebnissen. Auf gestellte Fragen wurden meist ohne vorherige Absprachen sinnvolle Antworten gegeben. Eine weitgehende Dissoziation der automatisch buchstabierten Inhalte vom normalen Ich-Bewusstsein fand statt; der Inhalt des Geschriebenen war den Teilnehmern nicht geläufig. Hierbei spielte die seelische Verfassung der Beteiligten eine Rolle.

Die Schlussfolgerung Benders lautet: „Die Bewegungen" wurden „also von einer intelligenten psychischen Tätigkeit gesteuert, die sich dem Wissen und der Kontrolle der Vpn. entzieht. Die Mitwirkenden empfinden diese Bewegungen als ‚außerpersönlich', ‚ichfremd', als ‚Getragensein'. Gewöhnlich macht jeder die anderen Teilnehmer für die eingeschlagene Richtung verantwortlich. Dabei lassen sich verschiedene Grade der Entpersönlichung unterscheiden" (S.26). Bei seinen Versuchen mit automatischem Buchstabieren entdeckte Bender die unterschiedlichen Fähigkeiten der beteiligten Personen. Vor allem zwei der Teilnehmer besaßen eine außerordentliche Begabung. Waren sie nicht anwesend, kam es zu keinen nennenswerten Ergebnissen.

Da die Resultate seiner Forschung nicht ohne weiteres mit normalen psychischen Funktionen übereinstimmen und sich einer einfachen Erklärung entziehen, geht Bender zumindest von ‚Mehrleistungen des Unterbewussten' aus. Diese ‚Mehrleistungen' führten teilweise zu abenteuerlichen Stellungnahmen seitens anderer Forscher. Die Physiker Chevreul und Faraday erklärten bspw. ideomotorische (unwillkürliche) Muskelbewegungen zur Ursache der Ergebnisse von Tischrücken und Pendelversuchen.

Spekulative Annahmen dieser Art wischt Bender mit dem Argument von Tisch, dieser Theorie fehle „ein grundsätzlich wichtiger Sachverhalt: Es wurde nicht ‚erklärt', wieso diese unwillkürlichen Muskelbewegungen die Äußerung *intelligenter Inhalte* vermitteln, die den Trägern der Bewegungen nicht bekannt sind" (S.28). *Das Problem des Unbewussten lässt sich schwer eindeutig fassen, denn Diskussionen darüber werden durch den Mangel eindeutiger Definitionen der verwendeten Begriffe erschwert*, bemängelt Bender. Daneben verhindern vor allem metaphysische Vorurteile die wissenschaftliche Klärung.

Benders Forschung zeigt die Komplexität der Fragestellung. Er verweist auf die unterschiedlichen Theorien zum Problem dissoziierter seelischer Prozesse, die jede für sich das Problem von einer anderen Warte aus betrachten und daher zu divergenten Ergebnissen führen. Immerhin teilt die Mehrzahl der Autoren die Auffassung, dass Dissoziation[4] ein generelles Merkmal parapsychologischer Erscheinungen ist.

C.G. Jung dokumentiert in seiner Abhandlung: ‚Zur Psychologie sogen. okkulter Phänomene' spiritistische Sitzungen, an denen er selbst teilgenommnen hat (vgl.: Psychiatrische Studien, S.3f.). Das Medium, ein 15jähriges, blasses Mädchen mit dunklen Augen von „eigentümlich stechendem Glanz" litt unter plötzlich auftretenden Absenzen. Mitten in einem Gespräch begann sie plötzlich in eigentümlich monotoner Weise sinnlos scheinende Sätze zu sprechen. Die Augenlider waren dabei halb geschlossenen. Die Absenzen dauerten meist nur wenige Minuten; dann fuhr sie plötzlich auf und war sich wieder ihrer selbst bewusst. Das Mädchen führte ihre geistige Abwesenheit auf die Anwesendheit von Geistern in ihrem Innern zurück, wie Jung notiert: „Sie war diesen Absenzen sehr gegen ihren Willen unterworfen, sie wehrte sich oft dage-

---

[4] Dissoziation (lat.: Spaltung): In der Parapsychologie die Bezeichnung für die Verselbständigung von psychischen Vorgängen, die sich der Kontrolle des Wachbewusstseins entziehen.

gen... Die Absenzen befielen sie nämlich auf der Straße oder im Geschäft, überhaupt in jeder Situation. Wenn sie dieser Zustand auf der Straße überfiel, lehnte sie sich an ein Haus und wartete, bis der Anfall vorüber war.

Während dieser Absenzen, deren Intensität sehr verschieden war, hatte sie regelmäßig Visionen, sehr oft auch... ‚wanderte' sie, d.h. sie verließ wie sie angab, ihren Körper und versetzte sich nach fernen Orten, wohin sie von ihren Geistern geführt wurde" (S.24). Hinterher war sie oft völlig erschöpft und beklagte sich bitter über den Kraftentzug, der stattgefunden hatte.

Ein umgestülptes Trinkglas und kreisförmig angelegte Buchstaben dienten dazu, in Kommunikation mit der Jenseitswelt zu treten. Zwei Finger der rechten Hand wurden auf das Glas gelegt, worauf dieses sich blitzschnell von einem Buchstaben zum nächsten bewegte. Zahlreiche Mitteilungen mit religiös-erbaulichem Inhalt kamen auf diese Weise zustande. In den Worten waren die Buchstaben teilweise ungestellt, teils verlief die Reihenfolge der Buchstaben in umgekehrter Richtung.

Als Zeuge des *Gläserrückens* bemerkt Jung: „Ich konnte nur konstatieren, dass, sobald ihre Hände auf dem Tische lagen, auch sofort die typischen Bewegungen auftraten" (S.54). Den hypothetischen Einwand der Simulation ließ Jung nicht gelten, denn das Gedankenlesen, zu welchem das Medium seiner Ansicht nach in hohem Maße befähigt war, „erfordert zum mindesten eine ganz außerordentliche Übung, welche aber der Patientin nachgewiesenermaßen abgeht" (S.60).

In einer der Sitzungen lag sie eine halbe Stunde lang reglos da, mit nach oben gedrehten Augäpfeln; der Puls war schwach, das Gesicht von auffallender Blässe. Sie erzählte, in einer Vision ihren Großvater gesehen zu haben. Bei einer der folgenden Sitzungen begann das Mädchen in der somnambulen Trance „eigentümliche Lippenbewegungen zu machen, dabei gab sie schluckende und gurgelnde Geräusche von sich. Dann flüsterte sie sehr leise und unverständlich. Nachdem diese Erscheinung einige Minuten gedauert hatte, fing sie plötzlich mit veränderter und tiefer Stimme zu sprechen an. Sie redete von sich in der dritten Person: ‚Sie ist nicht hier, sie ist fort.' Es folgten dann noch mehrere Sätze religiösen Inhalts" (S.30). Die Sprache ähnelte der ihres Großvaters, einem ehemaligen Geistlichen. Nach den Sitzungen klagte sie über quälende Kopfschmerzen.

Eine ‚unterbewusste Persönlichkeit', so vermutet Jung, träte in den Sitzungen in Aktion. Eine Spaltung der Persönlichkeit wäre die Voraussetzung hierfür. Die Entstehung dieser unterbewussten Persönlichkeit hänge mit einer gewissen Disposition des Mediums zusammen und mit den Suggestivfragen, die ihr gestellt würden.

Diese vereinfachende Darstellung des Geschehenen seitens C.G. Jung lässt einige Aspekte außer Acht. Sie erklärt bspw. nicht die mystischen Erlebnisse und Visionen, von denen das Medium in anschaulichen Bildern erzählt. Die weiten Reisen, die das Medium im Geiste unternahm, führte sie zu Verwandten oder auch in jenseitige Gefilde, „jenem Raum zwischen den Gestirnen".

Auch ein ‚somnambules Ich' trat in Erscheinung, berichtet Jung. „Ihr somnambules Ich schildert sie als eine vom Körper fast ganz befreite Persönlichkeit. Es ist eine erwachsene, aber kleine, schwarzhaarige Frau, von ausgesprochen jüdischem Typus, in weiße Gewänder gehüllt, den Kopf mit einem Turban bedeckt" (S.37). Bei ihren Auftritten erschien diese Persönlichkeit sehr ernst und von devoter Frömmigkeit.

Tauchte in den Sitzungen plötzlich eine neue Persönlichkeit auf, vermutet Jung wiederum eine Abspaltung der schon vorhandenen Persönlichkeit. Eine intensive Erwartungshaltung, dazu die große Lebhaftigkeit der Vorstellungen, führten angeblich zum ‚Einbrechen' der neuen Persönlichkeit. Die Unzulänglichkeit dieses Deutungsversuchs tritt klar zutage. Intensive Erwartungen und eine lebhafte Phantasie vermögen kaum, eine abgespaltene Persönlichkeit hervorzubringen. Visuelle Bilder werden als ‚Halluzinationen' eingestuft und damit zum großen Teil ihres Mitteilungscharakters beraubt. Insgesamt zeigt Jung in seinen weitschweifigen Erläuterungen hinsichtlich der somnambulen Persönlichkeiten eine wenig überzeugende, einseitige Betrachtungsweise, die dem tatsächlich beobachteten Geschehen nicht gerecht wird.

Eine spiritistische Deutung würde, wie bereits erwähnt, die Phänomene auf die Anwesenheit von Geistwesen zurückführen, die imstande sind, materielle Schranken zu überwinden und feste Gegenstände ihrem Einfluss zu unterwerfen. Bei E.G. Jussek wird ein männliches Medium erwähnt, das mit einer Buchstabentafel, dem sogenannten *Quija-Brett*, experimentierte. Als Folge dieser Versuche kam der Mann mit einem Geistwesen in Kontakt, das sich als *Paul* ausgab. Dieser drängte sich in der Folgezeit in hartnäckiger Weise in das Leben des Mannes hinein, bis der anfänglich harmlos scheinende Kontakt einer Besessenheit gleichkam.

E.G. Jussek gelang es, durch Mitarbeit des Mediums eine Botschaft zu den Problemen derartiger Kontaktaufnahmen zu erhalten: „Die Person, die auf diese Weise versucht, eine Verbindung herzustellen, würde sich der Begegnung mit Wesenheiten öffnen, die zwar nicht unbedingt schlecht sein müssen, die aber erdgebunden sind und den menschlichen Körper zu beherrschen versuchen. Es gibt für sie keine einfachere Methode, das zu erreichen, als die... beschriebenen Praktiken." Damit wäre eine erhebliche Gefahr verbunden, „denn es gibt außerordentlich schlaue Wesenheiten, die versuchen würden, zu täuschen, indem sie vorgeben, über spirituelles Wissen zu verfügen, was auch durchaus möglich wäre..." (in: Das Perlennetz, S.36). Bei derartigen Experimenten wird in der Regel kein Kontakt zu höheren Geistebenen hergestellt. Das Medium wird nicht selten zum Spielball astraler Wesen, die es benutzen und ihm Energie entziehen.

Dass Spiritismus auch in der Gegenwart viel Zulauf findet, zeigt der Bericht von Carola Cutomo, die durch spiritistische Experimente mit *Gläserrücken*, *Tischrücken* und *automatischem Schrei-*

ben in arge Bedrängnis geriet. Die nachfolgend geschilderten Erlebnisse zeigen exemplarisch, wie es Medien ergehen kann, deren Wunsch nach Kontaktaufnahme mit dem ‚Jenseits' vorwiegend aus Neugier und Wissensdrang geschieht. Daher sind sie in einiger Ausführlichkeit dargestellt.

Nach Experimenten mit Tischrücken gerät C. Cutomo unter den Einfluss ihr unbekannter Mächte. In Zuge der Experimente nähern sich ihr vermeintliche ‚Verstorbene', die sich nach einiger Zeit immer stärker aufdrängen. Sie kann sich dem Bann dieser fremden Wesenheiten nicht entziehen, wird von ihnen ‚besessen'. Stimmen in ihrem Kopf bedrängen sie; reden von morgens bis abends auf sie ein und treiben sie damit an den Rand des Wahnsinns. Wie es ihr letztlich gelingt, sich trotz der massiven Belästigung zu befreien, erzählt sie in ihrem authentischen Erlebnisbericht *Medialität, Besessenheit, Wahnsinn.*

Für C. Cutomo entwickelt sich aus dem anfänglich vergnüglichen und spannenden automatischen Schreiben ein suchtartiges Verhalten, dem sie sich nur schwer entziehen kann. Rasch verliert sie die Kontrolle über den Vorgang. Ein fremdes Wesen ergreift unverkennbar Besitz von ihrem Körper. Eine Stimme in ihrem Innern ängstigt sie mit massiven Drohungen: Enge Freunde und Angehörige sind angeblich vom Tode bedroht, ihr selbst wird demnächst etwas Schlimmes zustoßen, etc. Zeitweilig befürchtet sie, auf der Stelle sterben zu müssen! Ihr wird prophezeit, sie werde ihr zukünftiges Leben in einer Irrenanstalt zubringen und dgl. mehr.

Die Schreiberin fühlt sich permanent von unsichtbaren ‚Kraftfeldern', von ‚Schwingungen', beeinflusst, die sie stark verunsichern. Ihre Konzentration ist stark beeinträchtigt. Diese Kraftfelder sind besonders bei medialem Schreiben sehr deutlich präsent. Schon vereinzelte Schreibversuche führen zu tagelangen Beeinträchtigungen. Die anfänglichen ‚Götter' haben sich in Quälgeister verwandelt. Kaum jemand in C. Cutomos Umgebung ahnt,

47

unter welch permanentem Druck sie steht, denn die Stimmen haben ihr strikt verboten, sich jemandem zu offenbaren.

Dennoch vertraut sich C. Cutomo in ihrer Not einem Psychiater an, der eine sich abzeichnende Persönlichkeitsspaltung diagnostiziert. Er verschreibt ihr Psychopharmaka in steigender Dosierung, die erhebliche Nebenwirkungen zeigen: Eines der Medikamente verursacht „verheerende Fremdheitsgefühle, mit denen ich nicht mehr fertig wurde. Es wirkte sich noch viel schlimmer als alle vorherigen Mittel aus. Die Ruhe- und Rastlosigkeit wurde schier unerträglich. Jetzt konnte ich es nicht einmal mehr für ein paar Sekunden irgendwo aushalten. Zum ersten Mal in meinem Leben dachte ich an Selbstmord. Wie sollte es nur mit mir weitergehen? Die Präparate brachten mich um meinen Verstand" (S.124). Unter Missachtung ärztlichen Rates setzt sie in der Folgezeit alle Mittel rigoros ab.

C. Cutomo nimmt fremde Gedankengänge auf, fühlt sich ‚besessen'; eine zweite Kraft ist in ihre Innern gegenwärtig. Warnungen kommen von den Geistern selbst, als sie erneut automatisches Schreiben praktiziert. Ihr wird dringend abgeraten, weiter damit fortzufahren: „Begreife doch endlich, wie gefährlich es ist, mit uns Kontakt aufzunehmen! ... Es wäre bestimmt besser für dich, nie mehr zu schreiben." Sie sei kein gutes Medium, da sie sich beeinflussen und erpressen lasse. Ihr wird außerdem geraten, nicht auf den Psychiater zu hören, da dieser ihr Leiden nur verschlimmere.

Endlich erkennt sie mit Hilfe eines fähigen Psychologen, in welch gefährliches Fahrwasser sie geraten ist, als sie ohne Kenntnis okkulter Dinge Experimente durchführte und unbekannte geistige Wesenheiten anrief. Erst die völlige Aufgabe jedweden Geistkontaktes führt zu einer psychischen Stabilisierung und zur Befreiung von den Störungen.

Die Erlebnisse von C. Cutomo weisen exemplarisch auf die Risiken spiritistischer Séancen sowie auf Gefahren der Medialität überhaupt hin. Der verständliche Wunsch, mittels medialer Kontaktaufnahmen einen Blick in jenseitige Bereiche zu werfen, endet nicht selten mit psychischen Deformationen. Erfahrene Medien verfügen über Kenntnisse, die sie schützen. Doch selbst bei diesen kommt es hin und wieder zu ‚Unfällen'.

Menschen, die sich auf Experimente mit dem *Quija-Brett*, auch *Hexenbrett* genannt, einlassen, versuchen mithilfe von Buchstaben und einer Planchette, die sich über das Brett bewegt, Kontakt zu Geistern und Verstorbenen aufzunehmen. Die Teilnehmer stellen dabei - oft unbewusst - ihre Energien zur Verfügung, damit ein Geistwesen in Kontakt mit der diesseitigen Welt kommen kann.

E. Jacobi, die selbst mit dem Quija-Brett arbeitet, gibt einige Hinweise zu den negativen Aspekten dieser Kommunikation. „Woher kommen die Probleme?" fragt sie und erläutert: „Personen, die am Quija-Brett sitzen, sind wie Kanäle, durch die Energie fließt. Wenn diese Kanäle von Ängsten oder negativen Energien blockiert sind, werden sie auch negative Energie anziehen. Daher sollten die Einstellungen und Erwartungen aller Beteiligten vor jeder Sitzung hinterfragt werden" (S. 42). Ein Teilnehmer wird diejenigen Energien anziehen, die er selbst ausstrahlt. Eine neutrale und gelassene innere Einstellung kann den Praktizierenden viel Ärger ersparen.

In dem Film *Whitchboard. Das Tor zur Hölle* wird auf eindrucksvolle Weise auf die Gefahrenmomente bei der Verwendung des Hexenbrettes hingewiesen. Dort wird gewarnt:

◉ *Quija-Bretter* dürften unter keinen Umständen allein, von nur einer Person, benutzt werden, um Besessenheit zu vermeiden.

◉ Anfangs denke man noch, der Geist wäre hilfreich und freundlich. Aus diesem Grund benutze man das Brett wieder und wieder. Von Mal zu Mal würde man schwächer, und je schwächer man wird, umso öfter muss man es benutzen.

◉ Fortschreitende Versklavung sei die Folge. Sowie man süchtig geworden sei, änderte der Geist sein Verhalten. Er werde bedrohlich, terrorisiere die Person und versuche, das Ich auszulö-

49

schen. Für ihn gäbe es nur ein Ziel: **Er habe es auf den Körper des Mediums abgesehen.**

Tatsächlich kommen nur wenige Medien bei häufigem Gebrauch des Quija-Bretts ungeschoren davon. Kundgebungen, die lediglich zur Befriedigung der Neugier oder als Spielerei veranstaltet werden, können zu außergewöhnlichen Belastungen des Nervensystems führen, warnt auch K. Nowotny. Während spiritistischer Séancen findet ein enger Kontakt zu Geistwesen statt: „Man stelle sich vor, dass etwas an den Nervensträngen zerrt, das man nicht sehen kann, das aber eine begreifliche Unruhe hervorruft, der man nicht Herr werden kann. In unendlich vielen Abstufungen... kann sich dies zeigen und bei andauernder Belastung schwere Schädigungen an Seele und Körper herbeiführen" (S.176).

Das amerikanische Medium S. Browne gibt zu dem Thema den lapidaren Kommentar ab: „Zu *Quija-Brettern* habe ich Folgendes zu sagen: Trennt euch so schnell wie möglich von ihnen. Punkt" (S.196f.). Ein Quija-Brett zu benutzen wäre so, als würde man die Haustür weit aufmachen und jeder, der zufällig vorbeigeht, könne hereinkommen. Die Praktizierenden machen sich in der Regel kaum Gedanken darüber, ob die Eintretenden gefährlich sind oder nicht, ob sie psychisch stabil sind, wie lange sie bleiben wollen etc. Doch nicht alle Geister aus dem Jenseits sind liebevoll und friedfertig: „Geister aus dem Jenseits... halten immer nach Energien Ausschau, an die sie sich anhängen können, unsere eigenen eingeschlossen. Aber natürlich verfolgen auch Gespenster, so verwirrt und geistesgestört, wie sie nun mal sein können, opportunistisch ihre eigenen Ziele und suchen oft nach Wegen, um uns... Angst einzujagen oder uns einzuschüchtern", warnt die S. Browne.

Kartenlegen und Pendel sind ebenfalls beliebte Mittel, um Botschaften aus der unsichtbaren Welt zu erhalten. Die Bilder und Symbole der Karten können die Sinne schärfen und die Kartenleger mit der geistigen Welt verbinden. Das Pendel wird von Manchen als Lebenshilfe benutzt. Über das Pendel kann man direkten

Kontakt mit der geistigen Welt oder auch mit der eigenen Seele aufnehmen, behauptet E. Jacobi (S.118f.). Die Pendel-Praxis vermag aber auch Zugänge zum Unterbewusstsein zu öffnen, die nicht nur Angenehmes offenbaren.[5]

Menschen werden zu den unsinnigsten Verhaltensweisen verleitet oder erleiden schwere Nervenschädigungen, die sie aus ihrem sozialen Umfeld entfernen und in die Isolation treiben. Hilfe ‚von oben' ist nicht zu erwarten. Normalerweise greift die geistige Welt nicht in die freie Willensäußerung eines Menschen ein, es sei denn, dies wird ihr – zumindest am Anfang – zugestanden. Sobald sich die geringste Störung zeigt, ist es daher ratsam, jeden Verkehr mit der jenseitigen Welt zu meiden, warnt K. Nowotny. Wird die spiritistische Betätigung unter Kontrolle gehalten, können die Geistwesen sich nicht über das erlaubte Maß hinaus des menschlichen Körpers bedienen. Wo dies dennoch geschieht (in Fällen, die gar nicht so selten sind), ist Gegenwehr erforderlich.

Séancen, die angeblich armen, verwirrten Seelen den Weg ins Jenseits weisen sollen, führen in der Regel in die Irre, denn es ist keineswegs Aufgabe von Menschen, in das Geschehen der geistigen Bereiche einzugreifen, kritisiert Nowotny. Bei derartigen Veranstaltungen wird für die ‚armen Seelen', die noch am Irdischen hängen, Tür und Tor geöffnet. Sie werden bereitwillig eingelassen mit unabsehbaren Folgen.

ASW-Experimente können durchaus zu vertieften geistigen Wahrheiten führen, die auf anderem Wege nicht zugänglich sind. Die erwähnte Gefährdung durch mediale Betätigung muss daher niemanden grundsätzlich dazu bewegen, seine medialen Möglichkeiten abzuleugnen. Gefahren treten nicht zwangsläufig auf, sondern sie zeigen sich, wo es an adäquatem Wissen um die Strukturen und Bedingtheiten in der geistigen Welt mangelt. Experimen-

---

[5] Ich kannte eine Frau, die Freude an der Praxis des Pendelns fand, bis eines Tages höllische Bilder und teuflische Fratzen vor ihrem geistigen Auge auftauchten, was bei ihr große Ängste auslöste.

te, die von Personen mit entsprechenden Erfahrungen praktiziert werden, können im günstigen Fall eine Brücke sein zwischen der materiellen und der geistigen Welt, sofern ernsthafte Beweggründe der Anlass sind. Eine materielle Lebensauffassung trübt den Blick für geistige Belange. Wohlmeinende Geistwesen nähern sich Menschen allein zu dem Zweck, sie auf ihrem spirituellen Weg zu begleiten. Spiritistische Betätigung zum Zwecke der Wissensvermehrung und der Erforschung der Geisterwelt wird von den Geistebenen aus nicht gefördert.

Der englische Schriftsteller Arthur Conan Doyle, der *Sherlock Holmes* in die Welt gesetzt hat, war seinerzeit selbst praktizierender Spiritist. In seiner Erzählung *Spiel mit dem Feuer* findet ein Gespräch während einer Séance statt. Der ‚Spirit', der aus dem Medium spricht, wird gefragt:

„Ist das richtig, was wir tun?" Die Antwort lautet:

„Wenn es im richtigen Geist geschieht." - „Was ist der falsche Geist?"

„ Neugier und Leichtfertigkeit." - „Kann Unheil daraus entstehen?"

„Sehr ernstliches Unheil." - „Welche Art Unheil?"

„Ihr könnt Kräfte herbeirufen, die ihr nicht mehr kontrollieren könnt."

„Böse Kräfte?" - „Unentwickelte Kräfte."

„Du sagst, sie seien gefährlich. Gefährlich für Körper oder Geist?"

„Manchmal für beide."

Weissagungen

Er, der das Unheil vorhersieht,
erleidet es zweifach.

Im antiken Griechenland wurde vor wichtigen Ereignissen die *Pythia*, Priesterin im Orakel von Delphi, konsultiert. Ihre Weissagungen waren in rätselhafte Verse gekleidet, die Raum ließen für Interpretationen. Die Zweideutigkeit der Aussagen forderte Intellekt und Intuition gleichermaßen heraus. Römische Kaiser vertrauten ihr Schicksal Sterndeutern an. Zu ihnen zählte Kaiser Domitian, der in den Jahren 51 - 96 n. Chr. lebte. Selbst Kirchenlehrer wie Thomas von Aquin hielten Wahrsagung für verdienstvoll. Noch im 16. Jh. ließen sich Päpste astrologisch beraten. Auch Staatsmänner des 20. Jhs., wie Mitterand oder Reagan, nahmen die Hilfe von Astrologen in Anspruch.

Die verschiedenen Möglichkeiten der Weissagung werden von Paracelsus, dem großen Arzt und Gelehrten des 16. Jahrhunderts, überliefert:

☼ Durch den Mund von Propheten und Sybillen schickt Gott seine Vorboten und Warnungen, damit man acht hat auf Dinge, welche in den Weissagungen enthalten sind. Diese Propheten und Jünger erkennt man an ihrer einfachen Wesensart. Sie sind weder ehrgeizig noch auf materiellen Reichtum aus.

☼ Die Divination (Ahnung von zukünftigen Dingen) hingegen kommt aus dem Menschen selbst, der sie in seinem eigenen Licht erkennen kann.

☼ Eine andere Art der Weissagung „kann der Mensch durch die Geister innewerden, wenn er mit ihnen ein Bündnis hat, oder wenn sie ihm das wahrhaftig gönnen wollen."

☼ Selbst eine naturgegebene Weissagung existiert; die Natur selbst zeigt Zukünftiges an.

☼ Desweiteren leitet sich eine Weissagung, *Augurium* genannt, von den Tieren ab, so dass man an den Geschöpfen erkennen kann, welche Ereignisse bevorstehen.
(In: Paracelsus: Sämtliche Werke, Bd 4, S.70f.)
Weissagungen, die durch die Einflüsterungen von Geistern entstehen, wirken über die menschliche Inspiration. Den Geistern ist zwar geboten, über Zukünftiges zu schweigen, dennoch teilen sie manchmal bei passender Gelegenheit ihr Vorauswissen den Menschen mit, soviel wie sie für richtig halten. Nicht aus dem Licht der Natur, sondern von den Einflüsterungen unsichtbarer Wesen stammen demzufolge gewisse Wahrsagekünste, deren „Erfinder von den Geistern besessen gewesen sind, und die Künste also aus dieser Besessenheit heraus erfunden und erdacht haben", erklärt Paracelsus (S.80).
Der Fähigkeit der Zukunftsschau, die mit der Hilfe unsichtbarer Wesen zustande kommt, liegt also zum Teil eine Inbesitznahme zugrunde, die Seher in die Lage versetzt, Kenntnisse von verborgenen Dingen mitzuteilen. Den unsichtbaren Wesenheiten ist vor allem daran gelegen, eine Verbindung zu den Sehern oder zu anderen beteiligten Personen herzustellen. Hierdurch sind Einflussnahmen möglich, die ohne den Kontakt nicht zustande gekommen wären. Für dieses Ziel sind die Wesen bereit, den Beteiligten gewisse Mitteilungen zukommen zu lassen, wie z. B. die Kunde von verborgenen Dingen.
Die Geister sind darüber hinaus fähig, kraft ihrer Einwirkung Dinge geschehen zu lassen, die dann mit den Voraussagen übereinstimmen. Doch nicht immer entsprechen ihre Mitteilungen der Wahrheit. Oft verstummen die Geistwesen gerade in solchen Momenten, wo ihr Rat an dringendsten gebraucht würde. Sie führen leichtgläubige Leute an der Nase herum und werden zu Quälgeistern. Dennoch legen viele Sensitive ihnen gegenüber ein unterwürfiges Verhalten an den Tag. Sind die Geister günstig gestimmt, können durchaus zutreffende Mitteilungen mit Blick auf

die Zukunft in Erfahrung gebracht werden. Fragt man aber nach dem Nutzen der Wahrsagerei, so erklärt Paracelsus, sei es „reine Zeitverschwendung".

Die Pfingstgemeinden und Apostolischen Gemeinschaften, in denen die Gabe des Zungenredens kultiviert wird, werden von J. v. Rijckenborgh einer kritischen Betrachtung unterzogen. In *Der kommende Neue Mensch* kritisiert er religiöse Versammlungen, die sich durch gemeinschaftliches Singen, Rituale und Musik in einen Zustand der Ekstase hineinsteigern. Ein ‚magnetischer Kreis' entstehe hierbei: Einige Medien beginnen, im gegebenen Moment zu ‚kauderwelschen'; ein Beben durchfährt sie, sie verrenken ihre Gliedmaßen in grotesker Weise. Die Gesichter verzerren sich zu Grimassen. Dies sei wahrlich kein schöner Anblick, bemerkt van Rijckenborgh.

Dann beginnen die Gläubigen „in fremden Sprachen zu sprechen... Was sie sagen, ähnelt dem Latein, jedenfalls einer alten Sprache. Das liegt ganz und gar im Wesen des Schauspiels, das da aufgeführt wird. Der Inhalt des Gesprochenen setzt sich zusammen aus den üblichen banalen Phrasen spiritistischer Seancen, einer Aneinanderreihung von Spiegelsphärengeschwätz[6], durchspickt mit Bibeltexten und heiligen Namen des Sommerlandes, das der Himmel sein soll, usw." (S.351).

Zungenreden ist für van Rijckenborgh eine schlechte Imitation der wahren medialen Begabung. Er erkennt darin den ‚Griff der Finsternis'. Die Medien werden überschattet von Wesen der Spiegelsphäre, stehen also unter dem Einfluss von Geistwesen aus dem astralen Bereich. Es ist „tief tragisch, dass das unverkennbare Suchen Zehntausender sich darin festgelaufen hat." Sie sind in einem „spiritistischen, negativ-okkulten, mediumistischen Treiben" befangen, bemängelt der Autor (S.270).

---

[6] Mit ‚Spiegelsphäre' ist die Astralsphäre gemeint; die Ebene der Emotionen, die sich über der physischen Ebene befindet.

Die Ursache des Übels sieht van Rijckenborgh in der Unkenntnis der Gemeinden, die nicht ahnen, dass sie eine Beute von Bruderschaften der Spiegelsphäre geworden sind, die mit eigennützigen Zielen die höhere Geistwelt imitieren. Der Autor, der sich selbst als Abgesandten der *Großen Lichtbruderschaft* bezeichnet, war Gründer und Großmeister des *Lectorium Rosicrucianum*, einer religiösen Glaubensgemeinschaft.

Ein Schüler des mystischen Weges muss „von allen Einflüssen des Jenseits Abschied nehmen", erklärt van Rijckenborgh kategorisch. An diese nachdrückliche Forderung schließt sich der Hinweis, auch von liebgewonnenen Verwandten und Freunden Abschied zu nehmen, sobald diese sich im Jenseits befinden. Jemand, der für Einflüsse aus der Spiegelsphäre aufnahmefähig bleibt, blockiert damit ein Sichöffnen für das „neue Lebensfeld, die Pforte des Lebens."

Der Autor rät: „... unterhalten sie unter keiner Bedingung auch nur irgendeinen Kontakt mit Entitäten aus der Spiegelsphäre. Auch wenn sozusagen unser Lieber Herr selbst Ihnen erscheinen würde, wenden Sie sich und gehen Sie Ihrer Wege" (S.352f.). Die Lösung scheint darin zu liegen, sich sehr entschieden und absolut Beeinflussungsversuchen dieser Art zu widersetzen, „dann wird jede Spiegelsphären-Beeinflussung umso schneller verschwunden sein. Wenn Sie diese Dinge vollkommen negieren, auch wenn man Sie mit dem Schönsten, was diese Welt anzubieten vermag, verlocken will, so kommt ein Moment, da man gezwungen ist, Sie in Ruhe zu lassen."

Van Rijckenborgh relativiert seine Äußerungen dahingehend, dass tatsächlich eine *spirituelle Gabe* des Zungenredens existiere (S.354f.). Diese Gabe tritt allerdings erst zu einem späteren Zeitpunkt, mit fortschreitender geistiger Entwicklung, auf. Erst wenn ein ‚neues Ich' gebildet ist, bricht sich urplötzlich, wie ein Feuer, die Gabe der Auslegung der Sprachen Bahn.

Hypnotische Beeinflussung

*Ein Bewusstsein, das schläft, ist wie
der Wind ohne Segel.*

Spiritistische Übungen, die intensiv betrieben werden, bewirken, dass sich bestimmte Regionen des Unterbewusstseins ausbilden und ins Bewusstsein gelangen. Optische und akustische Halluzinationen rücken mit der Zeit in den Bereich der Wahrnehmung. Die aktivierten Zentren des Unterbewusstseins können sogar ganz allmählich Einfluss auf Teile des physischen Körpers ausüben.

Spiritismus und Hypnose weisen viele Gemeinsamkeiten auf, wie Bo Yin Ra feststellt. Bei der Hypnose unterwirft sich ein Mensch den Willensimpulsen eines anderen Menschen, während bei der spiritistischen Medialität „der ‚Hypnotiseur' im unsichtbaren Teile der physischen Welt zu suchen (ist): das ‚Medium' liefert sich passiv seinen Wünschen aus, ohne ihn zu kennen" (in: Okkulte Rätsel, S.63).

Der sichtbare Hypnotiseur wird in der medialen Sitzung vertreten durch eine Wesenheit aus der unsichtbaren Welt: „Spiritistischer ‚Trance'- Zustand und hypnotische Betäubung sind zwar ihrer Erscheinung nach oft sehr verschieden, im Wesen aber fast identisch, - mit Hilfe der gleichen Kräfte hervorgebracht, wenn auch die auslösenden Faktoren - hier der Impuls eines Menschen, dort der quasi ‚tierhafte' Betätigungstrieb eines Lemurenwesens des unsichtbaren Teiles der physischen Welt, – sehr verschiedener Art sind –." [7] Diese Wesen zeichnen sich durch eine hohe Intelligenz aus. Bo Yin Ra bemerkt, wie „jede Manifestation dieser Zwischenwesen stets mit einem unerhörten Raffinement gerade den Ton zu treffen weiß, der in einem gegebenen Kreise verlangt wird, soll die Botschaft Glauben finden" (S.66).

---

[7] Die intelligenten Lemurenwesen werden auch bei Rudolf Steiner erwähnt. (Vgl.: Die Schwelle zur geistigen Welt.)

Die von einem menschlichen Hypnotiseur in Trance versetzten Versuchspersonen werden zugleich temporär von unsichtbaren Wesenheiten in Besitz genommen, ohne dass der Hypnotiseur dies erkennen, geschweige denn verhindern kann. Daher lehnt Bo Yin Ra auch therapeutische Eingriffe unter Zuhilfenahme der Hypnose strikt ab, denn das wäre „ungefähr dem Austreiben des Teufels durch Beelzebub gleichzusetzen..."

Je öfter ein Medium experimentiert, desto müheloser fällt es in einen Trancezustand. Ähnliche Ergebnisse stellen sich bei der Hypnose ein. Die Energie-Zentren sind permanent auf die Erreichung eines passiven Zustandes eingestellt. „Die ‚Ebene' der Verbindung ist der unsichtbare Teil der physischen Welt, zu dem auch jene feinen fluidischen Kräfte des Körpers gehören, durch deren Wirksamkeit reine Willensimpulse im Gehirn zur Auslösung kommen – durch deren Betäubung aber das eigene Ich aus seiner Herrscherstellung verdrängt wird und irgendeiner anderen Herrschaft die Macht überlassen muss, mit dem Gehirn zu schalten wie es ihr beliebt – .

Je öfter der Hypnotiseur mit seiner Versuchsperson, der hypnotisierende Arzt mit seinem Patienten experimentiert, desto unzerreißbarer wird die magische Kette aus unsichtbaren Energiezentren, die beide Pole verbindet, mag auch der eine sich vom anderen Tausende von Meilen entfernen. Diese magische Kette ist fast ins Unendliche dehnbar und zerreißt umso weniger, je fester sie durch zahlreiche vorangegangene hypnotische Experimente gehärtet wurde - - -" (S.67f.).

Über diese Verbindung können sich sehr ungewohnte und ungewollte Einflüsse bemerkbar machen. Nur wenige solcher Fälle ungewollter Beeinflussung werden erkannt, obgleich genaue Beobachtungen einen derartigen „Einfluss bei permanenter fluidischer Verbindung" aufdecken können. Selbst der Hypnose-Arzt ist nicht sicher vor unvermuteten ‚Einbrüchen' des bewussten Willens seiner Patientinnen und Patienten in sein eigenes Fühlen und

Denken, auch wenn die Behandlung bereits der Vergangenheit angehört.

Jede hypnotische Betäubung erzeugt eine Isolation zwischen dem Willen und dem Gehirn des Hypnotisierten; und ähnliches geschieht in einem medialen Trancezustand. Die bedenklichen Nachwirkungen bestehen darin, „dass es der an ein absolut passives Mit-sich-schalten-lassen gewöhnten Person mehr und mehr unmöglich wird, fremdem Willen, fremden suggestiven Einflüssen, nennenswerten Widerstand entgegenzusetzen." Im normalen Alltagsleben ist es der eingeschränkten Willenskraft der Person nicht mehr ohne weiteres möglich, die ausschließliche Verfügungsgewalt über das Gehirn auszuüben. Fremde Willensimpulse können fast ungehindert durchdringen. Unerkannte Mechanismen dieser Art liegen wahrscheinlich allen Arten der Zwangserkrankungen zugrunde.

Die Wesen der unsichtbaren Welt

Hinter einer freundlichen Fassade kann sich ein
böser Geist verbergen.

Spiritismus und Geisterglaube

Über die geheimnisvollen Wesen jenseits des sichtbaren Bereichs existiert bereits eine umfangreiche Literatur. Daher kann sich deren Darstellung auf wesentliche Einzelheiten beschränken. Der Spiritismus lehrt die Existenz einer Jenseitswelt und strebt den Verkehr mit den Wesenheiten an, die in ihr leben. Bereits bei den Völkern des Altertums war die Überzeugung verbreitet, dass mediale Menschen mit Göttern in Verbindung standen.

Nach den ersten Kontakten mit der übersinnlichen Welt sehen sich Medien häufig einem Ansturm unterschiedlicher Energien ausgesetzt. Viele Kräfte werden im Innern freigesetzt, die über einen langen Zeitraum gefesselt waren. Der Kontakt zum Unterbewusstsein wird deutlicher der bewussten Wahrnehmung zugänglich. Der ‚Drache' erwacht urplötzlich zu neuem Leben, wenn Menschen eine Brücke zwischen sich und den jenseitigen Welten erzeugen.

Diese Sensitivität der Medien ist ein zweischneidiges Schwert. Der Schutzwall zwischen ihrem Bewusstsein und ihrem Unterbewusstsein wird durchlässig. Hierdurch werden sie anfällig für alle möglichen Beeinflussungen. Niedere Energien können unter Umständen vermehrt ins Bewusstsein gelangen und emotionale Instabilität verursachen. In manchen Fällen braucht es Jahre und die Hilfe geschulter Berater, bis die Betroffenen ihre Medialität schließlich unter Kontrolle bringen konnten.

Mithilfe spiritistischer Medien können sich Geistwesen in die materielle Welt einschleichen und erhalten damit die Gelegenheit, auf die Materie einzuwirken. „In spiritistischen Sitzungen hat das Medium die Aufgabe, den Geistern das Fluidum - Ektoplasma genannt - zu liefern, durch das sie sich offenbaren können. Mit dieser Materie können sie in einigen Sekunden ein Haus zerstören, aber ohne sie können sie auf der physischen Ebene nicht einmal eine Feder heben" erklärt H. Rudolph (in: Theosophie und Spiritismus, S11).

Die hawaiianische *Huna-Lehre* findet ebenfalls eine Erklärung dafür, wie unsichtbare Geistwesen die erstaunlichsten Phänomene zustande bringen: Sie füllen ihre feinstofflichen Körper mit Energie (Mana) an, die sie zuvor den Lebenden entnommen haben. Bringen sie diese gesamte Energieladung zum Einsatz, sind sie oft zu gewaltigen Leistungen fähig. Sie vermögen, schwere Gegenstände – wie z.B. Tische und Kommoden – aber auch lebende Personen hochzuheben und durch den Raum schweben zu lassen (vgl.: M.F. Long, S. 101).

Je entwickelter der Geist eines Menschen ist, umso bewusster und tätiger agiert er in der jenseitigen Welt. H. Rudolph betont: „...die Spiritisten täuschen sich, wenn sie meinen, dass die mediumistischen Erscheinungen nur von Verstorbenen hervorgerufen werden können. Die spiritistischen Phänomene können verschiedene Ursachen haben... Zumeist aber ist das, was sich in spiritistischen Zirkeln kundtut, nicht die Seele eines verstorbenen Menschen, sondern seine astrale Larve, die von der Seele bei ihrem Aufstieg in die höhere Welt auf der Astral-Ebene zurückgelassen wird" (S.12f.).

Dieses astrale Überbleibsel, auch Form der Begierde (*Kama-Rupa*) genannt, ist nicht einfach zu begreifen. Es besitzt die Erinnerungen und niederen Eigenschaften, wie z.b. Leidenschaften, Süchte und Zwänge der Verstorbenen. Das Kama-Rupa ist keineswegs mit dem verstorbenen Menschen gleichzusetzen, sondern es ist die astrale, vernunftlose Larve. Dennoch verfügt diese über einen gewissen Anteil an Kraft und Intelligenz. „Bei einem leidenschaftlichen Menschen besitzt der tierische Teil der Persönlichkeit eine große Kraft und Schlauheit, die nach dem Tode lange fortbestehen", erklärt Rudolph. Verstorbene, deren irdische Wünsche noch intensiv weiter existieren, werden in spiritistischen Zirkeln zur Erde hinabgezogen und erdgebunden.

Die astrale Larve saugt den Medien und Zirkelteilnehmern Lebenskraft aus, um sich selbst am Leben zu erhalten. Rudolph warnt daher eindringlich vor der Teilnahme an spiritistischen Sitzungen. Doch nicht nur Verstorbene, sondern auch lebende Menschen, deren feinstofflicher Geistkörper sich außerhalb ihres Körpers aufhalten kann, beteiligen sich an spiritistischen Zirkeln. „Dass Adepten und ihre Schüler dies tun können, ist selbstverständlich...", erklärt Rudolph, doch käme dies nicht allzu häufig vor. Es klingt befremdlich, als Verursacher spiritistischer Phänomene auch reale Personen, die aufgrund einer speziellen Ausbildung ungewöhnliche Fähigkeiten entwickelt haben, zu vermuten. Über derartige okkulte Gruppen ist in der Öffentlichkeit wenig bekannt...

Noch eine dritte Gruppe von Wesen, die mit Spiritismus in Verbindung steht, wird bei Rudolph erwähnt. Es sind Naturgeister, die für einen großen Teil der spiritistischen Erscheinungen verantwortlich seien. Sie finden ausgesprochenes Vergnügen dabei, abergläubische und leichtsinnige Menschen zu foppen. Bereits Paracelsus hat diese Wesen ausführlich beschrieben.

Gibt es Geister und Dämonen?

Ohne die jenseitige Welt ist die diesseitige
ein trostloses Rätsel.
August Strindberg

Ein großer Teil der Menschheit ist davon überzeugt, die Naturgesetze zu kennen und mit Gewissheit sagen zu können, was Realität eigentlich ist. Doch Erlebnisse, die nicht mit der herkömmlichen Realitätssicht übereinstimmen, führen unweigerlich zu einem Konflikt. „Gibt es Dämonen oder Geister?" fragt die amerikanische Wissenschaftlerin F. Goodman (S.183f.). Diese einfache Frage erfordert einigen Mut, denn häufig werden die Fragesteller verdächtigt, einem abstrusen Aberglauben anzuhängen. Jenseits scholastischer Argumentationen und theologischer Spitzfindigkeiten ist F. Goodman, Professorin für Anthropologie, Ethnologie und Linguistik in den USA, dieser Frage nachgegangen und zu einer eigenen Schlussfolgerung gelangt. Die Aussage, menschliche Personen seien real, Geister jedoch nicht, ist nach Auffassung der Autorin lediglich Ausdruck einer bestimmten Überzeugung, die im Grunde das Wissen darum voraussetzt, was Realität tatsächlich ausmacht.

Moderne Naturwissenschaftler erkennen immerhin die Schwierigkeit, die Wirklichkeit objektiv erfassen zu können, da es nicht möglich sei, den Beobachter von dem beobachteten Gegenstand zu trennen. Anzunehmen ist, „dass nicht jeder in der westlichen Welt die gleichen Vorstellungen von der Wirklichkeit hat. Diejenigen, die heute an der vordersten Front der Forschung und des Denkens stehen, werden der subjektiven, relativen Beschaffenheit der Realität mit Sicherheit am tolerantesten gegenüberstehen" (S.184). Die Sicht der Naturwissenschaft wird ergänzt durch die Auffassung moderner Creationisten, die Evolutionstheorie in einem neuen Licht zu sehen, ohne dabei wissenschaftliche Grundsätze über Bord zu werfen. Der Begriff der Schöpfung erhält eine neue, weitreichendere Bedeutung, was ihr über einen langen Zeitraum verwehrt blieb.

Das Bedürfnis hinter der Frage nach jenseitigen Geheimnissen ist der Wunsch nach transzendentem Wissen und Erleben. Bei der Beschäftigung mit Themen, die über das allgemein bekannte Weltbild hinausgehen, spielt die sogen. *nichtalltägliche Wirklichkeit* eine Rolle. Dieser Begriff, bekannt durch die Ethnologie und Anthropologie, ist seit dem Zeitalter der Aufklärung immer mehr in das Reich des naiven Volksglaubens abgedrängt worden. Aufgrund eigener Erlebnisse hat F. Goodman Erfahrungen in unterschiedlichen Bewusstseinswelten gesammelt und verfügt daher über einen erweiterten Realitätsbegriff.

Auch A. Huxley hat sich seinerzeit eingehend mit Bewusstseinszuständen außerhalb der Normalität befasst und kam zu der Feststellung: „Gleich der Giraffe und dem Schnabeltier sind die Wesen, die die fernen Zonen der Psyche bewohnen, äußerst unwahrscheinlich. Dennoch gibt es sie, sie sind Beobachtungstatsachen; und als solche können sie von niemand unbeachtet belassen werden, der ehrlich versucht, die Welt, in der wir leben, zu verstehen" (S.51).

Die Art und Weise, wie Menschen die Welt wahrnehmen, ist in der Regel antrainiert. Ein Kind lernt frühzeitig, alle seine Wahrnehmungen so zu deuten, dass diese mit der Beschreibung der Welt der Erwachsenen übereinstimmen. Auf diese Zusammenhänge verweist C. Castaneda (in: Reise nach Ixtlan, S.8f.). Neben der sichtbaren, materiellen Welt existiert eine andere Realität, die auf einer anderen Weltbeschreibung beruht. Alles, was unseren Sinnen zugänglich ist, macht nur einen kleinen Ausschnitt der tatsächlich existierenden Realität aus. Alle menschliche Erkenntnis wird im Bewusstsein zusammengesetzt, daher kann die transzendente Welt nicht ohne weiteres wahrgenommen werden.

So gesehen kann die uns bekannte Welt als Illusion bezeichnet werden. „Zum einen ignorieren wir die Tatsache, dass wir es lediglich mit einer einzigen, ganz bestimmten Ausdrucksebene der Realität zu tun haben, zum anderen machen wir uns nicht bewusst, dass auch dieser Manifestationsbereich unendlich ist. So sehr wir uns auch bemühen, unter Zuhilfenahme aufwendiger technischer Mittel unsere Sinneswahrnehmungen zu erweitern, es wird uns niemals möglich sein, den grenzenlosen Bereich der materiell-energetischen Manifestation zu erfassen", erklärt L.-R. Lütge (S.98). Unser Wahrnehmungsvermögen ist mithin auf lediglich einen Teilbereich der materiellen Welt beschränkt. Zudem nehmen wir nur diejenigen Inhalte wahr, auf die wir unsere Aufmerksamkeit richten.

Die Richtung der Aufmerksamkeit fixiert uns auf die materielle Realitätsebene. Der Weg, diese einseitige Fixierung zu lösen und andere Ebenen der Wahrnehmung zu erreichen, besteht in spirituellen Übungen, Meditationen und Initiationen, wie sie z.B. in den Werken von R. Steiner oder C. Castaneda beschrieben werden. Die neben der sichtbaren Wirklichkeit existierende andere Realität ist die nichtalltägliche Wirklichkeit. Öffnen sich die Sinne für diese ‚zweite Aufmerksamkeit', erlangt der Mensch die Fähigkeit, zuvor unsichtbare Ebenen und Wesenheiten zu erfassen.

Mit der Annahme einer nichtalltäglichen Wirklichkeit geht ein nichtalltäglicher Bewusstseinszustand einher, der manchmal als religiöse Trance beschrieben wird. Diese andere, weitgehend unbekannte Seite der Wirklichkeit weist auf die Einseitigkeit von Rationalismus und wissenschaftlicher Aufklärung hin. Wünschenswert wäre es, zwischen der wissenschaftlichen Erklärung parapsychologischer Phänomene und der Anerkennung von Inhalten des Volksglaubens eine Verbindung herzustellen und nicht mehr lediglich mit dem Reflex der Ablehnung oder Verdrängung zu reagieren, wenn Unbekanntes und Unerklärtes ans Licht kommt.

Angehörige des westlichen Kulturkreises haben Probleme damit, die Erklärungen von Medien und Schamanen, ein Geistwesen sei tatsächlich anwesend, zu akzeptieren. Sie streben nach etwas Messbarem und Sichtbaren, das ihnen plausible Erklärungen zu bieten vermag.

In der modernen, westlichen Welt wird eine dämonische Macht als etwas Fremdes, Unglaubwürdiges aufgefasst, von dessen Existenz die Leute nicht einmal dann überzeugt sind, wenn jemand von ihr besessen ist. Die Betroffenen werden schlichtweg für geisteskrank erklärt, womit man dem Phänomen aber in keiner Weise gerecht wird.

Dagegen wendet F. Goodman ein: „Das Problem dabei ist, dass unsere Wissenschaft entwickelt wurde, um die alltägliche Realität zu erfassen. Die Gegenwart von Geistern können wir mit ihrer Hilfe nicht nachweisen. Unsere einzige Hoffnung liegt darin, dass auch beim Phänomen der Besessenheit, wie im Fall der Ekstase, physische Prozesse ablaufen, die nicht so ungreifbar sind wie Geist-Wesen, und auf denen wir vielleicht einen theoretischen Erklärungsrahmen aufbauen können" (S.43). Die Autorin weist in diesem Zusammenhang auf die Forschungsergebnisse zu multiplen Persönlichkeitsstörungen hin, die in mancherlei Hinsicht erhellend sind.

Auf die Frage: „Gibt es Geister?" antwortet der Theosoph H. Rudolph: „Um die Überzeugung zu gewinnen, dass es Geister gibt, ist der Spiritismus nicht notwendig. Wenn der Mensch in sich geht, erkennt er, dass er selbst ein Geist, d.h. eine Form des Einen, universalen Geistes ist" (vgl.: Theosophie und Spiritismus, S.11). Nicht nur der Mensch ist nach theosophischer Lehre ein Geist, sondern auch jedes andere Lebewesen in der diesseitigen wie auch in der jenseitigen Welt. Während des Erdenlebens verbringen sie die Zeit eingemauert in einem irdischen Körper, der sie wie ein Kerker in ihrer Bewegungsfreiheit einschränkt. Während sie schlafen sind auch die Menschen Bewohner der übersinnlichen Welten, in die sie nach ihrem Tod endgültig eingehen.

Erdgebundene Seelen

Der Tod ist eine Wiedergeburt in
ein größeres Leben.

Die Anderswelt

Die Welt der Kelten war ein magisches Universum. Zwischen der diesseitigen Welt und dem Jenseits, der Anderswelt, bestand keine feste, undurchdringliche Trennung; das Jenseits war im Diesseits präsent. Die Anderswelt umfasste sowohl das Totenreich als auch die Feen- und Geisterwelt. Begegnungen mit jenseitigen Wesen gehörten zur alltäglichen Erfahrungswelt (vgl.: W. Dommer, S.23).

Die Seelen der Verstorbenen lebten in Hügeln und Bergen. In Träumen übermittelten sie ihren lebenden Verwandten Ratschläge und Warnungen. Der Kontakt mit verstorbenen Ahnengeistern war für das Volk der Kelten zum Fest *Samain*, am 1. November, möglich. In dieser Nacht war der Schleier zur jenseitigen Welt aufgehoben. Der Volksglauben der Völker, der sich den Übergang vom Diesseits ins Totenreich in ritualisierter Form vorstellte, war eine enorme Hilfe für Sterbende, die befürchteten, sich im Jenseits nicht zurechtzufinden. Wenn ein Verstorbener annimmt, dass im Jenseits ein Boot auf ihn wartet, um ihn ans andere Ufer zu befördern, dann vermittelt diese Vorstellung eine gewisse Sicherheit und reduziert Ängste, die mit den Jenseitserwartungen verbunden sind.

Seit alters her wurde auf verschiedene Arten versucht, den Kontakt zu Verstorbenen aufzunehmen. Die Riten der Nekromantie verfolgten das Ziel, die Larven Verstorbener im Rauch der Opferfeuer erscheinen zu lassen. In der zeremoniellen Magie wurden ebenfalls Larven beschworen, die man sich als halbmaterielle Hüllen der ehemaligen Persönlichkeit vorstellte, die mit der wahren Persönlichkeit eines Verstorbenen wenig gemein haben. Mit diesen Larven sollte durch zeremonielle Handlungen eine Verbindung hergestellt werden.

Gewaltsamer Tod

Die wütendsten Geister werden zu Dämonen.

Eine verstorbene Seele ist nach dem Tode nicht viel bewusster als zu Lebzeiten, behauptet J.E. Sigdell. Sie erfährt durch die neue Daseinsweise nicht eine grundlegende Bewusstseinserweiterung. Ein Verstorbener, der plötzlich ein ungewohntes Licht wahrnimmt, assoziiert dies womöglich mit seinem endgültigen Tod, vermutet der Autor. In seinem Hang nach materiellen Gewohnheiten klammert er sich an den Körper eines Lebenden, hält sich daran fest und entzieht ihm Lebensenergie, um seine Existenz zu verlängern. Sigdell glaubt, eine erdgebundene Seele sehe keinen anderen Weg, um an die notwendige Energie zu gelangen. Überdies könne sie über den ‚Wirt' an irdischen Erlebnissen teilhaben, die ihr zur lieben Gewohnheit geworden waren und die sie nun schmerzlich vermisst. (S.29f.).

Personen, die sehr plötzlich oder gewaltsam aus dem Leben gerissen werden, haben keine Zeit, sich an den neuen Zustand zu gewöhnen. Daher nehmen ihre Seelen häufig das Licht nicht wahr, das sie in die geistige Heimat bringen würde; – sie bleiben erdgebunden. Auch aufgrund einer schicksalhaften Verkettung an einem bestimmten Ort halten Verstorbene eine Verbindung aufrecht und entfernen sich niemals weit von ihm. Meist schleppen sie ungelöste Probleme aus ihrem früheren Leben mit sich herum, die sie davon abhalten, die Erde zu verlassen. Entweder können sie sich nicht von einem geliebten Menschen lösen oder sie hängen so stark an ihrem ehemaligen irdischen Besitz, dass sie sich nicht von ihm trennen wollen. Manche bleiben, um Angehörigen eine wichtige Mitteilung zu übermitteln oder um Rache für ein an ihnen begangenes Unrecht zu üben.

Einige Totengeister versuchen, spürbaren Einfluss auf das Leben verkörperter Personen auszuüben und manchmal gelingt ihnen das auch in verstörender Weise. Eine negative Beeinflussung kann durch die Seelen Verstorbener erfolgen, wenn sich diese, ihrem irdischen Ego entsprechend, verhalten wie negative Entitäten. Verstorbene Alkoholiker oder Drogensüchtige z.B. suchen sich gern einen Wirt, der ihre Neigungen teilt und über den sie das alte Rauschgefühl immer wieder erleben können. Auch sexuelle Leidenschaften können so erneut durchlebt werden.

J.E. Sigdell zufolge gibt es „auch einige seltene Fälle, in denen wir mit einer anhängenden Seele geboren wurden. Sie ist uns dann von einer anderen Inkarnation her gefolgt (und in sehr seltenen Fällen durch mehrere Inkarnationen). Es kommt auch vor, dass wir eine Seele ‚erben'. Sie hängte sich früher vielleicht an die Mutter und ging bei deren Tod auf eines ihrer Kinder über" (S.33). In solchen Fällen ist es natürlich schwer, für die besondere seelische Befindlichkeit eines Individuums eine plausible Erklärung zu finden.

Der Autor unterscheidet zwischen erdgebundenen Seelen verstorbener Menschen und Wesenheiten, die niemals zuvor inkarniert waren. Erdgebundene Seelen, die nach dem Tod nicht ins Licht hineingehen, nennt man auch Gespenster; wenn sie Menschen erscheinen, werden sie als Spuk bezeichnet.

Manche Menschen gehen mit Bestimmtheit davon aus, dass Gespenster und Geister existieren, da sie hellsichtig sind und diese

Wesen sowohl sehen als auch hören können. Zu ihnen gehört das amerikanische Medium S. Browne, die betont, „dass auch auf diesem Gebiet Wissen Macht bedeutet. Je mehr ich über die geistige Welt weiß und in Erfahrung bringe, desto mehr tritt meine Angst in den Hintergrund und macht den Platz frei für Neugier und Faszination" (S.15). Auch wenn einige ihrer Begegnungen mit Wesen aus dem Jenseits bisweilen gruselig und beängstigend waren, gibt sie zu bedenken, dass die Menschen selbst Geistwesen waren, bevor sie geboren wurden und nach dem Tode ebenfalls zu Geistern werden.

Erdgebundene Seelen sind oft ärgerlich und verzweifelt, weil sie die Menschen für Eindringlinge in ihre Welt halten! Das macht sie unberechenbar. Die Welt ist für sie in einer Zeitschleife gefangen. Dieser Umstand wird auf sehr unterhaltsame Weise in dem Film *Beetlejuice* in Szene gesetzt: Die Geister eines kürzlich verstorbenen Paares, die nicht auf ihr ehemaliges Eigentum verzichten wollen, verfolgen die neuen Bewohner des Hauses mit Spuk, um sie zum Ausziehen zu bewegen. Doch alle ihre Anstrengungen sind vergeblich, da die neuen Bewohner den gebührenden Respekt und die panikartigen Ängste vermissen lassen, die sie zu einem Auszug bewegen könnten.

Manche Hinterbliebene haben ein großes Interesse daran, mit ihren geliebten Verstorbenen in Kontakt zu treten. Gustav Meyrink erkannte nach dem bitteren Verlust seines Sohnes Harro, der sich aufgrund einer unheilbaren Krankheit das Leben genommen hatte, welche Grundsätze einer erfolgreichen Kontaktaufnahme zugrunde liegen müssen: Der wichtigste Schlüssel, den man benötigt, um mit Verstorbenen in eine „wahre Verbindung" zu kommen, ist das Motiv, das der Kontaktaufnahme zugrunde liegt. Der Überlebende dürfe keine Hilfe von dem Toten erwarten, sondern müsse im Gegenteil selbst bereit sein, dem Dahingegangenen Unterstützung zu gewähren, erklärt der Autor. Dabei komme es nicht auf präzises Wissen an, sondern der intensive Wunsch, zu helfen, reiche aus (S.143f.). Nur solche Gedanken erreichen die Verstorbenen, die ihnen in hilfreicher Absicht gesandt werden.

Bindung an das materielle Dasein

„Wenn ein Mensch durch die Pforte des Todes schreitet, so ändert sich sein Bewusstsein". Diese Ansicht vertritt, entgegen anders lautender Meinungen, Rudolf Steiner (vgl.: Individuelle Geistwesen..., S.49). Die verbreitete Vorstellung, dass ein Mensch nach dem Tode sein Bewusstsein verliert, bewahrheitet sich keineswegs. „Im Gegenteil, das Bewusstsein wird ein viel mächtigeres, wird ein viel intensiveres, aber es ist ein andersartiges". Verstorbene treffen im Jenseits auf diejenigen Lebewesen, mit denen sie zu Lebzeiten verbunden waren.

Denjenigen, die sich während ihres Erdenlebens in keiner Weise mit geistigen Themen, die über das materielle Interesse hinausgehen, befasst haben, bleibt im Grunde nichts anderes übrig, als sich nach dem Tode der physischen Ebene anzunähern. Es gelingt ihnen in der Regel nicht, sich von der Fesselung an das Irdische zu befreien, daher ist es für sie nicht möglich, in der geistigen Welt zu verweilen. Nach Steiners Ansicht wird der Verstorbene in einem solchen Fall ein ‚Zentrum der Zerstörung' (S.38).

Die grobstoffliche Materie, der physische Körper, bildete zu Lebzeiten einen Schutz, der die Person von der Umwelt abgrenzte. Im nachtodlichen Zustand werden die Vorstellungsinhalte der Phantasie nicht mehr zurückgehalten, sondern sie kommen nun in unmittelbarer Weise zum Ausdruck. Dies hat in gewisser Weise schädliche Auswirkungen. Da die Seele des Verstorbenen nicht mehr von der Umgebung abgeschlossen ist durch einen physischen Körper und dennoch weiterhin in der Erdensphäre verbleibt, kann sie nun zerstörerische Wirkungen entfalten.

Verstorbene bleiben mit der Erde und den Seelen, die sie auf der Erde zurückgelassen haben, in Verbindung. „Ja wir sind sogar intensiver verbunden mit den auf der Erde zurückgelassenen Seelen, wenn wir gewissermaßen aus höheren geistigen Regionen mit ihnen verbunden sind, wenn wir nicht verurteilt sind durch ein rein materialistisches Leben - gewissermaßen auf der Erde zu spuken, wo wir dann nicht in Liebe verbunden sein können mit irgend etwas auf der Erde, sondern wo wir eigentlich nur zerstörerische Zentren sind" (ders. S.52).

Diejenigen Verstorbenen, die nicht in der Erdensphäre aufgehalten werden, sondern in die geistige Welt aufsteigen, spinnen Fäden zu den Zurückgebliebenen. Denn „... die geistigen Fäden zwischen den toten Seelen und uns selber, die mit ihnen verbunden waren, die werden durch den Tod nicht abgerissen, die bleiben, sind sogar viel inniger nach dem Tode, als sie hier gewesen sind" (S.177).

Gewisse Bruderschaften, die in okkulte Geheimnisse eingeweiht sind, präparieren sogar Seelen auf eine Weise, welche diese dazu veranlasst, in der Erdensphäre zu verweilen (s. a. Kap.: Okkulte Bruderschaften.) Die Bruderschaften erfahren durch derartige Manipulationen einen Machtzuwachs, der sie befähigt, sich weiterhin solcher Seelen für ihre Zwecke zu bedienen. Diese okkulten Vereinigungen haben ein Interesse daran, materialistische Anschauungen im Volk zu verbreiten, damit ein großer Teil der Menschheit in diesen gefangen bleibt. Hierdurch wird der Machtbereich der Bruderschaft enorm erweitert.

Nach dem Tod verbleibt die Seele in der Erdsphäre und kann nun von Mitgliedern Loge zu bestimmten Zwecken beeinflusst und gelenkt werden. In spiritistischen Sitzungen finden Manipulationen statt mithilfe derjenigen Toten, die unter dem Einfluss der Loge stehen. Menschliche Seelen geraten so in Abhängigkeit von einer Loge, ohne zu wissen, von *wem* sie dirigiert werden.

Gegen derartige Manipulationen gibt es kein anderes Mittel, als Aufklärung über derartige Machenschaften. „Weiß man davon, so ist man schon geschützt", erklärt Steiner. **Weisheit ist ein geistiges Licht.** Dasjenige, was ein Mensch sich während seines Erdenlebens in der Welt als Wissen und Weisheit aneignet hat, wird ihm drüben im Jenseits als geistiges Licht den Weg erhellen.

Erdgebundene Wesen in der Aura

Die Geister sind verschlagen und können jede Gestalt annehmen.

Verstorbene Menschen, die noch erdgebunden sind, lassen sich gern in der Aura oder im feinstofflichen Astralkörper eines lebenden Menschen nieder. Die Betroffenen werden häufig von Müdigkeit, Unruhe und Ängsten geplagt, ohne triftige Gründe dafür zu finden. Die Entität aus dem Jenseits lädt sich energetisch auf und ist anschließend in der Lage, sich als innere Stimme bemerkbar zu machen. Ein betroffener Mensch meint, aus seinem Zwerchfell oder seinem Herzen spreche eine fremde Stimme. Er beginnt, Verfolgungsideen bis hin zu Wahnvorstellungen zu entwickeln. Dies geschieht besonders dann, wenn das Fremdwesen bedrohlich erscheint. Darüber berichtet S. Wallimann: „Mehr körperliche und seelische Leiden sind auf Besetzungen zurückzuführen, als im allgemeinen angenommen wird" (in: Die Umpolung, S.179).

Sobald sich jemand aus egoistischen Motiven der geistigen Welt nähert oder sich einem Hypnotiseur anvertraut, haben niedere Wesenheiten Gelegenheit, in einen feinstofflichen Körper einzudringen,. Auch Meditationen, die ohne Anleitung praktiziert oder okkulte Übungen, die allein ausgeführt werden, können ungünstige Entwicklungen einleiten. Unkenntnis öffnet die Tür für aufdringliche Gäste, die sich hinterher nicht so bald wieder verabschieden lassen.

Die menschliche Seele ist ein verkörperter Geist und der physische Körper ist die Hülle des Geistes, erklärt A. Kardec (in: Das Buch der Geister, S.21f.).

Ein Individuum besteht demzufolge (stark vereinfacht) aus drei Teilen:

- aus dem materiellen Körper, der den Tieren ähnlich ist,
- aus der Seele, dem im Körper inkarnierten immateriellen Geist,
- aus dem Band, das Körper und Geist verbindet (einer Art halbmaterieller Hülle).

Somit besteht der Mensch aus zwei Naturen: Durch den Körper nimmt er an der vom Instinkt gesteuerten Natur der Tiere teil, während er mit seiner Seele Teil des Geistes ist. Beim Tod wird die grobstoffliche Hülle zerstört, doch der Geist besitzt noch eine zweite Hülle, die einen ätherischen Körper bildet. „Im normalen Zustande ist er uns unsichtbar, bei Geistererscheinungen aber kann er sichtbar und sogar fühlbar gemacht werden", erklärt Kardec. Auch die feinstoffliche Hülle ist nicht unzerstörbar. Sie zerfällt mit der Zeit und zurück bleibt eine astrale Larve, die noch einige Bewusstseinsteile mit der verstorbenen Person gemein hat. Unzerstörbar hingegen ist das intelligente, geistige Prinzip. Abhängig vom Entwicklungsstand eines Verstorbenen können astrale Larven bei Aufnahme eines Kontaktes durchaus gewitzt und klug reagieren, obwohl sie den niederen Teil der Persönlichkeit ausmachen.

Die Teilnehmer an spiritistischen Sitzungen werden häufig Opfer von Täuschungen, da sie in der Regel nicht erkennen, mit *wem* sie es eigentlich zu tun haben. Der sich meldende Geist ist in der Regel nicht mit der gesuchten Person identisch, sondern täuscht die Anwesenden über seine wahre Identität hinweg. Bei leicht zu beeinflussenden Medien ist man niemals sicher, wer sich auf der anderen Seite befindet.

Phantome

Franz Bardon, der über weitreichende praktische Erfahrungen in der Magie verfügte, erwähnt im Zusammenhang mit Spiritismus *Phantome*, die als belebte Vorstellungsbilder von Verstorbenen deren Persönlichkeit spiegeln. Intensive Erinnerungen an einen geliebten Toten erschaffen und beleben imaginäre Formen, die eine lange Zeit überdauern können. In der Mehrzahl der Fälle von Geisterbeschwörung trifft man auf derartige Phantome, behauptet Bardon (S.160f.). Die Aufmerksamkeit der Hinterbliebenen nährt und verdichtet diese Formen, die mit der Zeit ein Eigenleben entwickeln.

Phantome sind von der Energie des Mediums und der Gruppe abhängig. Spiritistische Medien halten diese Phantome selbst für die Verstorbenen. Begreiflich daher, dass „so ein Phantom einen derart starken Selbsterhaltungstrieb hat und direkt zum Vampir des Mediums oder des ganzen Zirkels heranwächst und auch der unmittelbaren Umgebung zum Verhängnis wird...“

Um ihre eigene Existenz zu verlängern und um die in der Séance hervorgebrachten Erscheinungen hervorzurufen, entziehen die Phantome dem Medium und den Teilnehmern der spiritistischen Sitzungen Lebenskraft. „Man setzt sich der Gefahr aus, nicht nur an seiner Gesundheit geschädigt zu werden, sondern auch der Mediumschaft zu verfallen und von den ‚Geistern‘ dauernd besessen zu werden. Die Teilnehmer der Sitzung ziehen die ‚Geister‘ an und werden sie oft ihr Leben lang nicht wieder los“, betont H. Rudolph (vgl.: Theosophie und Spiritismus, S.13).

Auch lebende Menschen können sich, wie bereits erwähnt, unerkannt in spiritistischen Zirkeln betätigen, sofern sie befähigt sind, sich in einen außerkörperlichen Bewusstseinszustand zu begeben. Dies wird vor allem von Mitgliedern okkulter Orden praktiziert.

Geister der Astralsphäre

Es gibt Kreuzungen, wo die Welt
der Lebenden die der Toten berührt.

Astralwesen

Die Frage nach der Herkunft von astralen Geistererscheinungen wird nicht einheitlich beantwortet. Einerseits wird behauptet, dass einige Medien die Phänomene mithilfe ihrer Einbildungskraft selbst erschaffen. Daher sei kritische Vernunft die Vorbedingung für eine Beschäftigung mit okkulten Themen, um Fallstricke zu vermeiden. Andere meinen, Medien kämen während der Séancen mit astralen Larven Verstorbener in Kontakt, welche die niederen Eigenschaften der Menschen repräsentieren.

C. Wickland glaubt hingegen, okkulte Phänomene hätten ihren Ursprung nicht in der Seele des Mediums, sondern in einer selbständigen Geistpersönlichkeit. Der mit eigenem Bewusstsein ausgestattete Geist stehe neben der Seele des Individuums. Er benötige für seine Bekundungen in der materiellen Welt ein lebendes Medium. Die jenseitige Daseinsebene sei auf die Mitwirkung einer noch im Körper lebenden Person angewiesen. Für die Anfänger unter den Medien bestehe die Hürde im Kontakt mit untergeordneten Geistwesen.

„Die Astralkräfte, in der Physik heißen sie ‚Energie‘, sind Realität. Aber der Geist kann keine abstrakten Kräfte wahrnehmen. Sie müssen also für unsere Augen Gestalt annehmen“, erklären J. B. und R. Teutsch (S.70). Die natürlichen menschlichen Sinne sind unvollkommen; sie nehmen normalerweise nur einen Teil der Licht- und Farbschwingungen wahr. Eine mediale Öffnung kann die Erweckung eines weiteren Sinnes im Menschen bewirken, der ihn befähigt, das Unsichtbare wahrzunehmen. Dann werden die Wesen der Astralwelt für seine geistigen Augen sichtbar.

Den Geistern der unsichtbaren Welt ist es normalerweise nicht gegeben, in der physischen Welt wirksam zu handeln. Die Erde gleicht einer Festung, die verschlossen ist gegen Eindringlinge aus der anderen Realität, erklärt O.M. Aivanhov (in: Eine universelle Philosophie, S.111f.). In der materiellen Welt hat der Mensch die Macht inne und ist in der Regel imstande, sich erfolgreich dem Einfluss des Unsichtbaren zu widersetzen. Daher sind die Wesen aus anderen Sphären auf die Mitarbeit von Freiwilligen angewiesen, die ihnen einen Weg eröffnen.

Zu Beginn geben sich diese Wesen meist freundlich, humorvoll, ja leichtlebig; sie können aber auch sehr ungehalten reagieren, sollte das Medium nicht genügend kooperieren. Selbst intellektuell weit entwickelte Medien fallen auf astrale Verführer herein, die sich in raffinierter Weise annähern, indem sie den Wunschbildern der individuellen Psyche entsprechen. Mit Täuschungsmanövern gelingt es ihnen, das menschliche Potential langfristig an die Astralwelt zu binden. Davor warnt W. Augustat: „Ein gutes Beispiel schildert Johann Wolfgang von Goethe in seinem *Faust.* Hier muss berücksichtigt werden, dass die astralen Wesenheiten der von Menschen erzeugten Astralenergie bedürfen und letztere auch die Grundlage dafür bildet, dass diese auf das Erdgeschehen entsprechend ihres Weltverständnisses einwirken können" (S.202f.).

Leider bewerten viele Medien alle Kundgaben, die sie aus der unsichtbaren Welt erreichen, mit positiver Voreingenommenheit. Bestimmte Einflüsse verstärken sie sogar noch mittels medialer Übungen und Techniken. Für H. Rudolph ist Mediumschaft gleichzusetzen mit der Verehrung und Anbetung von Astralgeistern. (Vgl.: Die Gefahren des Okkultismus.) Einige der Botschaften fördern Erstaunliches zutage, doch die medialen Mitteilungen sind keineswegs immer zuverlässig. In der Astralwelt existieren keine räumlichen Schranken; alle erdenklichen Informationen in

Bezug auf die Gegenwart sind Astralgeistern frei zugänglich. Die dort existierenden Wesen können daher leicht den Eindruck von Allwissenheit vermitteln. Echte Weisheit aber kommt aus einer Welt jenseits der Formen, zu der nur Wesen mit hohem Schwingungsgrad Zugang haben.

Elementargeister

Das Unbewusste ist leicht hinters Licht zu führen,
denn es kann nicht zwischen Wirklichkeit
und Phantasie unterscheiden.

Die Lebewesen auf der Erde können sich den vielfachen subtilen Einflüssen der feinstofflichen Ebenen nicht ohne weiteres entziehen, die über das Unterbewusstsein auf sie einwirken. Die Öffnung der medialen Sinne bringt Menschen in unmittelbaren Kontakt mit Wesen aus dem Astralreich. Sie treffen u.a. auf Geister der Elemente, die für das bloße Auge nicht sichtbar sind.

Elementarwesen haben vielfältige Aufgaben in den Prozessen der Natur zu verrichten, erklärt R. Steiner. Da sie keinen physischen Körper annehmen und in der ätherischen Welt wirken, sind sie für das menschliche Auge normalerweise nicht sichtbar. (Vgl.: Flensburger Hefte. Hellsehen, S.116f.) Daher ruft die Erwähnung von Elementargeistern bei den meisten Leuten ungläubiges Staunen hervor.

Das hauptsächliche Hindernis, an Naturgeister oder an gottgleiche Wesen zu glauben, sei die Unkenntnis der wahren Wesenheit der Natur und Materie, kritisiert die Theosophin H.P. Blavatsky (in: Die Geheimlehre, Bd 1, S.297). Spiritisten setzen in den Séancen meist blind ihr Vertrauen in die ‚Spirits' der Verstorbenen und übersehen dabei die Vielfältigkeit der jenseitigen Bewohner.

Der Vedantalehre zufolge ist das gesamte Weltall beherrscht von intelligenten und halbintelligenten Kräften und Mächten. Die westliche Psychologie nimmt von all dem keine Notiz, sondern sie hat sich stattdessen allmählich einem mehr oder weniger krassen Materialismus zugewandt. Sie leugnet rundweg paranormale Erscheinungen insgesamt, wie Blavatsky bedauernd feststellt (vgl.: Bd 2, S.165).

Jakob Lorber vertritt die Auffassung, mediale Antworten kämen häufig aus der Sphäre der Naturgeister, die der Materie nahesteht. Ist die Lebenskraft derjenigen, die sich medial betätigen, nicht frei von Eintrübungen, dann fehlt ihnen das Vermögen, in die subtilen, reinen Geistsphären vorzudringen. Doch nur die Verbindung mit der rein geistigen Sphäre liefert glaubwürdige Resultate (in: Frohe Botschaft).

Vor intensivem Kontakt mit Naturgeistern warnt eindringlich Dion Fortune, da diese faszinierenden Wesen auf Menschen eine große Anziehungskraft ausüben können. Zuweilen sind die Opfer aufdringlicher Geistwesen anfangs gar nicht abgeneigt, den ‚Einbruch' in ihre Schutzzone zu erlauben. Faszination und Zuneigung verhindern ein angemessen kritisches Verhalten. Die Ausübung gewisser Riten sowie meditative Übungen können die Praktizierenden mit dem Naturreich in eine direkte Berührung bringen. Dies allerdings ist riskant für einen Menschen mit wenig Erfahrung, denn daraus resultiert nicht selten mentales Ungleichgewicht und manchmal auch Besessenheit, warnt die Autorin (in: Das karmische Band, S.99f.).

Kontakte dieser Art sind „äußerst störend für das menschliche Bewusstsein, weil sie jene atavistischen Tiefen aufwühlen, die der Psychoanalytiker durch seine Techniken aufdecken will". Die Sagenwelt ist bevölkert von Naturgeistern und ihrer Begegnung mit Menschen. Anscheinend ist in den Legenden ein wahrer Kern enthalten.

Über das Phänomen der Verbindung mit niederen Wesen und der Inbesitznahme schreibt E.H. Douval, es sei vielgestaltig und ebenso „vielfältig wie die Menschen, die ihr verfallen" (S.55). Eine Verausgabung der Kräfte, vor allem im Sex, sowie Erschöpfungszustände bereiten niederen Kräften den Weg. Nach Auffassung des Autors machen elementare Kräfte im Innern der Menschen ihr eigentliches Wesen aus. Diese Kräfte lassen jemanden sympathisch oder unsympathisch erscheinen. Alles, was Leute bewegt und was ihnen zustößt, alles was sie berühren, wird von elementaren Kräften beeinflusst.

Beunruhigende Mitteilungen stammen auch aus der Feder von R. Feild. Er weist auf die mangelnde Verantwortung der Menschheit gegenüber der Natur und den in ihr lebenden Wesen hin. Die Kräfte der Welt der Natur seien blockiert; der wechselseitige Austausch zwischen Mensch und Elementarwelt sei weitgehend verloren gegangen. Die Wesen der Elementarwelt trachten nun danach, mitzuwirken beim ‚großen Plan', doch die Menschen kämen ihrer Aufgabe zur wechselseitigen Erhaltung des Planeten nicht nach. „Die Kräfte der Elementarwelt versuchen zurückzukehren, auf welchem Wege auch immer, selbst wenn dies bedeuten sollte, sich eines menschlichen Körpers zu bemächtigen", teilt der Autor mit (S.68).

Das Wirken dieser Kraft kann im täglichen Leben beobachtet werden, denn der unsichtbare Einfluss der Elementarwelt auf die Gedanken, die Gefühle und Entscheidungen ist bedeutend. Werden die Handlungen vorwiegend von eigensüchtigen Motiven bestimmt, geraten die Betreffenden in das Dilemma, der Elementarwelt ausgeliefert zu sein. Die Unterstützung der Elementarwelt wird nur denjenigen gewährt, die bereit sind, verantwortlich zu handeln. Um von der Vorherrschaft seiner Tiernatur befreit zu werden, muss sich der Mensch auf den Pfad der Umkehr begeben, meint R. Feild. Der Autor kann selbst auf langjährige spirituelle Erfahrung zurückblicken.

„Elementare Kräfte sind nichts, erst ihre bestimmte Zusammensetzung macht ihr Wesen aus – und vor allem der Wille, der sie dirigiert, die Disposition, die aus immer wiederholtem Willensentschluss herauskristallisiert wurde", erläutert Douval (S.74). Die Zellen des Körpers werden von Kräften des Alls gebildet, die man als elementare Kräfte bezeichnen kann. Menschen bestehen aus gröberer und feinerer Elementarenergie. Nicht nur das All, auch jeder Mensch ist im Grunde ‚Strahlung', denn nichts existiert, was nicht sendet und empfängt.

Douval äußert die Ansicht, „dass Elementarkräfte bei stark disharmonischen Menschen dazu führen können, dass sie ‚besetzt', also besessen werden von anderen ‚Wesenheiten', eben ‚Staatengebilden von Elementarteilchen'. Diese elementaren Teile entscheiden über die Anziehungen, die in diesem Leben gelten, und über die ‚Abstoßungen'."

Besonders disharmonische Personen sind gefährdet, zu Sklaven oder Dienern ihrer elementaren Kräfte zu werden. Unbewusste Kräfte, die nicht der direkten mentalen Kontrolle unterliegen, nehmen Einfluss auf ihr Leben. Eine harmonische oder disharmonische Grundstimmung bestimmt somit weitgehend das Geschick eines Menschen.

Ahrimanische und luziferische Wesen

In den Ätherkörper wirken Elementarkräfte hinein, die sich wie lebende Wesen verhalten, erklärt R. Steiner. Meditierende erkennen mit der Zeit, dass alles Stoffliche im Grunde von geistiger Beschaffenheit ist. Eine Verfestigung des Geistigen zur Materie geschieht durch die Wirksamkeit von Wesenheiten, die im Mineralreich zuhause sind. Bei Steiner werden sie *Ahrimanische Wesen* genannt. (Vgl.: Die Schwelle der geistigen Welt, S.36f..) Personen, die sich für geistige Lehren interessieren, müssen daher über genügend innere Stärke verfügen, um sich diesen Kräften gegenüber behaupten zu können.

Ahriman und *Luzifer* sind Widersachermächte, die sowohl in der gesamten Welt als auch in der Geschichte des Einzelnen und darüber hinaus auch in der okkulten Entwicklung, eine Rolle spielen. Ahriman gaukelt den Menschen vor, die materielle Welt der Sinne, in der sie leben, sei geistlos. Der luziferische Einfluss auf den Astralkörper entfacht starke Begierden im Menschen, denen er mehr oder weniger nachgibt. Diese Einflüsse entziehen sich allerdings der Bewertung, denn ohne sie hätte die Menschheit weder Freiheit noch individuelle Erkenntnisfähigkeit erlangt.

R. Steiner bezeichnet Ahriman als eine Widersachermacht, die sowohl in der Menschheitsgeschichte als auch im individuellen Leben eine Rolle spielt und in der okkulten Entwicklung ebenfalls von Bedeutung ist. Im feinstofflichen ätherischen Körper eines jeden Menschen wirkt Ahriman. Gelingt es Schülern des Okkulten, ihn zu bezwingen, gelangen sie zu geistigen Erkenntnissen. Auch für die Vernichtung und den Tod des Daseins ist Ahriman zuständig.

„Der Mensch als denkende Seele hat seinen Ursprung in der oberen (geistigen) Welt", schreibt Steiner. Die ahrimanischen Wesen streben danach, das menschliche Seelenleben „zu verselbständigen, es loszureißen von der oberen Welt und es ganz ihrer eigenen Welt einzuverleiben." Einerseits bringen diese Kräfte den Tod, dennoch „wollen sie die denkende Seele dem Tode entreißen... Die Menschendenkkraft... soll, nach ihren Intentionen, im Sinnesbereich zurückbleiben und ein Sein annehmen, das der Natur der Ahrimanischen immer ähnlicher werden soll" (S.38).

Die Verlockungen der ahrimanischen Kräfte rufen bei den meisten Menschen ein Denken hervor, dass sich einseitig auf die Belange der Sinneswelt fokussiert. Wird die geistige Welt nicht anerkannt, bedeutet dies aber, von geistigen Kräften nicht durchdrungen zu werden, sich von ihnen abzuspalten.

Durch den Astralkörper sind Menschen ein Glied der geistigen Welt. Ein menschliches Bewusstsein kann die geistige Welt nur in dem Maße betreten, in dem es sich gewappnet fühlt, den darin versteckten Täuschungen zu entgehen. Luzifer ist eine Widersachermacht, die im Astralkörper des Menschen wirkt. Dem luziferischen Einfluss verdankt die Menschheit Erkenntnisfähigkeit und Individuation. Schöpferisches Denken, künstlerische Ideen werden von luziferischen Inspirationen bereichert. Daher wird diesem Einfluss ein Denken in rein negativen Bahnen nicht gerecht.

Die *luziferischen Wesenheiten*, eine Gruppe von Geistwesen, sind bestrebt, die fühlende Seele von der Sinnenwelt zu befreien und sie zu vergeistigen. Ihnen geht es darum, ein geistiges Reich zu schaffen, in dem die Seelen umgestaltet werden. In der materiellen Welt treten die luziferischen und ahrimanischen Wesenheiten nicht sichtbar in Erscheinung. Daher wird das menschliche Bewusstsein durch sie nicht in Verwirrung gestürzt. Im Gegensatz zu anderen Geistwesen haben sie ihr Wirkungsfeld und ihren Wohnplatz in die Sinnenwelt verlegt. (Vgl.: R. Steiner: Die Welt der Sinne und die Welt des Geistes, S.75f.). Der luziferische Einfluss kann zur Befreiung der Menschenseele beitragen, indem er diese über die einseitige Verflechtung mit der materiellen Welt hinaushebt.

Während luziferische Wesen von gefühlshaften Wahrnehmungen angesprochen werden, gewinnen die ahrimanischen Wesen für das denkende Bewusstsein Geltung, indem sie das Denken an die Sinnenwelt fesseln. „Ohne das luziferische Element würde die Seele ihr Leben in den Beobachtungen des sinnlichen Daseins verträumen und keinen Antrieb empfinden, sich über dasselbe zu erheben. Ohne die Gegenwirkung des ahrimanischen Elementes würde die Seele dem luziferischen verfallen; sie würde die Bedeutung der Sinneswelt gering achten, trotzdem sie innerhalb derselben einen Teil ihrer notwendigen Daseinsbedingungen hat."

Diese Elemente in sich ausmerzen zu wollen, wäre keine Lösung. Schädliche Wirkungen hat ihr Einfluss nur dort, wo lediglich eine der beiden unumschränkt zur Geltung kommt und nicht ein Gleichgewicht durch die entgegengesetzte Kraft erzeugt wird.

Astrale Medialität

Geister benötigen die Erlaubnis, um jemanden
zu berühren.

Vor der Aufnahme einer medialen Betätigung ist es unerlässlich, sich gründlich zu informieren über die mit Astralebenen verbundenen Risiken. Bei auftretenden Problemen rät M. Schindler: „Am besten ist zunächst, dass Sie jegliche Tätigkeit in dieser Richtung so lange einstellen, bis Sie genug Hintergrundwissen erworben haben und Ihren Weg wissend gehen können. Blindes Vertrauen ist nicht gut in diesem Fall. Und ein wichtiges Kennzeichen bei Kontakt zu einem wirklich ‚hohen Wesen' ist, dass man hinterher nicht müde, sondern immer angenehm angeregt und kraftgeladen ist (…) Alle anderen Anzeichen deuten eher auf einen Besetzer oder eine astrale Wesenheit hin, die von der Lebensenergie desjenigen zehrt, mit dem sie kommuniziert…" (vgl.: Fragen und Antworten, S.33).

Von der Beschäftigung mit dem *automatischen Schreiben* rät M. Schindler dringend ab, da diese mediale Tätigkeit über die astrale Ebene läuft und das große Risiko einer Täuschung oder sogar „Übernahme durch niedere Geistwesen, die sich zu verstellen wissen" in sich birgt. Die Autorin rät auch davon ab, *mit inneren Stimmen zu kommunizieren, um das Tor zur astralen Welt nicht noch weiter aufzusperren. Die Kommunikation schafft eine Verbindung, die mit der Dauer immer haltbarer wird.*

Empfänger von Botschaften neigen anfänglich dazu, den Ein-flüsterungen der Astralwelt unbedingten Glauben entgegenzubringen. Die unterschiedlichen Mitteilungen werden nicht genügend kritisch eingeschätzt, weil das Unterscheidungsvermögen mangel-haft ist. Wenn ein medial arbeitender Mensch „die astralen Stimmen für göttliche Inspirationen hält", dann wird er ein spiritisti-sches Medium und schließlich von einem der Astralgeister in Besitz genommen, warnt H. Rudolph. Er läuft Gefahr, die Herrschaft über seinen Organismus zu verlieren. Rudolph warnt vor einem Zustand „periodischer passiver Besessenheit", der leicht zu einer dauernden Inbesitznahme werden kann. Mediumschaft ist keines-wegs ein erstrebenswertes Ziel, denn sie verhindert letztlich die mystische Vereinigung.

Einige Spiritisten teilen die Geistwesen, mit denen Medien in Kontakt kommen können, in drei Gruppen ein:

♦ Freundliche dämonische Geister, die häufig die Gestalt von Verstorbenen annehmen;
♦ kriegerische Geister, die Leid und Verderben bringen, sowie
♦ Unterdrücker, die bestrebt sind, Menschen ihrem Willen zu unterwerfen.

Praktizierende Medien sind von hellen und dunklen Energiewe-sen umgeben, obwohl dies nicht ohne weiteres erkennbar ist. Würden sie nach dem Grundsatz vorgehen, die Energien zu hinter-fragen, mit denen sie arbeiten und nicht jeden, der ihren Weg kreuzt, für ein höheres, vertrauenswürdiges Wesen zu halten, wäre schon viel gewonnen. Falls das Kontakt suchende Wesen eine unangenehme Ausstrahlung hat, darf man sich nicht scheuen, die Türen zu verschließen. Einige Geistlehrer versuchen in der Tat, medialen Menschen nützliche Zeichen und Hinweise zukommen zu lassen, die aber leider nicht immer verstanden werden. Wesen der Astralsphäre stehen mehr Informationen zur Verfügung, als in der materiellen Beschränktheit möglich sind, dennoch sind sie keineswegs allwissend.

Eine Verbindung zur geistigen Welt erfolgt „zunächst über die Astralebene, die sehr gefährlich sein und bei falschem Umgang mit ihr zu Geisteskrankheit führen kann", warnt M. Schindler (in: Fragen und Antworten, S.33). Die Astralebene wird aus gutem Grund die *Ebene der Täuschung* genannt. Ein gutes Unterscheidungsvermögen und die Beherrschung der eigenen Gefühlswelt sind die unabdingbaren Voraussetzungen einer Verbindung. Die astrale Ebene muss jeder mediale Mensch durchqueren, um letztendlich zur rein geistigen Welt durchzudringen und einen dauerhaften Kontakt mit dem hohen Selbst herzustellen.

Selbstüberschätzung oder Unwissenheit können fatale Folgen nach sich ziehen. Etliche Medien sind in eine böse Falle geraten, wenn sie den blumigen Worten der ‚Jenseitigen' unbedingten Glauben schenkten. Daher ist es angebracht, eine gewisse Skepsis in die mediale Arbeit einfließen zu lassen. Jeder hat zudem die Möglichkeit, bewusst das Positive zu fördern. Aufbauende Gedanken, Mitgefühl für andere, der angenehme Duft einer Rose, ziehen wohlmeinende Wesen der unsichtbaren Sphären an.

Im Zuge der spirituellen Entwicklung werden die Menschen, wenn sie diese Stufe gemeistert und abgeschlossen haben, die astrale Welt hinter sich lassen. Die unterbewussten Inhalte sind dann in das Bewusstsein integriert und transformiert worden.

Dämonische Liebhaber

Sexueller Verkehr ist eine Schleuse
für fremde Energien.

In volkstümlichen Überlieferungen wird in einigen Fällen der *dämonische Liebhaber* aus der Geisterwelt erwähnt, der darauf aus ist, sich mit Menschenfrauen zu verbinden. Menschliche Leidenschaften, an die sich diese Geistwesen erinnern, locken sie an, um sich in der Verbindung mit menschlichen Körpern eine gewisse Befriedigung zu verschaffen. Beziehungen von Menschen zu unsichtbaren Wesenheiten beruhen anscheinend nicht nur auf sagenumwobenen Legenden.

Der *Voodo-Kult* auf Haiti kennt regelrechte ‚Geistehen' zwischen Menschenfrauen und Wesen der jenseitigen Welt. In einer durchaus ernst gemeinten priesterlichen Zeremonie wird die Verbindung bestätigt und gesegnet, wobei die weiblichen oder männlichen Hohepriester als Vertretung für den unsichtbaren Gatten fungieren. Der ‚Geistehemann' gilt als wesentlich verlässlicher als die männlichen Vertreter der menschlichen Spezies, die oft nur auf ein flüchtiges Abenteuer aus sind. Der ‚Geistmann' erfüllt zudem materielle Wünsche, wenn den Forderungen, z.B. nach Opfergaben, zu seiner Zufriedenheit Genüge getan wird. Finden diese Forderungen hingegen keine ausreichende Beachtung, kann er sehr wütend und rachsüchtig werden.

Die mit einem Geist liierten Frauen auf Haiti behaupten ernsthaft, ihren ‚Geistmännern' von Zeit zu Zeit auch in sichtbarer Form zu begegnen. Sogar sexuelle Beziehungen unterhalten sie eigenen Angaben zufolge. Doch können diese Beziehungen nicht in gleicher Weise befriedigend sein wie das Zusammensein mit einem Mann aus Fleisch und Blut, den der Geist ist ‚wie ein Wind'. Derartige Verbindungen erinnern an die Berichte über *Inkuben* und *Sukkuben,* die männlichen und weiblichen Sex-Dämonen des christlichen Mittelalters.

In Oberägypten sind die *Zâr-Geister* bekannt als eine besondere Klasse von Dämonen, die sich vor allem an Frauen heranmachen. „Diese Zâr-Geister unterhalten manchmal mit den Weibern ein Liebesverhältnis", sehr zum Verdruss ihrer Ehemänner, berichtet H.A. Winkler. „Ist ein Weib von einem Zâr oder anderen Geist besessen, so sagt man: der Zâr kleidet sich in sie; der Zâr ist dann in dem Weib, wie ein Mensch in seinem Gewand. Oder man sagt:

der Zâr reitet sie; der Zâr sitzt dann auf ihr, wie ein Reiter auf seinem Reittier" (S.16). Die Unterirdischen gewinnen Gewalt und Einfluss aufgrund der mangelnden Redlichkeit mancher Menschen. Wenn jemand stiehlt, dann kommen die Unterirdischen und stehlen zehnmal soviel von ihm. Mit einer solchen Wirtschaft geht es dann bergab.

Winkler erzählt, wies manche Menschen mit den Geistern fertig werden, indem sie sie bannen oder gar in ihren Dienst nehmen. Solche Macht ist zweierlei Ursprungs: sie ist entweder eine Gnade Gottes, dann sagt man, ein solcher Mensch besitzt ‚geheimnisvolle Gnade'; oder aber die Macht ist dämonischen Ursprungs. In diesem Fall hat der Mensch Kenntnis von gewissen Zauberworten oder er weiß die Namen der Dämonen, welche ihm Macht über sie verschaffen.

Ein Hinweis auf Geistkontakte in brasilianischen Kulturen findet sich bei F. Goodman (S.83f.). Danach gibt es, grob gesehen, zwei Kategorien von Geistern, mit denen brasilianische Medien in Kontakt kommen: Die einen sind wohlgesinnte Geistwesen, die in weißer Kleidung erscheinen und für Rat und Hilfe zur Verfügung stehen; die anderen sind rot-schwarz gewandete, unberechenbare, leicht reizbare Geister, die Bezahlung für ihre Dienste einfordern. Entsprechend seiner seelischen Verfassung zieht ein Medium die einen oder anderen Wesenheiten an, mit denen es nach der Kontaktaufnahme bestimmte Erfahrungen macht. Der ‚innere Führer' erweist sich bei einigen mit der Zeit als Quälgeist, dessen anfangs überzeugende Botschaften trügerischen Charakter annehmen.

Erotische Beziehungen zwischen Medien und Astralgeistern spielen auch in der westlichen Welt eine gewisse Rolle. Bei Medien, denen die ‚Unterscheidung der Geister' nicht gelingt, wird die Anzahl der sich meldenden Geistwesen mit der Zeit immer größer. Auch moralisch zwielichte und sogar bösartige Wesen nähern sich, bis schließlich auch eindeutig sexuelle Aspekte mit ins Spiel kommen.

Auf die Gefahr einer sexuellen Medialität, bei der auch entsprechende hellsichtige Wahrnehmungen auftreten, deutet L. Staudenmaier. Nach dem Besuch einer jungen, hübschen Frau, die seine Phantasie beflügelte, sieht er zu seiner „größten Überraschung rechts neben mir den Kopf des betreffenden Mädchens aus dem Bette herausragen, wie wenn es neben mir liegen würde. Er war magisch verklärt, von entzückender Schönheit, ätherisch durchsichtig und in dem fast dunklen Zimmer… sanft leuchtend. Im ersten Moment war ich über das Wunderbare völlig verblüfft, im nächsten aber war mir bereits klar, um was es sich handelte, umso mehr als mir gleichzeitig eine raue, unheimliche Stimme innerlich spöttisch zuflüsterte" (S.22).

Staudenmaier lässt sich nicht von dem einnehmenden Äußern des Trugbildes täuschen; er erkennt den Abgrund, der sich vor ihm auftut. Daher wendet er sich ab, ohne das Phantom weiter zu beachten. Daraufhin verschwindet es ebenso leise, wie es gekommen ist.

Sexualität öffnet ein Tor für astrale Wesenheiten. Die Motive der Verführung sind aus der Geschichte des Spiritismus und der Magie nicht wegzudenken. Vor allem tief verwurzelte Leidenschaften aktivieren im Unterbewusstsein dämonenhafte Gestalten, die mit außerordentlicher Eindringlichkeit an gewissen erotischen Vorstellungsbildern festhalten, die dann als Zwangsvorstellungen auftreten. Zentren in der Hirnrinde werden gereizt, was die Frage aufwirft, ob nicht die Ursache bestimmter funktioneller Nervenleiden in derartigen Vorgängen des Unterbewusstseins zu suchen ist.

Die Lustgefühle, die mit dem Auftreten bestimmter Vorstellungsbilder verbunden sind, können der Einheit der psychischen Funktionen gefährlich werden, da die Verführung, ihnen nachzugeben, groß ist. Die Führungsrolle und Einflussmöglichkeit des bewussten Ich wird geschwächt, wenn einzelne Bereiche des Unterbewusstseins sich maßgeblich in den Vordergrund drängen und sich nach und nach der Kontrolle entziehen. *Sexuelle Freizügigkeit schafft die Voraussetzung für niedere Astralwesen, ungehindert in einen fremden Organismus einzudringen und sich dort zu verankern.* Etliche Medien werden so zum willenlosen Werkzeug astraler Wesenheiten, ohne die Zusammenhänge zu kennen. Wenig ist darüber bekannt. Sexueller Verkehr ist eine Schleuse für fremde Energien: Astralgeistern wird ermöglicht, einen Energieaustausch vorzunehmen, der in der Regel auf Kosten des Mediums erfolgt.

Die frühere Annahme, sexuelle Selbstbefriedigung könne Nervenleiden und sogar psychische Zerrüttung zur Folge haben, scheint nicht mehr zeitgemäß. Allerdings vertreten M. Denning und O. Phillips die Ansicht, „krankhafte, brutale und abgründige Phantasien" in Verbindung mit Selbstbefriedigung könnten eine Anziehungskraft auf Astralvampire ausüben, die es auf die Energie des Menschen abgesehen haben. Beim Verkehr zwischen Frauen und Männern findet ein gegenseitiger Energie-Austausch statt; d.h. die Partner absorbieren einen Großteil der Energien des jeweils anderen. Nur ein geringer Teil der Energie wird nicht aufgenommen, weshalb die Anziehung für Astralwesen gering ist.

D. Fortune, die über sexualmagisches Wissen verfügte, erläutert die Gefahren autoerotischer Stimulation, wobei sie den energetischen Aspekt in den Mittelpunkt ihrer Betrachtungen stellt: „...dem Nervensystem (wird) ein Schaden zugefügt, da es einen Verlust von Energie ohne den gleichzeitigen Gewinn durch das Medium eines ätherischen Doppelgängers gibt... (was einen gegengeschlechtlichen Partner voraussetzt). Darüber hinaus geht die so gewonnene Energie im freien Raum verloren... und wenn der Akt von Phantasien begleitet ist, werden auf den tieferen Ebenen der unsichtbaren Welt Gedankengestalten aufgebaut, und diese Gedankengestalten laufen Gefahr, von bösen Kräften beseelt zu werden und aus eigener Kraft aktiv zu werden, indem sie sich in der Umgebung des Ortes, an dem sie entstanden sind, herumtreiben und seine Atmosphäre und alle Menschen, die sie betreten, beeinflussen, indem sie sie dazu antreiben, ihre Sinnlichkeit zu leben" (in: D. Fortune, Das karmische Band, S.144).

Vor diesen dunklen Wesenheiten gibt es kaum einen Schutz. M. Denning und O. Phillips raten, sich an sexuellen Phantasien zu erfreuen, sie aber im Zaum zu halten und auch gewisse Wertvorstellungen nicht völlig außer Acht zu lassen. Selbstachtung ist ein starker Schutz, wenn es um sexuelle Themen geht. Die Problematik, auf die D. Fortune hinweist, wird einen normalen, gesunden Menschen kaum belasten. Erst bei der Hinwendung zur geistigen Welt kommt ans Licht, was vorher im Verborgenen lag.

Ein großer Unterschied existiert zwischen den ekstatischen Erlebnissen von Mystikern und der sexuellen Verbindung mit astralen Ebenen. Die Energie ist zwar die gleiche, sie unterscheidet sich allerdings ganz beträchtlich in der Schwingungshöhe und der feinstofflichen Ausprägung. Die hochschwingende Energie leitet Menschen auf den spirituellen Pfad, die dunkle Energie hingegen beabsichtigt das Gegenteil. Sie erschwert den Weg und lässt manche Reise zum Alptraum werden. Man erkennt die Energie an einem untrüglichen Zeichen: Sie setzt sich mit einem Bewusstsein in Verbindung, wenn dieses missgestimmt ist. Nur dann hat sie nämlich die Möglichkeit, mit ihm zu verschmelzen. Ist eine Person dagegen in einer harmonischen seelischen Verfassung, gesellen sich ihr feinere Energien zu, die nicht daran interessiert sind, den Organismus für eigene Zwecke zu benutzen.

In Bezug auf sexuelle Erlebnisse mit feinstofflichen Ebenen existieren noch viele Unklarheiten. Ernsthafte Medien berichten von nächtlichen Erlebnissen, bei denen sie dem subtilen Drängen von Energiewesen nachgaben, sich einem ,Energie-Fluss' öffneten und dabei sehr angenehme, sexuell erregende ,Energieströme' in ihrem Körper verspürten. Sie ahnten nichts Schlimmes, doch leider täuschten sie sich! Ein unangenehmes Schwere-Empfinden im Kopf nach dem Erlebnis ist ein untrügliches Anzeichen, dass etwas nicht mit rechten Dingen zugeht. Die Schwingungshöhe wird herabgedämpft, die Widerstandskraft ist geschwächt. In der Folge nehmen Beeinflussungserlebnisse zu. Gedanken drängen sich auf und hängen zeitweilig an bestimmten, meist unangenehmen, peinlichen Themen fest.

Ich befragte die geistige Welt zu dem brisanten Thema und erhielt zur Antwort:

Die Macht dieser Energien darf nicht unterschätzt werden. Sie können sehr hartnäckig sein und infiltrieren einen Organismus auf eine Weise, die schwer zu beschreiben ist. Sie weisen eine gewisse Elastizität auf, d.h. sie haben die Fähigkeit entwickelt, sich einem Schwingungsmuster bis zu einer gewissen Grenze anzupassen. Hierbei sind sie sehr erfinderisch. Mediale Menschen dürfen nicht zulassen, dass dunkle Energien ihren Organismus infiltrieren, indem sie ihnen Tür und Tor öffnen. Es ist ohne weiteres möglich, sich ihnen zu widersetzen. Nur ein permanent höherer Schwingungsgrad als der ihre kann sie in Grenzen halten und letztlich zur Aufgabe bewegen.

Die dunklen Energien scheuen das Licht, daher wirken Lichtübungen auf sehr abschreckend. Wenn es den Opfern gelingt, immer wieder Licht in ihren Körper zu ziehen, können sie nicht lange verweilen. Auch Konzentrationsübungen sind ein mächtiger Schutz gegen niedrig schwingende Energien. Hierbei ist natürlich ausschlaggebend, auf die eigene Schwingungshöhe zu achten. Unterscheidet sich das persönliche Schwingungsmuster permanent von dem der infiltrierenden Energien, ist ihnen ein Verweilen auf Dauer nicht möglich.

Der Kontakt mit der geistigen Welt birgt Gefährdungen, die leicht übersehen werden. Wer sich hierüber im Klaren ist, wird nicht so leicht davon betroffen. Die innere Ausrichtung eines Menschen entscheidet darüber, wie die Natur der Gefahren beschaffen ist, denen er ausgesetzt wird. Problematisch bei den Erfahrungen ist die Bereitwilligkeit, mit der sich Medien zweifelhaften Energien öffnen. Die Widerstandskraft erlahmt sehr rasch, wenn ein Lustgewinn mit der Erfahrung gekoppelt ist. Die Nachgiebigkeit wird dann zur Schwäche, wenn die rein körperliche Komponente ausschlaggebend ist. Das Herz bleibt unbeteiligt, wo es doch den ersten Platz einnehmen sollte.

Ein gefährdeter Mensch hat immer die Möglichkeit, Rat und Hilfe aus der geistigen Welt zu erhalten. Die geistigen Helfer sind unter gewissen Voraussetzungen bereit, unabhängig vom Schweregrad der Problematik, helfend einzugreifen. Hierzu gehören selbst Vergehen, welche gemeinhin einen Menschen schwer belasten. Voraussetzung für eine Intervention seitens der Geisthelfer ist der ernsthafte Wunsch nach Änderung der Lage und die Bereitschaft, eigene Schritte zu unternehmen, um die Situation zu verändern. Fehlverhalten resultiert in der Regel aus unangemessenen Reaktionen auf ungünstige Umweltbedingungen, die aber eigens dazu geschaffen sind, Menschen auf ein innerseelisches Problem aufmerksam zu machen.

Verunsicherung beruht auf mangelndem Vertrauen in das innere geistige Wesen. Ein Mensch, der in gutem Kontakt mit seinem inneren Selbst steht, wird kaum in Verlegenheit geraten. Er ist in der Lage, jede Situation ohne Zögern zu meistern, da ihm Sicherheit zuwächst aus der geistigen Welt.

Die geistige Welt besteht aus vielen Schichten. Nicht immer ist ohne weiteres erkennbar, mit *wem* der jeweilige Kontakt besteht. Die höhere Geistwelt ist an ihrer Ausstrahlung zu erkennen, doch das Gewahrsam vieler Medien ist nicht so fein abgestimmt, um ein Erkennen ohne Schwierigkeiten zu ermöglichen. Die geistige Welt erklärt hierzu:

Energien sind flexibel und haben die Möglichkeit, jegliche Materie zu durchdringen. Menschen bilden dann keine Ausnahme, wenn sie den Energien die Durchdringung erlauben. Um diesen Zweck zu erreichen, werden teilweise zweifelhafte Mittel angewandt. Für die Durchdringung werden die körpereigenen Energien verwendet; - sie geschieht also auf Kosten des Mediums! Zwar geschieht die Aktivierung der Kundalini-Energie auf ähnliche Weise, doch wird hierbei eine andere geistige Gruppe aktiv. Der sexuelle Kontakt besteht *ausschließlich* aus nicht spirituell orientierten Wesenheiten, welche die Menschen für ihre Zwecke benutzen. Hierbei geht es ihnen um die Transformation ihrer eigenen Energie, die ihnen auf andere Weise nicht möglich ist. Sie setzen die Menschen also für ihre eigenen Zwecke ein.

Sie sind in der Lage, ein Opfer vollständig zu infiltrieren, bis eine Gegenwehr nicht mehr möglich ist. Der Mensch wird ein Spielball ihm wesensfremder Mächte und kann sich zeitlebens nicht mehr von ihnen distanzieren. – Schutzvorkehrungen sind daher unabdingbar, wenn jemand mit der geistigen Welt verkehrt.

Sexuelle Energie ist das Mittel, um ein Tor zu öffnen oder zu schließen...

Die missbräuchliche Verwendung resultiert aus der Bereitschaft vieler Medien, dies geschehen zu lassen. Das Unterscheidungsvermögen ist hier gefragt. Die normale orgiastische Erfahrung kann durchaus als ein probates Mittel angesehen werden, zumindest einen Teil der Energien wieder unter Kontrolle zu bekommen. Eine weitere Möglichkeit ist die Anrufung geistiger Helfer. Doch ihnen sind Grenzen gesetzt, wenn die Verbindung bereits zu lange andauert und zu festgefügt ist. Fremdenergien können sehr hartnäckig sein und sind ab einer gewissen Grenze nicht mehr dazu zu bewegen, sich zu entfernen. Medien sollten daher regelmäßigen Kontakt zu ihren Helfergeistern aufnehmen, um nicht völlig unter die Kontrolle dunkler Mächte zu geraten, wie ich erfahre.

Sexuelle Energie ist Lebensenergie und sehr begehrt auf den unterschiedlichen Geistebenen. Viele spirituelle Sucher straucheln, weil sie die Hürde nicht einmal als solche erkennen. Jeder muss sich auf die eine oder andere Weise hiermit auseinander setzen. Manche erkennen zwar die Hürde straucheln aber dennoch, weil sie die Grenze nicht eindeutig zu ziehen vermochten. Schmal ist der Pfad... Ein spiritueller Sucher ist mehr als die übrige Menschheit gefordert, Wahrheit und Trug zu unterscheiden. Eine Ausbildung der feineren Regungen ist dabei ein großer Vorteil. Menschen, denen es hieran mangelt, geraten fast zwangläufig ins Abseits.

Manche sind ohne weiteres bereit, fremden Energien zu erlauben, in sich einzudringen, ohne Sicherheitsvorkehrungen und emotionellen Hintergrund. Sie denken sich nicht einmal etwas dabei! Dabei wird nicht selten die Aura in Mitleidenschaft gezogen.

Die Aura ist der Schutzschild des Menschen vor negativen äußeren Einflüssen. Ist dieser Schutzschild einmal durchlässig geworden, dann besteht die Gefahr einer Inflation mit negativen Energieströmen. Diese negativen Einflüsse können ein System so stark infiltrieren, dass eine Gegenwehr nicht mehr möglich ist. Um es in eurer Sprache auszudrücken: Der Mensch ist ‚besessen'. Der Grad der Besessenheit reicht von leichten Formen des Unwohlseins bis hin zu massiven Durchbrüchen in die Psyche des Betroffenen. Hier Abhilfe zu schaffen wird äußerst schwierig. Eine lückenlose Aura ist notwendig, um den spirituellen Aufstieg zu gewährleisten.

Angenommen, fremden Energien ist es gelungen, die Aura zu durchdringen: Wie kann man sich ihrer wieder entledigen?

Sind die Energien erst einmal da, setzen sie alles daran, sich mit dem Menschen zu verbinden. Ein hochwirksames Mittel der Gegenwehr ist in der Verbindung mit dem Höheren Selbst gegeben. Das infiltrierte Bewusstseinsfeld wird nach und nach gereinigt.

Beim Orgasmus verschmelzen die Energien mit der Umgebung bzw. dem Partner, weshalb es sehr wichtig ist, die Umgebung gut auszuwählen. Eine Verbindung erzeugt einen Sog, d.h. immer mehr Energien fließen in diese Richtung. Die Energien folgen der Richtung und verbinden sich mit einem Ziel, welches nicht immer erwünscht ist. Um ein erwünschtes Ziel anzusteuern, bedarf es der ausdauernden und intensiven Konzentration. Haben sich die Energien eine zeitlang in eine bestimmte Richtung bewegt, dann fließen sie ganz von selbst weiter dorthin.

Energie-Verbindungen sind ein ernstzunehmender Faktor in einem spirituellen Werdegang. Das Bewusstsein spaltet sich auf, wenn es nicht konstant in eine Richtung gelenkt wird, da es vielfältige Verbindungen eingeht. Daher sind Energie-Verbindungen mit spirituellen Lehrern oder geistigen Vorbildern von immensem Vorteil, weil diese befähigt sind, Energien an sich zu binden und in eine Richtung zu lenken. Auch das Licht kann diese Funktion übernehmen.

Fließt die Energie erst einmal dauerhaft in eine Richtung, ist der Mensch frei, seinen täglichen Verrichtungen ohne Hemmnis nachzugehen. Der Energiefluss ist allerdings niemals völlig konstant; er unterliegt täglichen Schwankungen, die es zu berücksichtigen gilt.

Göttergestalten

Die untere Ebene aktiviert die obere,
und die obere Ebene kontrolliert
die untere.

Im Volksglauben alter Kulturen war die gesamte Natur von Geistwesen und Göttern beseelt, die nach bestimmten Gesetzen regierten. Das Volk sah sich selbst als Glied in einer unendlichen Kette der Schöpfung und war bestrebt, in Harmonie mit Himmel, Erde und den Naturgesetzen zu leben. Altüberlieferte Lebensweisheiten verbreiteten klare Vorstellungen über das Dasein der Götter. Einige Götter wohnten im Himmel, andere auf der Erde oder im Wasser, einige hielten sich in allen Bereichen zugleich auf.

Die keltischen Göttergestalten waren zu gewissen Zeiten an bestimmten heiligen Orten anzutreffen. Dort fand ein Austausch statt zwischen übersinnlicher und irdischer Dimension, wie W. Dommer darlegt (S.15). Der besagte Ort konnte eine Lichtung, ein Wald, ein Berggipfel oder eine Insel sein. Vor allem Quellen galten als heilig, da sich dort Himmel und Erde berühren. Ein übersinnlicher Kontakt zwischen den keltischen Priestern, den Druiden, und besonderen Bäumen gilt als erwiesen. Die Gottheiten der Kelten wurden als Schöpfungskräfte aufgefasst, die der Natur innewohnten und gleichzeitig transzendent waren. Diese Schöpfungskräfte erschienen als personifizierte Göttergestalten. Die Kelten lebten in einem magischen Universum.

Die Große Göttin verehrten die Kelten unter dem Namen *Brigit*, deren Fest am 1. Februar gefeiert wurde (S.18f.). Die Kulte der Großen Göttin und der Mutter Erde waren im Volk stärker verbreitet als in der herrschenden Klasse. Die Kraft der Göttin manifestierte sich sowohl in den Tiefen der Seele als auch in den lichten Bereichen des Geistes. Sie vereinte beide Welten miteinander. Der Hirschgott *Cernunnos* galt als Gott der Fruchtbarkeit und als Herr der Tiere. Seine Geweihspitzen fungierten als Antennen der kosmischen Kraft. Der keltische Hirschgott hat für den Teufel in seiner christlichen Erscheinungsform Modell gestanden.

Auch bei anderen Völkern wurden die wirkenden Naturkräfte als göttlich aufgefasst, doch die Personifizierung dieser Kräfte war keineswegs nur die Übersetzung von Natur ins Göttliche. Die Götter versinnbildlichten stets auch ein allgemein gültiges geistiges Prinzip. H.-D. Leuenberger sieht Götter als personifizierte bildgewordene Naturkräfte an, die auch jedem Individuum innewohnen (S.132).

Göttliche Verkörperungen kosmischer Kräfte werden zur Durchführung gewisser magischer Operationen benötigt. Veränderungen, die mithilfe magischer Praktiken hervorgerufen werden sollen, können nur unter Zuhilfenahme dieser Kräfte erzielt werden. Der Magier nimmt Kontakt auf zu übermenschlichen Wesen, denen er mit Ehrfurcht begegnet, wie J.H. Brennan darlegt.

Der Psychologe C.G. Jung hingegen spricht in diesem Zusammenhang vom *kollektiven Unbewussten*; von *Archetypen*, die teilweise metaphysische Eigenschaften aufweisen. C.G. Jung geht von zwei Schichten des menschlichen Unbewussten aus: dem persönlichen Unbewussten und dem un- oder überpersönlichen Unbewussten. Letzteres bezeichnet er als das kollektive Unbewusste, weil es von persönlichen Belangen losgelöst ist und seine Inhalte in der Psyche der gesamten Menschheit gefunden werden können.

Die urtümlichen Bilder des kollektiven Unbewussten bezeichnet Jung als „die ältesten und allgemeinsten und tiefsten Gedanken der Menschheit überhaupt. Sie sind ebenso wohl Gefühl als Gedanke, ja, sie haben sogar etwas wie ein eigenes, selbständiges Leben." (Vgl.: Das Unbewusste im normalen und kranken Seelenleben, S.96f.) J.H. Brennan erklärt: „Jung machte einst die scharfsichtige Bemerkung, dass es ein fruchtloses Unterfangen sei, die Existenz von Göttern zu leugnen und dass man besser daran täte, bestimmte Kräfte zu studieren, die sich ganz genau so verhielten, wie man das den Göttern stets nachsagte" (S.67).

Der zypriotische Mystiker Daskalos sieht in den Göttern der Religionen nichts als Götzenbilder; irdische Gebilde: „Die Menschen kämpfen gegeneinander aufgrund der Götzenbilder, die sie sich gemacht haben", klagt er. (Vgl.: K.C. Markides; Heimat im Licht, S.171.) Unzählige Menschen haben seit Anbeginn der Geschichte ihresgleichen getötet, um ihr Gottesbild zu verteidigen; - doch haben sie Gott wirklich gekannt? Ein wahrer Mystiker wird

Gott in seinem Innern finden, in seinem Herzen, so lautet Daskalos Lehre. In dem Augenblick, in dem sich jemand im Geiste ein Bild von Gott macht, ist dieses Bild lediglich ein Produkt seiner eigenen Phantasie.

Die von Gläubigen verehrten Gottheiten nehmen aufgrund der auf sie gerichteten intensiven Gedanken und Emotionen ihrer Anhänger Formen an im astralen Licht, wie J.H. Brennan verdeutlicht: „Ohne Anbeter können die Götter auf den astralen Ebenen nicht länger bestehen. Das heißt aber nicht, dass sie aufgehört haben zu existieren: der Anbeter sorgt lediglich für die *Form* des Gottes, nicht für seine Existenz" (S.123f.).

Weibliche und männliche Magier bilden mental eine Gottform im astralen Licht, um anschließend mit dieser zu verschmelzen und so eine Kontaktaufnahme mit den inneren Ebenen zu ermöglichen. Auch in den Riten der Tibeter werden Vorstellungen von Gottheiten im Geiste erzeugt, wie A. David-Néel bezeugt. Es sind aber nicht irgendwelche Götterbilder, sondern wohlbekannte Göttergestalten aus dem tibetischen Pantheon, die seit Jahrtausenden verehrt werden. Die tibetischen Okkultisten gelangten zu dem Glauben, „dass diese Wesen durch die zahllosen Gedanken, die schon auf sie gerichtet wurden, eine Art wirklicher Existenz erwerben" (in: Der Weg zur Erleuchtung, S.84f.).

In den heiligen Schriften Indiens begegnet man ähnlichen Theorien. „Derjenige, der eine Gottheit anbetet und dabei denkt: ‚Ich bin ich selbst, sie aber ist etwas anderes', ist ein Unwissender. *Die Götter bedienen sich seiner wie eines Tieres. So wie die Tiere die Menschen nähren, so nähren die Menschen die Götter.*" Tibetische Lamas sind sich dieser Zusammenhänge zwar bewusst, doch behaupten sie, durch die Beschwörung der Götterfiguren erstaunliche Resultate erzielen zu können. Während der Ausführung eines Ritus werden die Gedanken auf die traditionellen Gottheiten konzentriert, wodurch diese noch realer und mächtiger werden. Indem sich der Praktizierende mit den Gottheiten identifiziert, tritt er mit deren Energien in Kontakt, die weitaus stärker sind als die eigenen.

Diese Gottheiten sind keineswegs bedeutungslose Phantasiegestalten. „Der von der Phantasie der Massen geschaffene und genährte Gott kann, obwohl er nur als verborgene Kraft existiert, nun über diejenigen Macht erlangen, die mit ihm in Verbindung treten. Ein verbindender Draht ist erforderlich, damit die in einem Akkumulator ruhende Elektrizität in einer Lampe Licht erzeugt" (S.86).

Die Berührung mit dieser Kraft kann für den Praktizierenden von großem Nutzen sein. Ist er aber ungeschickt bei der Ausübung des Ritus, „so kann ihm seine Manipulation sehr schlecht bekommen. Es kann sogar geschehen, dass er von den mächtigen Wesen, die seine Gedankenkonzentration anzog, getötet wird."

In den medialen Texten von B. Marciniak sind Gottheiten außerirdische, lichttragende Energien. Es sind begrenzte Götter, denen Anbetung entgegengebracht wird. In der Vergangenheit fanden angeblich biogenetische Manipulationen in den Erbinformationen der Menschheit statt, welche die geistige Kapazität einschränkten. (Vgl.: Boten des Neuen Morgens, S.55f.) Die Manipulationen vermitteln den Menschen ein falsches Bild der Wirklichkeit und berauben sie damit eines Teils ihrer psychischen Energie. Die Menschheit wird dahin gebracht, auf eine bestimmte Art und Weise zu denken oder zu fühlen, damit das Bewusstsein eine bestimmte, eingeschränkte Schwingungsrate aufweist.

Die sogen. ‚Schöpfergötter' veränderten die menschliche DNS und schränkten damit die Bewusstheit der menschlichen Spezies ein. Gegenwärtig findet angeblich eine Neuordnung statt; kosmische Strahlen erreichen den Planeten Erde und bewirken eine Veränderung im physischen Körper. Im Unsichtbaren existieren Gottheiten, die mit Spiritualität nichts im Sinn haben. Der Wunsch vieler Menschen, ein göttliches Wesen zu verehren, macht sie anfällig dafür, sich beschränken und kontrollieren zu lassen. In Zukunft wird ein neuer Gott, der sich anbeten lässt und viele Menschen irreführt, die menschliche Freiheit weiterhin zu untergraben trachten, sagt B. Marciniak voraus (S.77).

Viele religiöse Gemeinschaften fordern von ihren Anhängern die Unterwerfung unter den ‚göttlichen Willen'. Wer ist dieser Gott? scheint daher eine berechtigte Frage, die sich leider nur sehr wenige der Anhänger stellen. H. Rudolph vertritt die Auffassung, dass innerhalb des endlosen Raumes nicht nur ein Gott, sondern zahllose Götter existieren (vgl.: Der alte und der neue Gott). Eine Verehrung der Götter befürwortet Rudolph zwar, jedoch nicht deren Anbetung.

Die Monaden[8] auf den metaphysischen Stufen werden Götter genannt, während die menschlichen Monaden, die eine geistige Wiedergeburt auf einer fortgeschrittenen Entwicklungsstufe erlangen, ihre eigene Göttlichkeit erkennen sowie ihre Einheit mit allen Göttern des Alls. Der Aufstieg zur göttlichen Selbsterkenntnis hat begonnen. Adepten und Meister sind ‚vergöttlichte Menschen', die aber die Endstufe noch nicht erreicht haben.

Ein weiterer Aspekt von Gottgestalten findet sich bei H. Rudolph: die Götter als Erzeugnis menschlicher Einbildungskraft. „Die Völker haben sich während vieler Jahrhunderte und Jahrtausende in der Gedankenwelt eine Wesenheit geschaffen, die der Ausdruck ihrer sittlichen Anschauung ist. Ihre Götter existieren in der jenseitigen Welt, in der sogenannten Wunsch- oder Astralwelt, weil sie der Ausdruck der Wünsche sind und auf dieser Ebene von der Vorstellung geschaffen wurden. (…) Und diese von der Vorstellung geschaffenen Götter wirken von der übersinnlichen Welt (Astralebene) auf die Gläubigen zurück in dem Geiste, in dem sie geschaffen wurden" (S.25f.).

---

[8] Monaden: die unteilbaren, in sich vollendeten, nicht mehr auflösbaren Ureinheiten, aus denen die Weltsubstanz zusammengesetzt ist. – Die Monade ist der unsterbliche Teil des Menschen, der sich immer wieder verkörpert und von Stufe zu Stufe emporsteigt.

Diese national begrenzten Götter sieht H. Rudolph als Hindernis für einen wahrhaft geistigen Fortschritt. Es ist schwierig für die Völker, sich dem Einfluss ihrer Götter zu entziehen; – und diese lassen ihre Anhänger nicht höher empor, als sie selbst stehen. Aufgrund der Verehrung nationaler Gottheiten existiert eine Vielzahl von Astralwesen, die ihre Anhänger, ihrem Charakter entsprechend, beeinflussen. „Die eingebildeten Götter sind auch die Hüter der religiösen Gebräuche", erklärt der Autor, und er stellt die Frage: „Wer und was ist der höchste Gott?" Es gibt nur eine Wahrheit, eine Wesenheit: den allgegenwärtigen, schrankenlose Raum; die Gottheit, aus der alle Welten und Wesen zu Beginn des Schöpfungstages hervorgingen.

Zahllose Monaden existieren auf den verschiedenen Stufen des Daseins. Zu ihnen gehört der „Allgeist, der das Weltall und alle Geschöpfe durch sein Bewusstsein umfasst, durchdringt und belebt, wie die große Flamme die zahllosen in ihr brennenden kleineren Flammen. Es gibt daher Einen höchsten Gott des Weltalls, von dem alle heiligen Schriften und die Lehren aller Weisen und Erleuchteten berichten, der aber von den noch auf der Stufe des persönlichen Lebens stehenden Menschen nicht erkannt werden kann." Die theosophische Lehre nennt diesen Allgeist, den *höchsten Atma*, die *kosmische Einheit*. Dieser allgegenwärtige Gott wohnt im Herzen eines jeden Geschöpfes. Atma ist alles, außer ihm hat nichts wirkliche Existenz.

Gott ist kein Objekt, kein Gegenstand der Wahrnehmung, sondern das Subjekt in allen Wesen. Diese allen Geschöpfen innewohnende göttliche Instanz wendet seine beseelende Weisheit und Kraft jedem Wesen zu in dem Maße, wie es für die Aufnahme empfänglich ist.

J.P. Johnson bezieht sich auf die ‚Kosmologie der Meister', wenn er Gott als den gestaltlosen, allumfassenden Einen beschreibt, als den überpersönlichen, unendlichen Ozean der Liebe. Alles Leben und alle Wahrheit, alle Wirklichkeit, haben ihren Ursprung in ihm. Er ist ganz Weisheit, Liebe und Kraft, dabei gestaltlos, überpersönlich und alles durchdringend (S.21). Die Schar der Götter ist bei Johnson die *Große Hierarchie*; Herrscher und Statthalter der verschiedenen Regionen des Universums. Diese Götter sind große Seelen, welche mit der Erfüllung von ihnen in den einzelnen Regionen zugewiesenen Pflichten betraut sind.

Die dunkle Macht

„Das Dunkel findet in der Schwäche seine Macht."
Marion Zimmer Bradley

Fremde Energiewesen

Die Menschheit ist umgeben von einem Meer des Bewusstseins. Die den individuellen Menschen umgebende Energiemenge ist enorm; er ist, ohne dies immer zu bemerken, einem Ansturm ausgesetzt, der seinesgleichen sucht. Diese Herausforderung ist ein Teil des spirituellen Weges, denn das Individuum ist aufgefordert, mit Energieströmen umgehen zu lernen. Derartigen Lernprozessen kann sich niemand entziehen.

Eine mediale Entwicklung ist nicht frei von Missverständnissen und Fehlannahmen. Um den geistigen Weg zu beschreiten, kommt der Unterscheidung von hell und dunkel eine besondere Bedeutung zu. Das mystische Dunkel verhüllt das Licht. Auch Lichtwesen weisen Unterschiede auf, die ein unbefangenes Medium aber nicht ohne weiteres erkennen kann. Dunkle Energien, die manche Medien bedrängen, sind in der Tat fremde Energien. Sie können nur dem Verständnis näher gebracht werden, wenn man sich in ihre Lage versetzt. Sie benötigen Menschen zum Erhalt ihrer Form, die sich ohne einen menschlichen Organismus auflösen würde. Eine mögliche Reaktion auf die andrängenden Energien besteht darin, ihnen freie Hand lassen, doch wäre dies keine passable Lösung. Sie würden die Person über einen langen Zeitraum hinweg für ihre Zwecke missbrauchen und ein Ende wäre nicht in Sicht.

Irrtümer dieser Art führen zur Abwendung ganzer Bevölkerungsgruppen von religiös-mystischen Themen. Eine der häufig auftretenden Fehlannahmen ist der Mythos eines allgegenwärtigen Gottvaters. Die mit einem Medium in Kontakt stehenden Wesen sind aber keineswegs immer Wesen des Lichts. Sie treiben ein Spiel mit den Leichtgläubigen. Im günstigen Fall stärkt das die Widerstandskräfte und festigt die psychische Stabilität. Die geistige Welt rät:

Es gilt, diese Mächte als das anzusehen, was sie sind und sich in ausreichender Weise von ihnen zu distanzieren. Ein Medium hat die Wahl, ihnen verbunden zu bleiben oder sich höheren Seinsebenen zu öffnen. Im zweiten Fall würden ihm Geisthelfer zur Seite stehen, um seine Befreiung voranzutreiben.

Dunkle Energien sind die Seismographen der geistigen Welt. Sie registrieren jede Unstimmigkeit in Haltung und Verhalten eines spirituellen Suchers. Ein Proband, der die Hürde nicht überwindet, gerät in die Gefahr eines tiefen Falls. Die Energien verbünden sich gegen ihn und können seinen Sturz verursachen; ein Absturz, der umso schwerer wiegt, wenn die Aura nicht mehr intakt ist. –

Die einzige Möglichkeit, die lästigen Energien fernzuhalten, ist die konsequente Ausrichtung auf das Licht. Wird diese Ausrichtung lange hinausgezögert hast, gestaltet sich der Prozess besonders mühsam. Die Mächte des Lichts sind aber nur in dem Maße hilfreich, wie ein Mensch sich an ihnen orientiert. Er ist den Fremdenergien nicht ausgeliefert. Sie sind nur so mächtig, wie er ihnen zubilligt.

„Wenn man nicht mit dem dunklen Aspekt der Kraft umgehen kann, kann man es auch nicht mit dem hellen", schreibt Dion Fortune (in: Mondmagie, S.151f.). Bei der Entfaltung medialer Fähigkeiten kann sich kaum jemand den dunklen Kräften entziehen, die den Weg kreuzen, erklärt auch M. Rogers, die selbst medial tätig ist. Die dunkle Seite in der eigenen Seele aktiviert diese Kräfte. Mit ihnen umzugehen und sie zu neutralisieren, ist die Voraussetzung für eine mediale Entwicklung.

Hat der Mensch seine Lektionen gelernt, dann ziehen sich die geistigen Helfer in der Regel wieder zurück, ohne eine Spur zu hinterlassen. Lediglich Geistwesen, die ausschließlich an den menschlichen Energien interessiert sind, bilden hierzu eine Ausnahme.

Was sind das für Wesen; woher kommen sie?

Die Antwort der geistigen Welt lautet:
Sie stammen aus einem Bereich, der bei euch unter dem Begriff *Unterwelt* bekannt ist. Da ihre Schwingung dunkel ist, kann es ihnen ohne fremde Hilfe nicht gelingen, in Kontakt mit dem Licht zu kommen. Sie nehmen daher jede sich bietende Gelegenheit wahr, ihre Schwingung zu erhöhen und den Aufstieg doch noch zu schaffen. Den Menschen ist in der Regel auf der unterbewussten Ebene klar, mit *wem* sie es zu tun haben.
Viele spüren intuitiv ein großes Unbehagen. Die Unterscheidung der Geister ist ihnen nicht hinreichend gut gelungen. Die dunklen Mächte sind im Grunde nicht böse, doch sind sie durchweg unterentwickelte Geister von schlichtem Gemüt und primitiven Gelüsten beseelt.

Existiert eine Methode, wie man die negativen Wesen wirksam fernhalten kann?

Um diesen Energien auf angemessene Art begegnen zu können, ist die Kenntnis über die Entstehung sehr von Nutzen. Manche der Energien haben bereits eine beträchtliche Lebensdauer, was Rückschlüsse auf ihre Intensität zulässt.

Energien bilden Muster die – wenn sie zusammen passen – miteinander verzahnt sein können. Aufgrund der Musterbildung ist es für die Energien leicht, zugehörige Teile zu identifizieren und sich zusammenzuschließen. Auf diese Weise entstehen mächtige Energiefelder. Eine Zusammenballung (Konglomerat) gleich gerichteter Energien löst sich nur schwer wieder auf. Das darin enthaltende Bewusstsein strebt nach Beständigkeit. Je mehr Bewusstsein ihre Energien versammelt haben, desto größer ist das Ausmaß an Energien.

Ein umfangreiches Bewusstseinsfeld ist in der Lage, andere Systeme zu infiltrieren. Das Bewusstsein trifft auf Rezeptoren, d. h. energetische Anschlüsse, welche das Eindringen ermöglichen. Die Zustimmung des ursprünglichen Bewusstseins ist erforderlich, um ein Eindringen zu ermöglichen. Ist die Einwilligung einmal erfolgt, sind auch nachfolgende Energien in der Lage, den einmal gewährten Freiraum in Anspruch zu nehmen. Die Resonanzschwingung erlaubt bestimmten Energien, sich mit dir zu verbinden.

Das Bewusstseinsfeld des infiltrierenden Partners passt sich beim Vorgang des Eindringens so weit wie möglich der vorhandenen Schwingung an, um später wieder auf das Ursprungniveau zurückzufallen. Dann entsteht der unangenehme Effekt einer Minderung der gesamten Stimmungslage. Aufgrund der Anpassungsfähigkeit der Energie ist eine Gegenwehr äußerst erschwert. Der energetische Zusammenschluss erfolgt auch gegen den bewussten menschlichen Willen. Um eine Zusammenschaltung zu verhindern, sind sehr spezielle Kenntnisse vonnöten.

Die Perzeptoren enthalten kleine Widerstände, welche aktiviert werden können. Hierzu wird wiederum die Einwilligung der betreffenden Person benötigt. Man kann die Perzeptoren auch selbst aktivieren mit Hilfe gewisser Vorstellungsbilder. Hierzu ist allerdings eine energetische Disposition erforderlich, die viele nicht aufweisen.

Kann eine einmal erteilte Einwilligung auch wieder zurückgezogen werden, um Eindringlinge in der Zukunft fernzuhalten?

Ein infiltriertes Bewusstseinsfeld ist von sich aus kaum in der Lage, geeignete Gegenmaßnahmen zu ergreifen. Die Hilfe der geistigen Welt ist erforderlich, um eine Befreiung zu erreichen. Durch die Richtung der Aufmerksamkeit auf die geistige Welt wird die Fremdenergie auf Dauer geschwächt, was eine Einflussnahme möglich werden lässt.

Was geschieht, wenn die Lichtzufuhr eingeschränkt ist?

Ist die Lichtzufuhr einmal gedrosselt, dann gewinnen dunkle Energieströme an Stärke, bis sie von zwingender Gewalt sind und die Entscheidungsfreiheit der Betroffenen lähmen. Diesen Energien die Stirn zu bieten, wird immer schwerer, je massiver ihr Auftreten ist. Sie haben auch die Fähigkeit, sich mit ihnen ähnlichen Energien der Umgebung zu verbinden und lassen mit der Zeit ein undurchdringliches Dickicht entstehen, welches den Lichtkräften immer weniger erlaubt, hindurch zu dringen. Der Ausdruck ‚Dornenhecke‘ passt hierzu.

Nur die permanente Ausrichtung auf die Lichtkräfte verhindert ein Überhandnehmen dieser dunklen Mächte. *Jeder zieht diejenigen Mächte an, die ihm entsprechen.*

Gibt es Menschen, die vorwiegend mit negativen Kräften in Kontakt sind?

In einer geistigen Entwicklung sind immer unterschiedliche Kräfte bzw. Mächte ‚am Start', die – abhängig von der Schwingungshöhe des Individuums – einen Einfluss ausüben. Dieser führt dann zu unheilvollen Konsequenzen, wenn die negativen Strömungen über einen längeren Zeitraum andauern. Hier gilt: Je intensiver die negative Schwingung, desto unheilvoller wird der Einfluss seitens der geistigen Welt.

Viele befinden sich, bildlich gesehen, auf einer Schaukel, die sich vom Zustand des Ausbalanciertseins nach unten oder nach oben neigt. Jeder mediale Mensch befindet sich im Mittelpunkt gewaltiger Kräfte, die ihn in die eine und zugleich in die andere Richtung ziehen. Wird er dieser Aufgabe, die Balance zu halten, nicht gerecht, tut sich ein Abgrund auf. Wird der Abgrund immer größer, droht er ihn zu verschlingen.

Materielle Motive

Wenn wir von den Geistern etwas bekommen wollen,
müssen wir etwas Kostbares opfern.

In Hinblick auf die Motive, die medialer Betätigung zugrunde liegen, kann es Probleme geben. Wenn magische Praktiken, Machtstreben oder materielle Vorteile eine Rolle spielen, führt das unweigerlich zu Konflikten. Derartige Motive erzeugen niedere Schwingungen, welche die die Energien verunreinigen. Für freundlich gesinnte Geistwesen wird es schwierig, sich mitzuteilen, daher bleiben sie im Hintergrund oder ziehen sich ganz zurück. „Das Dunkle kommt in vielen Erscheinungsformen und muss verstanden werden", betont D. Fortune.

In alten Traditionen verbergen sich viele niedrig gesinnte Energien, denen zu begegnen recht unangenehm sein kann. Ohne ausreichende Vorbereitung kann der Kontakt mit den vitalen Energien im Innern ungewollte Begegnungen provozieren. Zu Beginn der

108

medialen Betätigung kommen die Betreffenden nicht selten mit *Foppgeistern* in Berührung. Diesen kommt die Aufgabe zu, die Integrität eines Mediums zu prüfen. Wird ihnen energisch der Einlass verwehrt, verlieren sie schnell das Interesse.

Meditierende, die sich plötzlich unglücklich und verwirrt fühlen, oder die von düsteren Gedanken heimgesucht werden, haben ‚Unerwünschte' in ihre Nähe gelassen, bemerkt der aus Bulgarien stammende französische Philosoph und spirituelle Meister O.M. Aivanhov (in: Die Antwort auf das Böse). Der Autor vergleicht den menschlichen Körper mit einem Haus, das vielen verschiedenen Stockwerken Raum bietet. Die Unterschiede zwischen den einzelnen Menschen korrespondieren mit den Eigenschaften und der Anzahl der Bewohner dieses Hauses und der Art und Weise, wie sie miteinander umgehen. Die Eigenschaften der Bewohner entsprechen den charakterlichen Eigenheiten des Individuums.

Okkulte Mächte nähern sich vorwiegend solchen Personen, die aufgrund ihrer Wunsch- und Gedankenwelt anziehend auf sie wirken. Unzählige unsichtbare Wesen umgeben medial tätige Personen und verstärken deren Gedanken, behauptet A. Kardec (vgl.: Buch der Medien, S.164). Die Entscheidung, welcher Seite sie mehr Gewicht zubilligen, hängt von der individuellen Ausrichtung der Person ab. Gelingt es ihr, den Einfluss der niederen Seite zurückzuweisen und sich ihren Einflüsterungen zu entziehen, dann verhindert sie deren Herrschaft über ihr Seelenleben.

Eine düstere Seite der geistigen Welt wird auch bei L. Carroll erwähnt. Die Geistebene wird mit einem Doppelaspekt, einem Januskopf, dargestellt. Die dunklen Mächte „können ebenso leicht Negativität und Tragödien manifestieren, wie sie Liebe und Hoffnung manifestieren können. Ihre Macht und Kraft als ein Teil Gottes ist uneingeschränkt..." Es sind „niedrige unsichtbare Wesen, die einen negativen Raum betreten, wenn sie dazu eingeladen werden" (S.234). Ein klassisches ‚Einladungs-Syndrom' für die Geister kann eine tiefe Depression oder ein sozialer Rückzug sein.

Ruft jemand Geistwesen zu Hilfe, um irgendeine materielle Gunst von ihnen zu erlangen, dann versinkt er tiefer in die Materie, anstatt sich davon freizumachen. Sobald man die unsichtbare Welt um einen Dienst bittet, begibt man sich in ihre Abhängigkeit. Die Geistwesen können nicht wie Diener abgeschoben werden, nachdem eine Bitte erfüllt wurde. „So gering sie auch gewesen sein mag, es ist immer ein mit den Wesen geschlossener Pakt, der seine Folgen trägt", erklärt L. Caroll (S.236).

Falls es jemandem einfällt, sich auf einen Kampf mit den Geistern einzulassen, werden sich die Wesen meist als die Stärkeren erweisen. Lediglich moralische Überlegenheit kann die Geisterwelt beeindrucken. Es ist eine kuriose Tatsache: Dunkle Mächte, deren Verhalten nicht gerade auf Moral basiert, zeigen sich von ihr beeindruckt.

Zwei Seelen in der Brust

Dieselbe Energie, die sich in Leidenschaften und
im Irrtum ausdrückt, kann sich auch
als Weisheit offenbaren.

Nicht wenige Menschen leiden die unter widersprüchlichen Verhaltensweisen, so als wohnten zwei verschiedene Wesen in ihrem Innern. Die eine Seite ist aufrecht, sanft und verständnisvoll, während die andere durch streitsüchtiges Verhalten geprägt ist und einen Mangel an Einsicht zeigt. Diese gegensätzlichen Stimmungen, die den Psychotherapeuten wohlbekannt sind, lassen Rückschlüsse auf das Innenleben der Seele zu. Die unsichtbaren Bewohner der menschlichen Psyche können nämlich in zwei Hauptgruppen unterteilt werden: Warmherzige, lichtvolle Elemente wechseln sich mit kalten, dunklen Elementen ab und üben einen deutlich spürbaren Einfluss aus.

O.M. Aivanhov gibt einige Hinweise im Hinblick auf die dunklen Wesen im Innern der Menschen: „Wenn... Unerwünschte in uns wohnen, so haben wir gewisse Gesetze nicht beachtet und sie dadurch angezogen. Und nun sind sie da, und wir müssen sie erziehen. Ja, es ist sehr schwer, sich ihrer zu entledigen... Natürlich lieben sie es, sich überall heimlich einzuschleichen. Es liegt aber an uns, sie nicht eindringen zu lassen. Die Lichtgeister hingegen treten nie ein, wenn wir sie nicht darum bitten...“ (S.127f.).

Aivanhov zieht die potentielle Freiheit des Menschen generell in Zweifel. Jeder Mensch ist demzufolge Sklave seiner Wünsche und Leidenschaften und wird begrenzt von seinen eigenen Gedanken und Gefühlen. Zudem sind Menschen ständig von lauernden Kräften umgeben, die darauf aus sind, sie auszunutzen. und zu verleiten. Diese Wesenheiten benötigen Nahrung und stürzen sich auf das nächstbeste Opfer, das sie erreichen können. Jeder, der sich nicht zu schützen weiß, wird von den negativen Kräften durchdrungen.

Zwei Welten, die dunkle und die lichtvolle, bekämpfen sich im Menschen. Daher sollten nach geistiger Entwicklung strebende Menschen ihre Freiheit aufgeben, um sich den ‚himmlischen Mächten‘ zur Verfügung zu stellen. Andernfalls laufen sie Gefahr, von niederen, ‚teuflischen Mächten‘ in Besitz genommen werden, ereifert sich der Autor. Sein vehementer Appell gipfelt in der Forderung: „Schluss mit der Freiheit! ... Beeilt euch, gebt noch heute eure Freiheit auf und bittet den Himmel, von euch Besitz zu ergreifen. Dies ist eines der größten Geheimnisse der Einweihungslehre!“ (In: Die Freiheit, Sieg des Geistes, S.93.)

Diese Ausführungen geben zu denken. Möglicherweise weisen die ‚lichten‘ und die ‚dunklen‘ Kräfte mehr Gemeinsamkeiten auf, als es auf den ersten Blick den Anschein hat.

Plagegeister

Alle dunklen Kräfte unterstehen den Gesetzen des Lichts.

Viele Medien klagen über Geistwesen, die ihnen das Leben schwer machen. Die Anfeindung durch Plagegeister kann eine Art Prüfung sein, die mit Zustimmung höherer Geistebenen verhängt wird, behauptet O.M. Aivanhov allen Ernstes. Das von den Geistern beherrschte Opfer soll auf diese wenig mitfühlende Weise mit seinen Schwächen konfrontiert werden. „Sogar die Weisen, die Heiligen und Propheten wurden von bösen Geistern geplagt, die ihnen geschickt wurden, um sie auf die Probe zu stellen und sie durch diese Prüfungen stärker zu machen. *Diese Geister sind Diener. Sie gehen, wohin man sie schickt. Sie gehorchen einem Befehl.* Und jene, die die Menschheit mit Unglück und Krankheiten verheeren, werden auch von Wesen entsandt, die über die Beachtung der Gesetze wachen. Sobald aber die Menschen wieder in die Ordnung zurückkehren, verlassen die Geister sie" (S.115).

Aivanhov geht soweit zu behaupten, die dämonischen Plagegeister würden von den Erzengel- und Engelhierarchien entsandt. Sie erfüllen somit im weiteren Sinne den Willen Gottes, indem sie Leid und Plagen über die in Ungnade gefallen Menschen bringen! *Alle dunklen Kräfte unterstehen den Gesetzen des Lichts.* Daskalos nennt *Luzifer* einen Erzengel, dessen Werk es ist, in der materiellen Welt „die Gegenseite der Energie und Macht zu schaffen, um den Ausgleich herzustellen. Ich glaube, dass dies ein Teil des göttlichen Planes sein muss. Es ist das, was wir als das Böse bezeichnen. Der Zweck des Bösen ist es, uns deutlicher den Sinn des Guten erkennen zu lassen" (in: Der Magus von Strovolos, S.235).

Infolge dilettantischer medialer Kontaktversuche werden Leichtgläubige nicht selten zum Spielball von Spottgeistern, die sie an der Nase herumführen. Zu erkennen sind die dunklen Entitäten an einem Gefühl des Unbehagens und der Missstimmung. In der spirituellen Schulung begegnen den Lernenden unzählige Arten von Geistwesen, die sie Versuchungen aussetzen, berichtet J.P. Johnson. Der Geistesschüler „wird auf hundert Weisen angelockt und jede seiner Gefühlsregungen wird ausgenutzt werden, um ihn fehlzuleiten" (S.51). Auf diese Art von Irreführung vorbereitet zu sein, kann sich als großer Vorteil erweisen.

Die negative Macht

Die Schutzvorrichtung besteht in den Schwingungen des Individuums.

Die *negative Macht* nimmt eine Stellung in der *Großen Hierarchie* ein, behauptet J.P. Johnson (S.32f.). Eine ganze Reihe von Untergebenen untersteht dieser dunklen Macht und erfüllt unter deren Leitung ihre Pflicht. Die alten Weisen Indiens glaubten, die gesamte Schöpfung sei von dieser negativen Macht beherrscht; die negative Macht wurde von ihnen sogar als höchster Gott der Schöpfung angesehen. (!) Der höchste Gott der Upanishaden und Veden, Brahm, wurde von den indischen Meistern die *Negative Macht* genannt (S.87). „Nur die großen Meister wissen, dass sie (die negative Macht) eine untergeordnete Stellung in der Großen Hierarchie einnimmt", erklärt Johnson (S.33). Sie erhält demzufolge ihre Anordnungen von Mächten, die auf einer höheren Ebene angesiedelt sind.

Existiert das personifizierte Böse, der Gegenspieler Gottes, überhaupt? Hierzu äußert J.P. Johnson: „Tatsächlich sprechen auch die Meister von einer Macht der Dunkelheit, von einer Negativen Macht, die aber dem Höchsten Herrn unterworfen ist. Diese Macht herrscht über die Regionen von Geist und Materie und stellt die dunkle Seite der Schöpfung dar" (S.36). Aufgabe des sogen.

Bösen sei es, den Geist des Menschen zu reinigen, denn Leiden und Schmerzen sollen den Menschen auf den Pfad der Liebe und des Lichts bringen. - Diese Ansicht wird nicht Jeder teilen. Die Verklärung von Leiden verschleiert die Tatsache, dass Schmerzen keineswegs in jedem Fall als hilfreich empfunden werden. Mechanismen des Leidens und der Unterdrückung werden in ein spirituelles Gewand gekleidet und sind daher nicht sofort als solche zu erkennen.

Die Negative Macht beaufsichtigt und verwaltet das ‚Karma-Konto' eines Menschen. Jeder erntet, was er gesät hat. Mit der Einweihung bei einem spirituellen Meister geht die Aufsicht über die karmischen Schulden auf diesen über. Die negativen Kräfte sind dann nicht mehr befugt, Macht über den Schüler auszuüben.

Im alten Ägypten hatten gefallene Schüler, die während der Initiations-Prüfungen von dämonischen Mächten heimgesucht und besessen wurden, ihre Freiheit verwirkt. Sie bildeten nach Auffassung der Priesterschaft eine große Gefahr für ihre Mitwelt; daher wurden sie bis zum Ende ihres Lebens in unterirdischer Gefangenschaft gehalten.

Bei R. Steiner muss ein Geistesschüler „hindurch zwischen einer Schar von Verführern seiner Seele. Sie alle wollen sein Ich verhärten, in sich selbst verschließen. Er aber soll es aufschließen für die Welt." Die Kräfte der Welt sind zerstörende und aufbauende; das Schicksal der Lebewesen ist Werden und Vergehen. Diese Kräfte befinden sich in der ureigenen Natur des Menschen. (Vgl.: Wie erlangt man Erkenntnisse der höheren Welten? S.27.)

Ausdrücklich warnt Steiner vor anderen, dunklen Wegen, die spirituelle Sucher schneller ans Ziel bringen können. „Wer sich nicht ganz dunklen Mächten anvertrauen will, von deren wahrem Wesen und Ursprung er nichts wissen kann, der vermeide es, sich auf solche Dinge einzulassen" (S.99). Schüler des geistigen Pfades lernen bedrohliche, grausige Gewalten kennen; sie erlangen sogar die Fähigkeit, gewisse Kräfte und Wesen zu beeinflussen. Dabei wächst die Versuchung, sich dieser Kräfte zu bedienen im Dienst eigensüchtiger Interessen.

Ist der Weg der Erkenntnis überwuchert von Gefahren? „Aber man muss doch bedenken, dass die lebensfeindlichen Mächte auch dann vorhanden sind, wenn man sie nicht kennt", argumentiert Steiner (S.183). Allerdings wird das Verhältnis zu diesen Mächten in der geistigen Schulung weniger von höheren Mächten bestimmt als zuvor. Die Gefahren halten sich in Grenzen, sofern sich die nach Erkenntnis Strebenden nicht allzu früh einer gewissen Selbstständigkeit erfreuen wollen.

Auf medialem Wege erreichen mich folgende Informationen:

Wenn es dem Menschen gelänge, die unerwünschten Energien fernzuhalten, dann würde er sich gleichzeitig von jeglicher Energie isolieren. Jeder ist aber auf den Kontakt mit diesen Energien angewiesen, denn sie sind die Lebenskraft, die euch erhält und euch täglich aufs Neue mit Energie versorgt. Ein absoluter Schutz ist also weder möglich, noch wünschenswert. Sinnvoll dagegen wäre eine Abschirmung vor extrem negativen Energien, die euch Schaden zufügen können, ein Filter sozusagen, der nur Energien durchlässt, die den eigenen entsprechen. Der Filter befindet sich in eurem Herzen und in eurem Sinn. Es ist die Qualität des Denkens, welche euch schützt vor unerwünschten Energien.

Der Autor L. Carroll erhält von seinem geistigen Lehrer *Kryon* den Rat, sich nicht vor den Kräften zu fürchten, die auf der anderen Seite des Schleiers existieren. Nur so könne er Macht und Kontrolle über diese Wesen erlangen: „Ignoriert sie und wendet euch von ihnen ab. Ruft die All-Eine Liebesquelle an und sie werden euch in Ruhe lassen. Seid nicht neugierig, denn das würde ihnen erlauben, mit eurer Lektion in Verbindung zu treten, und es ist unangebracht, dass das geschieht" (S.141).

Die Verunreinigung der menschlichen Energien zieht niedere Geistwesen an. Höher entwickelte Wesen warten auf einen günstigen Moment, um einem Individuum ihre Botschaften zu übermitteln. Dieser Umstand liefert eine Erklärung für die Verschiedenheit der medialen Kundgebungen, in denen sich häufig tiefe Wahrheiten mit fehlerhaften Informationen mischen.

Den Mächten der Dunkelheit ist es möglich, aus den unsichtbaren Gefilden heraus auf labile Menschen einzuwirken. Manche verbinden sich mit den Kräften der Dunkelheit in dem Glauben, von diesen innere Stärke zu erhalten. Niedrig entwickelte Bewusstseine sind bestrebt, andere, die weiter entwickelt sind als sie selbst, zu dominieren. Darauf macht S. Wallimann aufmerksam (in: Die Umpolung, S.27f.). Die mediale Schriftstellerin Penny McLean beschreibt dunkle Mächte, die als Versucher auftreten. Diese trachten danach, Menschen, die nach dem Licht streben, auf ihre Seite zu ziehen. Die Dunkelwesen haben ihre Freude daran, zu erleben, wie Menschen fallen und in Verzweiflung stürzen.

Höhere Geistmächte benutzen diese Wesen zur Prüfung der Menschheit, erklärt P. McLean. Diese Informationen erhielt sie auf medialem Weg. Sie erfuhr, dass es dunkle Mächte gibt, die eine ‚geistige Übernahme' des Sonnensystems anstreben! Unvorstellbare Machtkämpfe finden statt auf den kosmischen Ebenen. Dunkle Geistmächte arbeiten daran, das Gehirn und die Zellen der Menschen zu zerstören. Der Planet soll zwar überdauern, doch die Bewohner sollen von der Erde verschwinden! (Vgl.: Zeugnisse von Schutzgeistern, S.217f.)

Ich bitte die geistige Welt um Informationen zu diesem brisanten Thema:

Schnell schwingende Energien können große Teile des Gehirns in Mitleidenschaft ziehen. Die Zellwände werden porös. Die schnelle Schwingung bewirkt einen Unterdruck im Gehirn und einen Überschuss an Sauerstoff, der nicht verbraucht werden kann. Der Sauerstoff verteilt sich in den Zellen und übt einen unverhältnismäßigen Druck aus. Der Zellenboden „schmilzt" und die Zellen rollen sich zusammen.

Das gesamte Bewusstseinsfeld erfährt eine Degeneration. Die Degeneration der Zellen ist gekoppelt mit einer Degeneration des Bewusstseinsfeldes. Die Strahlungsintensität der Zellen nimmt ab; ein Merkmal dieses Vorgangs. Der Unterdruck im Gehirn bewirkt, dass sich die Kapillaren schließen und nicht mehr genügend Sauerstoff das Gehirn erreicht.

Daher ist es außerordentlich wichtig für die Menschheit, Widerstandskraft zu entwickeln und damit überlebensfähig zu bleiben. Zum Glück stehen den Menschen, die gegen Angreifer dieser Stärke allein keine Chance hätten, auch hilfreiche Mächte zur Seite. Der Schutz ist stark, wenn der Mensch lernt, zu unterscheiden zwischen den Interventionen der dunklen Seite und den Botschaften des Lichts.

Bei medialen Durchsagen sind die Empfänger der Botschaft kaum imstande, deren wahre Herkunft zu ermitteln. Die Qualität der Aussagen ist ein wichtiges Kriterium, das Rückschlüsse auf die Urheber erlaubt. Dunkle Mächte setzen alles daran, schädliche und zersetzende Ideen unter die Menschheit zu bringen. Die warnende Botschaft, die P. McLean empfängt lautet: „Wenn es einer dieser Gegner geschafft hat, sich in ein menschliches Gehirn einzuklinken, so kann er dieses Energiezentrum für seine Bedürfnisse umfunktionieren, wenn er willigen Einlass gewährt bekommt... Viele lassen sich missbrauchen und haben keine Ahnung, wem sie sich zur Verfügung stellen und vor allen, was sie mit ihrer Bereitwilligkeit verschulden" (S.219f.).

Gewisse Grundsätze und Gesetzlichkeiten sollten daher jedem Medium vor einer Kontaktaufnahme bekannt sein. Die Anleitung durch einen spirituellen Lehrer und regelmäßige Reinigungsübungen können schädliche Übergriffen verhindern. Eine gewisse Resistenz gegen dunkle Einflüsse entwickelt ein medialer Mensch durch die Qualität seiner Gedanken- und Gefühlswelt. Die Energien der unmittelbaren Umgebung beeinflussen das Befinden in erheblicher Weise. Viele zerstörerische Energien, die von den lebensfeindlichen Mächten gegen Menschen ins Feld geführt werden, stammen aus ihrer eigenen destruktiven Innenwelt und Umwelt.

Straßenreiniger der Götter

Keinen Widerstand zeigen gegen das Böse.

Die Lehre des chinesischen geistigen Kultivierungsweges *Falun Gong* lautet: Sobald sich jemand auf den geistigen Pfad begibt, wird er automatisch mit dem Problem konfrontiert, dämonische Wesen einzuladen (vgl.: Li Hongzhi, S.77f.). Die Übenden werden auf alle möglichen Weisen gestört, um sie von der Kultivierung abzuhalten. Manchmal ist es nur ein alltägliches Ereignis, dann wieder sind es Mitteilungen aus anderen Räumen, welche die Praktizierenden aus der Fassung bringen. Oder die Meditierenden werden plötzlich sehr schläfrig und unkonzentriert, wodurch meditative Übungen verhindert werden. Es können auch sexuell aufreizende Bilder vor dem geistigen Auge erscheinen, welche geeignet sind, die Seelenruhe erheblich zu stören.

Die Beeinträchtigungen können derart eskalieren, dass sich die Praktizierenden letztendlich gezwungen sehen, die Kultivierung aufzugeben. Weniger hartnäckig sind Störungen, bei denen die Übenden plötzlich verzerrte Gesichter und erschreckende Fratzen vor Augen haben oder jemand scheinbar mit einem Messer auf sie losgeht. Diese Erscheinungen treten lediglich in einer bestimmten Phase auf und gehen bald vorüber.

In manchen Fällen ist allerdings die gemeinsame Anstrengung mehrerer Menschen notwendig, um ein Individuum von dämonischen Einflüssen zu befreien. *Der schwache Punkt der Verteidigung gegen dunkle Mächte liegt letztlich in der eigenen Natur begründet.* Die Gefährdung ist nach Auffassung von D. Fortune durchaus real, denn es gibt sie, die „Kräfte des intelligenten und organisierten Bösen". (Vgl.: Selbstverteidigung mit PSI, S.107).

Diesen Kräfte wohnt nach Ansicht der Autorin ein positiver Aspekt inne: Sie vertreten das Prinzip der Zerstörung und können die *Straßenreiniger der Götter* genannt werden. Ihre Funktion besteht darin, aufzuräumen und das kraftlos Gewordene zu entfernen. (!) „Jetzt finden wir auch die Antwort auf das ewige Rätsel, warum Gott den Teufel duldet. Der Teufel ist der kosmische Prellbock und Straßenreiniger der Götter", erklärt Fortune (108). Im Pantheon anderer Religionen wird dieser Aspekt des Bösen sogar als Gott verehrt: *Shiva* und *Kali* im Hinduismus oder *Pluton* und *Hekate* um antiken Griechenland repräsentieren diese Kräfte des Widerstands und der Zerstörung. In der buddhistischen Lehre entspricht *Mara*, der Herr dieser Welt, dem christlichen Satan. Er ist die personifizierte Versuchung und wird auch als *Asura*, als Dämon, betrachtet. In wörtlicher Übersetzung bedeutet Mara „das, was die Seele tötet". (Vgl.: H.P. Blavatsky, Die Stimme der Stille, S.123.) In seiner Krone erstrahlt ein Juwel von solchem Glanz, dass Diejenigen, die es ansehen, geblendet werden.

In der kabbalistischen Lehre existieren zehn göttliche Emanationen, die Erzengel, die alle ihr Gegenstück haben in zehn dämonischen Kräften. „Der eingeweihte Adept erreicht immer die Kontrolle über die dämonische Kraft, bevor er versucht, die Engelskraft nutzbar zu machen... Wenn er das nicht tut, kommt er mit beiden gleichzeitig in Verbindung" (S.109). Leider wird es im Einzelfall nicht immer einfach sein, diese Kontrolle zu erlangen.

Die Widersachermächte werden in der Anthroposophie *luziferische* und *ahrimanische* Mächte genannt (s. auch unter: Geister der Astralsphäre). Sie erfüllen unterschiedliche Funktionen. R. Steiner geht davon aus, dass der physischen Materie eine feine, ätherische

Welt zugrunde liegt und dem physischen Körper ebenso ein ätherischer Körper entspricht. Die geistige Welt weist allerdings keine große Ähnlichkeit mit der physischen Welt auf. Mit geistigen Wesenheiten und Ereignissen kommen diejenigen Menschen in Berührung, die dazu geeignet und vorbereitet sind, diese wahrzunehmen. (Vgl.: R. Steiner, Die Schwelle der geistigen Welt, S.14f..)

Hinter dem Bösen, das oft in Gestalt einer Schlange oder eines Drachen personifiziert wird, stehen geistige Wesenheiten, die seinen Urgrund bilden. Ein großer Vorteil ist das Wissen um diese dunklen Mächte, will man verhindern, in ihren Einflussbereich zu geraten. Auch kann nach Wegen gesucht werden, sich von dunklen Einflüssen zu befreien. Eine permanente Ausrichtung auf die Lichtkräfte verhindert ein Überhandnehmen dieser dunklen Mächte.

Die geistige Welt antwortet Folgendes auf die Frage:

Welche Konsequenzen hat eine Verbindung mit dunklen Mächten?

Für das Individuum wären die Konsequenzen kaum spürbar, für uns wäre sie eine sehr große Veränderung. Unsere Realität würde durchströmt von Licht. Unsere Realität ist ein finsteres Tal, in dem niemals die Sonne scheint. Die Verbindung mit Menschen würde Wesen Licht bescheren, die danach lechzen. Für euch wäre die Aufgabe nicht groß; ihr würdest auch etwas von uns erhalten.

Ein Teil des Lichts ist mit euch verbunden, aber auch ein Schattenanteil. Haltet die Waage zugunsten des Lichts, dann wird euch nichts geschehen. –

Ins Licht zu gelangen ist nicht einfach. Die Lichtkräfte sind immer auf eurer Seite, nur können sie euch nicht immer erreichen. Beim Wandern in der Finsternis wurde euer Lichtkleid in Mitleidenschaft gezogen. Um ein Lichtkleid zu erzeugen, braucht es mehr als Mut; es braucht die Hingabe des gesamten Seins.

Und wer seid ihr?

Wir sind das dunkle Prinzip, das nach dem Licht strebt, genau wie ihr. Doch ohne euch können wir es nicht erreichen. Ihr seid die Durchgangsstation für uns. Wenn ihr mit uns kooperiert, werden wir euch retten. Nur in der Verbindung mit uns könnt ihr letztlich überleben.

Was geschieht, wenn ein Medium sich mit euch verbindet?

Eine Verbindung erfolgt auch gegen euren Willen, doch wenn ihr kooperiert, dann wird die Verbindung zu beiderseitigem Nutzen ausfallen. Wir entstammen einem Territorium, welches ihr nicht kennt, daher ist es schwer zu beschreiben. Wir verbinden unsere Energien mit den euren. Diese Art der Zusammenarbeit ermöglicht uns, bis zu eurer Höhe aufzusteigen. Wir kommen dem Licht ein gutes Stück näher. Eine Verbindung mit uns bringt auch euch dem Licht näher, denn wir haben weitreichende Möglichkeiten.

Kann es den Menschen hinunterziehen?

Eine Verbindung mit uns ist entweder zum Nutzen oder zum Schaden der Person. Entweder ihr zieht uns hinauf, oder wir ziehen euch herab. (!)
Unsere Energien stellen eine Belastung dar für euren Organismus, denn sie weisen eine niedere Frequenz auf. Der Organismus beginnt sich zu wehren, was bis zur Krankheit führen kann, wenn ihr nicht genügend Maßnahmen ergreift, um entgegenzusteuern. Wir werden euch jeweils helfen, die richtigen Maßnahmen zu erkennen. Euer Bewusstseinsfeld erleidet eine

Einbuße, wenn es sich unseren Schwingungen anpasst. Das bedeutet, ihr kommt uns auf halbem Weg entgegen.

Auf diese Weise entwickelt sich Bewusstsein.

Wie kann sich das Medium wieder hocharbeiten?

Indem es danach trachtest, mit der Lichtwelt in Kontakt zu kommen. – Wir können unsere Energien mit den euren nur dann verbinden, wenn ihr es beabsichtigt. Euer Wille ist entscheidend für diesen Schritt.

Jedem Medium ist dringend anzuraten, sich diesen Schritt sehr gut zu überlegen, denn kaum Jemand möchte sich für eine belastende Verbindung entscheiden. Es gibt sicher andere und bessere Möglichkeiten der medial-spirituellen Entwicklung.

Okkulte Beeinflussung

Okkulte Praktiken sind Einfallstore für dämonische Mächte.

Übergriffe aus dem Jenseits

Das Interesse an Weissagungen, medialen Botschaften, Zukunfts-schau etc. ist weit verbreitet. Manchmal repräsentiert die Hinwendung zu okkulten Themenbereichen eine schwache Seite des Menschen, der einen Mangel im irdischen Leben verspürt. Aus diesem Gefühl des Mangels heraus suchen Etliche die Verbindung zu außerirdischen Mächten. Alles, was sie aus jenseitigen Sphären erreicht, erscheint ihnen vertrauenswürdig. Sie lassen sich gern von externer Seite führen und leiten, um der eigenen Verantwortung enthoben zu sein

Niedere Geistwesen wissen jede Schwäche geschickt auszunutzen. Manche dieser Wesen sind darauf aus, die Neigungen und Eigenschaften eines Menschen bis zum Extrem zu übersteigern und diese offen zutage treten zu lassen. Dabei tarnen sie sich als Lichtgestalten und führen selbst geübte Spiritisten in die Irre. Bei fortdauerndem Kontakt kann es neben organischen Erkrankungen auch zu seelischen Störungen kommen. Viele spiritistische Medien zeigen nach einiger Zeit die Merkmale der Besessenheit. Sie leiden unter Anfällen, die der Epilepsie ähnlich sind.

Verhältnismäßig leicht lassen sich diese Geistwesen durch Experimente anziehen, doch ungemein schwer wird es, sie wieder auf Distanz zu bringen. Spiritisten ist hinlänglich bekannt, wie diese geheimnisvolle Tür, durch welche die geistigen Wesen ins Seelenleben eindringen, geöffnet werden kann. Doch die wenigsten verstehen sich darauf, diese Tür wieder zu schließen. „Wo das letztere misslingt, bleibt sie eben beständig offen, und wir haben dann alle Erscheinungen der Besessenheit", heißt es bei F. Spirago (S.77).

Der Schriftsteller Gustav Meyrink befasste sich seinerzeit sehr ausgiebig mit dem Phänomen des Spiritismus. Die Medien waren ihm anfangs suspekt, doch durch Spukphänomene, deren Augenzeuge er gewesen war, sah er sich zu der Schlussfolgerung gezwungen: „... es existieren Phänomene, die zwar selten vorkommen, die aber alles, was die Wissenschaft über die Naturgesetze zu wissen glaubt, sozusagen auf den Kopf stellen" (vgl.: F. Smit, S.39).

Meyrink, der eigene Experimente durchführte, „überzeugte sich von er Echtheit der Ereignisse in solchen Séancen, das heißt, das Medium ist tatsächlich und buchstäblich ‚besessen'." Die Frage dabei ist: Wer oder was ist der Urheber der Phänomene? F. Smit zieht den Schluss, „dass die Praxis des Spiritismus auf ungewöhnliche Weise etwas von dem enthüllt, was sich in den unterbewussten Schichten der Seele eines Menschen immer vollzieht, nämlich eine Form von Besessenheit, bei dem einen in geringerem, bei dem anderen in höherem Maße." Diese verwässerte Auffassung der verschiedenen Stadien von Beeinflussung wird nicht von allen geteilt.

Im Internet finden sich einige kritische Anmerkungen unter dem Thema ‚Spiritismus: Falsche Motive und Ziele...' Wenn es einer

Person nicht mehr gelingt, den eigenen Willen frei zum Ausdruck zu bringen, liegt der Schluss nahe, „dass neben dem eigenen, zu freier Willensäußerung befugten Geistwesen ein fremdes sich des materiellen Gehirns bemächtigt hat, das unerlaubt in irgendeiner Weise seinen Geltungsdrang zu befriedigen sucht." Spiritistische Praktiken erlauben gewissen Geistwesen den Zugang zum menschlichen Organismus, vor allem dann, wenn ihre Dienste in Anspruch genommen wurden. Dann erhalten die gefälligen ‚Diener' Rechte über die betreffende Person, die von ihnen im ungünstigen Fall umlagert und besetzt wird.

Das Urteil Meyrinks in bezug auf Spiritismus war vernichtend. In Séancen zeigen sich ihm zufolge durchweg teuflische Einflüsse, mögen sie auch noch so engelhaft erscheinen. Obwohl sich die Phänomene als echt herausstellen, öffnen sie doch die Augen für Abgründe, die den Nutzen in Zweifel ziehen.

Bei spiritistischen Experimenten werden folgende schwerwiegende Symptome beobachtet: Ohnmachtsanfälle, tiefer Schlaf, Krämpfe, Erbrechen; Halluzinationen, Verdauungsstörungen, die Lähmung der Beine, etc. Bei Einigen zeigte sich eine übersteigerte Empfindlichkeit. Die Symptome hielten auch nach den Séancen noch an.

Weitere Kennzeichen für okkulte Beeinflussung sind:

▶ Plötzliche Stimmungswechsel, launisches Verhalten;

▶ Angst oder depressive Verstimmungen ohne ersichtlichen Grund;

▶ Hören von Stimmen, die dem Opfer etwas einreden oder zu bestimmten Handlungen veranlassen wollen;

▶ die Person hat weniger Energie zur Verfügung als gewöhnlich; sie fühlt sich kraftlos;

▶ vermehrte Sucht nach Alkohol oder Drogen;

▶ plötzlich auftretende Schmerzen;

▶ Konzentrationsstörungen, Gedankenunterbrechungen, Gedächtnislücken.

Niedere Geister sind darauf aus, Medien zu beherrschen und sich dort anzuhängen, wo eine Schwachstelle in der Psyche dies zulässt, warnt A. Kardec. Inbesitznahme ist immer die Wirkung eines Zwanges. Kundgebungen eines solchen Mediums sollten in Zweifel gezogen werden (in: Das Buch der Medien, S.204). Schutzgeister ziehen sich dann zurück, wenn ihnen keine Beachtung zuteil wird. Damit überlassen sie dunklen Wesen das Feld.

Die Herrschaft niederer Geister über Medien gehört zu den gefährlichsten Klippen bei der praktischen Ausübung des Spiritismus. Umsessenheit oder Besessenheit liegen immer dann vor, wenn ein Medium sich von einem hartnäckigen Geist nicht befreien kann. Permanent bedrängt der Geist das Medium, um eine andauernde Verbindung herzustellen. Manchen Geistwesen gelingt es mit der Zeit, den Willen des Opfers zu schwächen und weitgehend auszuschalten. Ab diesem Zeitpunkt sind sie in der Lage, Zwang auf ihr Opfer auszuüben und es dazu zu treiben, ohne eigene Willensbekundung zu handeln, zu reden, ungewollt bestimmte Aufträge auszuführen, etc.

Jede Form von Spiritismus, die gegen gewisse Grundregeln verstößt, enthält das Risiko, von Geistern umlagert oder besessen zu werden. Da viele praktizierende Okkultisten diese Risiken nicht kennen, haben unsichtbare Wesen wenig Mühe, sie zu manipulativen Zwecken zu missbrauchen. Grundsätzlich lässt sich sagen: Je weiter ein Teilnehmer in seiner Entwicklung fortgeschritten ist, desto zwangloser gestaltet sich die Kommunikation mit der geistigen Welt. Die Voraussetzung, um eine Brücke zu bauen zwischen den Welten, ist die lautere Gesinnung, - bei C. Castaneda als *Makellosigkeit* bezeichnet -, die solchen Aktivitäten seinen besonderen Charakter verleiht.

Spiritismus, obgleich prinzipiell eine gefährliche Angelegenheit, kann gleichsam auch eine positive Entwicklung in Gang setzen. Diese Doppeleigenschaft hat die Bewegung erheblich in Verruf gebracht.

Viele sensitive Menschen suchen einen direkten Kontakt zu Göttern und Geistern, um der allseits vorherrschenden Rationalität auf allen Gebieten mit spirituellen Erfahrungen zu begegnen. Zur Anwendung kommen dabei Quija-Bretter, Gläserrücken, Karten- und Handlesen, Channelings etc., obwohl die Möglichkeiten derartiger Kontakte von vielen Seiten nach wie vor angezweifelt werden.

Zu den spiritistischen Phänomenen in Séancen, wie Trancezustände, mediale Durchsagen, Klopftöne, Geistererscheinungen, Schweben oder Werfen von Gegenständen und dgl. bezieht H. Rudolph wie folgt Stellung: „Wir wissen wohl, dass viele der sogenannten spiritistischen Erscheinungen auf Betrug beruhen, und doch gibt es viele echte Phänomene. Der Umstand, dass es viele falsche Goldmünzen gibt, beweist doch nicht die Unmöglichkeit des Vorkommens von echten! Die Ableugner der Phänomene bezeugen nur ihr mangelhaftes Denken" (in: Mystik u. Okkultismus, S.23f.). Den spiritistischen Erscheinungen liegen geheime Kräfte zugrunde, die entweder in der jenseitigen Welt ihre Ursache haben, in Geistern und Naturwesen, oder in den Medien selbst. Auch von lebenden Adepten der okkulten Wissenschaften werden sie nicht selten in Szene gesetzt. Manche Vorstellungen gehen von einer alleinigen Verursachung durch Verstorbene aus, doch diese Annahme wird von verschiedenen Seiten kritisiert.

Okkulte Praktiken werden in der Bibel vehement abgelehnt als ‚Gräuel vor Gott'. Darunter fallen: spiritistischer Geisterkontakt, Zauberei, magische Beschwörungen und jede Form der Wahrsagerei (vgl.: 5.Mose, V.18, 9-10). Diese strikte Haltung hat sich inzwischen bei vielen gläubigen Christen stark gewandelt. Doch bereits das Studium magischer Literatur kann zu Problemen führen, wie W.O. Roesermüller mitteilt. Ein älterer Herr erzählte ihm, wie er nach entsprechender Lektüre von unsichtbaren Wesenheiten heimgesucht und schwer bedrängt wurde. Er fürchtete sich vor dem Zubettgehen, denn nachts befiel ihn das quälende Empfinden, erdrosselt zu werden.

Der Forscher Dr. F. Quade berichtete Roesermüller ebenfalls von seinen persönlichen Erfahrungen mit der Geisterwelt. Er erlebte eine Zeit der Hellhörigkeit, in der es ihm zur Gewissheit wurde, dass Jenseitige die Menschen ständig umgeben (S.7f.). Die Geisterwelt nahm Kontakt mit F. Quade auf. Aus dem anfänglich freundschaftlichen Verhältnis entwickelte sich nach einiger Zeit ein Alptraum. Bösartige Verhaltensweisen auf Seiten der Geisterwelt werden von Quade bitter beklagt: „Keine Sekunde hatte ich Ruhe. Sie überstürzten sich in ihren Reden, einer löste anscheinend den anderen ab, fing ganz vernünftig an und endete in Sinnlosigkeiten. *Es kam ihnen nur darauf an, meine Aufmerksamkeit zu fesseln und meinen Geist zu verwirren und zu ermüden,* so dass ich nicht mehr die Konzentrationskraft fand, mich durch Arbeit, Lektüre oder Gespräche eine Weile ganz vom Zuhören zu befreien.

In dieser Zeit, – zum Glück waren es nur zwei bis drei Tage, – klang es besonders abends und in der Nacht, wenn ich im Bette lag, mit atemberaubender Schnelligkeit: ‚Du wirst verrückt, wir bringen dich ins Irrenhaus, aller Widerstand ist zwecklos, du wirst durch Selbstmord enden, du wirst Gift nehmen, du wirst nicht mehr arbeiten können, du wirst nicht mehr schlafen können, das hält kein Mensch aus. Schon viele sind so verrückt geworden... Dir hilft keiner. Du denkst, du wirst dich bei Sachverständigen erkundigen. Die wissen alle nichts. Du musst sterben, du musst verrückt werden. Wir quälen dich zu Tode' usw." Selbst anfänglich freundliche, gütige Stimmen verwandelten sich nach kurzer Zeit in Quälgeister. Ein Täuschungsmanöver ohnegleichen war im Gange.

Die Theosophische Gesellschaft, die okkulten Phänomenen gegenüber im Allgemeinen eine aufgeschlossene Haltung an den Tag legt, warnt dennoch davor, in schwarzmagische Praktiken abzurutschen. Die theosophische Lehre geht von der Existenz unsichtbarer Wesen, von Geistern und Elementarwesen aus, die verschiedene Grade von Intelligenz aufweisen. H.P. Blavatsky, die Gründerin der theosophischen Gesellschaft, behauptete von sich, mit Verstorbenen kommunizieren zu können. Bei Blavatsky machte sich bereits in früher Kindheit eine mediale Begabung bemerkbar. Später während ihrer vielen Reisen war sie eifrig bemüht, spiritistische Gesellschaften ins Leben zu rufen. Ihre medialen Fähigkeiten traten immer mehr in den Vordergrund, so dass sich, unabhängig von ihrem Willen, überall in ihrer Gegenwart spukhafte Phänomene ereigneten. „Ich weiß selbst nicht, was für eine unheilvolle Macht das ist", sprach sie, „sie hat sich mir aufgedrängt, von Amerika habe ich sie mitgebracht. Das will nicht viel heißen, dass es fortwährend um mich herum klopft und klingelt; aber die Gegenstände fangen an, von der Stelle zu rücken, emporzuschweben, ohne Sinn und zwingenden Grund. Außerdem macht mir diese Kraft vollständig klare Mitteilungen, mischt sich durch Klopfen in meine Gespräche, antwortet auf gestellte Fragen und errät sogar Gedanken. Es ist ein wahrer Teufelsspuk!" (vgl.: L. Ruge, S.5f.).

Eigenen Angaben zufolge stand H.P. Blavatsky unter der Leitung geheimer Meister, die ihre Schriften und Entscheidungen überwachten. „Man kann die okkulte Wissenschaft nicht studieren und aus ihr Vorteil ziehen, wenn man sich ihr nicht gänzlich hingibt - mit Herz, Seele und Körper. Einige von ihren Wahrheiten sind für das Durchschnittsgemüt zu schrecklich, zu gefährlich. Keiner kann mit solch schrecklichen Waffen ungestraft tändeln und spielen" (in: Praktischer Okkultismus, S.101). An diesem Beispiel zeigt sich, wie Spukphänomene bei Menschen entstehen, die eine Verbindung mit niederen Wesenheiten, die sich der Kontrolle entziehen, unterhalten. Je länger die Verbindung dauert, desto ungehemmter und auffälliger entfalten sich die Kräfte.

Im Verlauf der folgenden Jahre gelang es Blavatsky, die Herrschaft über die okkulten Kräfte zu erlangen, nachdem sie die wahre Ursache der Phänomene erkannt hatte. Nun entwickelte sie sich zu einer Gegnerin des Spiritismus. Nachdrücklich wies sie auf die Schädlichkeit der Phänomene hin: Sie treiben einen Menschen dazu, dunkle Mächte anzurufen und sich in den Dienst der schwarzen Magie zu begeben. Sie lehnte daher einen ‚platten Spiritismus' ab mit den Worten: *„Die erfolgreichsten Medien haben alle in Bezug auf geistige und körperliche Gesundheit Schaden gelitten"* (vgl.: Der Schlüssel zur Theosophie).

Dennoch betätigten sich etliche führende Theosophen als praktizierende Okkultisten. Die Warnungen vor jeder Form des Okkultismus lassen die Praktiken der Theosophie in einem gefährlichen Licht erscheinen. H.E. Miers behauptet in seinem *Lexikon des Geheimwissens*, der führende Theosoph C.W. Leadbeater habe intensive okkulte Forschungen betrieben und sogar seine Mitarbeiterin Annie Besant in einer Art ‚okkulter Haft' gehalten, wodurch sie völlig unter seinen Einfluss geraten sei (S. 371).

H.P. Blavatsky hingegen verkehrte fortan mit anderen Mächten. Sie gab vor, mit den *Meistern der Weisheit* oder Adepten in Tibet und Ägypten in Verbindung zu stehen, welche über dieselben und sogar noch höhere geistige Kräfte verfügten (vgl.: Ruge, L., S.8). Diese ‚Meister' benannte sie als die Urheber ihrer Werke.

Medien, die davon überzeugt sind, nur Offenbarungen aus rein geistigen Sphären zu erhalten, geraten manchmal unbemerkt in eine Wegrichtung, die mit ihrem anfänglichen Zielen nicht mehr viel gemein hat. Auf diese Möglichkeit macht Bo Yin Ra aufmerksam, wenn er schreibt, es kann „zu einer verhängnisvollen Umkehrung der Zielrichtung führen, wenn der Suchende glaubt, die geheimnisvolle Wirkung ihm verborgener erdgebundener Kräfte als Äußerungen höchster Geistesregionen ansprechen zu müssen..." (in: Okkulte Rätsel, S.X). Die Art und Herkunft solcher verborgener Erdenkräfte ist häufig unklar. Diese Kräfte können sich als nützliche Diener erweisen, die der Entwicklung förderlich sind, wenn sie als solche erkannt und eingesetzt werden.

Okkulte Übungen, die intensiv betrieben werden, wecken geistige Kräfte und ziehen Wesen aus der umgebenden Astralwelt an. Sobald mit der Anwendung okkulter Kräfte Missbrauch getrieben wird, zeigen die Geister eine feindselige Haltung. Sie erzeugen allerlei Sinnestäuschungen und erwecken falsche Hoffnungen. Im Extremfall bringen sie ihre Opfer um den Verstand oder treiben sie in den Selbstmord.

H.P. Blavatsky bezeichnet die ‚okkulten Künste' als Irrweg, sofern diese nicht mit mystischen Offenbarungen einhergehen. Außergewöhnliche Sinneswahrnehmungen verführen dazu, sich ihnen intensiv zuzuwenden. Die Wahrnehmungen führen in einen Zustand der Schwingung, des Wechsels, falls es an der inneren Festigkeit mangelt. Eine Verbindung zu astralen Wesenheiten findet statt, meist unbemerkt von den Medien.

Das Ziel der menschlichen Entwicklung liegt nach Ansicht von H. Rudolph nicht darin, mediale Fähigkeiten zu entwickeln. In der Mediumschaft sieht er die Verehrung und Anbetung von Astralgeistern, deren Mitteilungen nicht einmal zuverlässig sind (vgl.: Gefahren des Okkultismus, S.15). Selbstsüchtige Beweggründe verdunkeln die astrale und mentale Natur des Menschen. Er wird taub für vernünftige Argumente und auch die warnende Stimme in seinem Innern kann ihn nicht mehr erreichen.

Eine erhebliche Anzahl von Medien verfügt über eine erweiterte Wahrnehmung: Sie sind fähig, die Gedanken anderer Menschen zu lesen, sehen Dinge, die in der Ferne geschehen, können Auskunft geben über Vergangenes und Zukünftiges und einige gebieten sogar über magische Kräfte. Dies alles setzt H. Rudolph nicht in Erstaunen, denn in der Astralwelt existiert „keine räumliche Trennung; der in dieser Welt bewusst Lebende ist in Bezug auf die Gegenwart nahezu allwissend." Astrales Hellsehen ist noch lange keine Weisheit. Erst nach der Reinigung der astralen Natur offenbart sich die formlose Welt, aus der alle Weisheit kommt.

Vor spiritistischen Praktiken warnt eindringlich W.O. Roesermüller: Niedere Geistwesen nutzen die Leichtgläubigkeit der Sitzungsteilnehmer aus, indem sie ‚religiöse Offenbarungen' übermitteln oder Botschaften von Verstorbenen, etc. Der Besuch einer spiritistischen Sitzung kann selbst akademisch gebildete Besucher gegen deren Willen unter fremden Einfluss bringen. Die ‚Durchgaben' werden häufig von den Teilnehmern der Séancen kritiklos akzeptiert. Doch kaum jemand weiß, wie man die Geister, die sich aufdrängen, wieder loswerden kann. Doch selbst die niedere Geisterwelt dient zur Belehrung, behauptet Roesermüller. Höher entwickelte Wesen beaufsichtigen die niederen Geister und warnen vor Irrtümern.

Geheimes Wissen zieht viele Menschen an. Die Aufgabe jedes Einzelnen bleibt es, den Dingen selbst auf den Grund zu gehen, anstatt unsichtbare Helfer zu befragen. Die Beantwortung mancher Fragen steht den Geistern nicht zu; hierzu zählt u.a. die Beratung in materiellen Dingen. Zwar erhalten Menschen, die sich in Schwierigkeiten befinden, Inspirationen aus dem geistigen Raum, doch die Verantwortung für ihr Tun wird ihnen nicht abgenommen.

Spukerscheinungen

„Wenn die Götter ihr verjagt, kommen die Gespenster."
Emanuel Geibel

Von außen kommende geistige Einflüsse, die auf die Psyche oder den Körper eines Menschen einwirken, werden in der okkulten Literatur als Umsessenheit, Umlagerung, Infestation oder Spuk bezeichnet. Aus Fußböden und Wänden ertönen klopfende Geräusche; Berührungen durch unsichtbare Hände werden gespürt; Stimmen sprechen aus dem Nichts, Musikinstrumente spielen ohne ersichtliche Ursache; kalte Luft weht durch den Raum etc.

Psychokinetische Erscheinungen, für die Parapsychologen den Begriff *Poltergeist* verwenden, zeichnen sich durch eine bemerkenswerte Vielfalt aus: Haushaltsgeräte bewegen sich ohne ersichtlichen Grund, Steine und Schmutz werden durch die Luft geschleudert, verschiedenartige Geräusche ertönen (Klopfen, Pfeifen, Singen, Sprechen u.a.); verschiedene Gegenstände werden auf mysteriöse Weise aus geschlossenen Räumen, aus Schränken und Schubladen hinausbefördert (Teleportation).

Okkultisten führen die Spukphänomene auf die Anwesenheit von Geistwesen zurück. Die Geister halten sich unsichtbar, aber dennoch zeitweilig deutlich spürbar, in der Umgebung einer Person oder eines Gebäudes auf. C.G. Jung beschreibt in seiner Autobiographie *Erinnerungen, Träume, Gedanken*, wie er in einer bestimmten Episode seines Lebens in seinem Haus die Anwesenheit von Geistern spürte und ihre Stimmen hörte. Andere Familienmitglieder im Haus hatten ähnliche Erlebnisse.

Neben eher harmlosen Spukerscheinungen kommt es auch zu schwerwiegenden Angriffen, die für das Opfer zu einer immensen Belastung werden. Manche Wissenschaftler vertreten die Ansicht, dass Poltergeistphänomene mit heftigen verdrängten Emotionen einer bestimmten Person in Verbindung stehen.

Umsessenheit macht sich bemerkbar durch:
♦ Deutlich spürbare, unsichtbare Angriffe, wie z.B. die Empfindung, Schlägen oder Stichen ausgesetzt zu sein, erdrosselt zu werden, etc. Die Attacken können auch deutlich sichtbare Zeichen hinterlassen;
♦ Energie wird entzogen; damit einhergehendes Schwächegefühl;
♦ das Empfinden, von unsichtbarer Hand einen Stoß zu erhalten; die Beine werden plötzlich weggezogen;
♦ der Eindruck, daran gehindert zu werden, einen Raum zu betreten oder zu verlassen; an eine Stelle festgebannt zu sein;
♦ unerklärliche Funktionsstörungen bei elektrischen Geräten.

Umsessenheit oder Spukerscheinungen sind Anzeichen dafür, dass Geistwesen unter Umständen befähigt sind, auf die Materie und auf Personen einzuwirken.

Zum **Spuk** werden gezählt:
◙ Unsichtbare Stimmen, die im Raum oder in der Umgebung zu hören sind;
◙ Gegenstände, die sich durch die Luft bewegen, verschoben werden oder auf unerklärliche Weise verschwinden;
◙ Klopfzeichen, die aus den Wänden oder dem Fußboden zu kommen scheinen.

Personengebundener Spuk

„Um einen ‚Spuk' zu erleben, muss man im Allgemeinen leicht mediumistisch veranlagt sein", erklärt Dion Fortune, die seinerzeit Leiterin einer Loge und Mitglied in der Theosophischen Gesellschaft war (in: Selbstverteidigung mit PSI). Personen, die nicht sensitiv veranlagt sind, bleiben weitgehend unberührt, sofern die Beeinflussung nicht gewisse Grenzen überschreitet. Für die Ursache der Störungen werden körperlose Seelen verantwortlich gemacht, die im nachtodlichen Zustand mit den Verhältnissen im Astralreich nicht klarkommen. Auch Seelen, die sich zu Lebzeiten okkultes Wissen angeeignet haben und stark erdgebunden sind, suchen nach irgendeiner Form von Beziehung, um gewisse Wünsche durch den Körper einer lebenden Person befriedigen zu können.

Dion Fortune beschreibt Materialisationen einer okkulten Kraft, die als *Umsessenheit* bezeichnet werden können: Laute Geräusche sind zu hören, wie bspw. Dröhnen, Knarren, glockenähnliche Töne, Klagelaute und Worte, die vom inneren Ohr wahrgenommen werden. Kugeln aus leuchtendem Dunst tauchen auf aus dem Nirgendwo und schweben wie Seifenblasen durch den Raum. „Sie können jede Größe von bloßen Lichtpunkten bis zu beträchtlicher Dimension haben", erläutert die Autorin (S.200). Weißlich-graue Wolken werden sichtbar, die säulenartig aufsteigen wie Rauch. Gegenstände werden umgeworfen oder durch den Raum geschleudert. Seltsame Gerüche verbreiten sich.

Umsessenheit ist häufig die Vorstufe zu der eigentlichen Inbesitznahme, der Fremdbeeinflussung von innen. Heftige okkulte Phänomene in der Umgebung können demzufolge als Warnung aufgefasst werden. Als Ursachen für Spuk und Umsessenheit werden vor allem okkulte Praktiken und Götzendienst genannt. Hierzu werden gezählt: Mitgliedschaft in okkulten Zirkeln, Lektüre von Büchern über Magie und Zauberei, Besitz von Fetischen und Kultgegenständen, spiritistische und magische Praktiken, etc. (Vgl.: Internet: Besessenheit: Fremdeinflüsse.)

Einigen medialen Menschen gelingt es, einen vorübergehenden Kontakt zu Geistwesen zu unterhalten ohne weitere Vorkommnisse, während andere über Jahrzehnte hinweg – entgegen ihrem eigenen Wollen – heimgesucht werden. Die geistige Freiheitsberaubung, die in solchen Fällen stattfindet, kann als eine Art ‚Läuterung' aufgefasst werden. Infolge einer schweren Belastung in der Vergangenheit ist der geistige Schutz diesen Menschen abhanden gekommen. Daraus resultiert eine Anfälligkeit für Störungen aus der niederen Geisterwelt.

Wie kann einer bedrängten Person geholfen werden? Verschiedene Möglichkeiten kommen in Betracht:

- Eine gewissenhafte Erforschung der Ursachen;
- Veränderung der inneren Einstellung und des Lebensstils;
- die Bitte um intuitive Erkenntnis der verborgenen Ursachen und des Zweckes der Belästigung;
- ersuchen an die geistige Welt, einen Helfer zu senden, der Schutz gewährt,

- die Hinzuziehung eines hellsichtigen Mediums bzw. die Unterstützung einer spirituellen Gruppe.

In einigen Fällen verschwinden Spukphänomene nach einer Weile von selbst. In jedem Fall ist es daher geboten, unter allen Umständen die Ruhe zu bewahren und keine vorschnellen Entschlüsse zu fassen.

Der Autor B. Grattan, der selbst mediale Texte empfängt, berichtet über ein weibliches Medium, das von verschiedenen Geistwesen Informationen erhält. Nach der Rückkehr von einer Australienreise hat sie den starken Eindruck, von Energiewesen umgeben zu sein. Die Wesen machen sich bemerkbar, indem sie das Licht ein- und ausknipsen, den Fernseher abschalten und dgl. mehr. Diese Energiewesen befinden sich nach Auskunft der Geistführer angeblich in der vierten Dimension und waren nie fähig, in die dritte Dimension zu gelangen. Es sind neugierige Geister, insbesondere im Hinblick auf den Bereich Elektrizität. Einige sind eifrig dabei, die ‚Verdrahtungssysteme' des Planeten Erde zu erkunden. Andere sind interessiert an elektrischen Geräten oder befassen sich eingehend mit dem Zirkulationssystem im menschlichen Körper. Sie konnten dies anscheinend vorher noch niemals erforschen und holen das jetzt nach!

Weshalb die von Grattan als ‚Freunde' bezeichneten Wesen an diesen Themen besonderes Interesse finden, wird leider nicht klar. Etwa, um zukünftigen Spuk effektiver gestalten zu können? Oder um Einfluss auf den menschlichen Körper nehmen zu können? Jenseitigen Mächten gelingt es, wenn sie auf vertrauensvolles Entgegenkommen stoßen, an alle möglichen Informationen zu gelangen und sogar über ein menschliches Medium in das Diesseits hineinzuwirken.

Ortsgebundener Spuk

Die traumatisierten Geister sind dort gefangen,
wo sie am meisten gelitten haben.

Spukerscheinungen, bei denen ein bestimmter Ort der Brennpunkt von ungeklärten Manifestationen ist, gelten als *ortsgebundener Spuk*. Die Phänomene bleiben an einen Ort gebunden. Ein Geist vollzieht bestimmte wiederkehrende Handlungen, an die zu seinen Lebzeiten äußerst starke Emotionen geknüpft waren. Diesen Emotionen liegen z.B. schwere Unfälle, Selbstmord, Verrat, Mord, etc. zugrunde. Im nachtodlichen Zustand bleibt die starke Emotion, deren Ursache meist die Beendigung des Lebens zur Folge hatte, unvermindert bestehen. Daher wiederholt die Seele den dramatischen Vorfall in endloser Folge, um letztendlich frei davon zu werden.

Ein Gespenst ist ein Wesen, das in einem Geschehnis feststeckt und darauf wartet, erlöst zu werden, behauptet L.Kin. Oft liegen die Ursachen in der fernen Vergangenheit, weshalb es nicht leicht ist, diese zu ergründen.

Als Ursachen kommen infrage:

- Einweihungen in okkulte Orden,
- Gelübde, die mit Astralgeistern in Verbindung stehen,
- Verträge mit der Geisterwelt,
- Ausübung schwarzmagischer Praktiken,
- Traumatische Erlebnisse, die zum Tode führten.

In solchen Fällen ist schwer abzusehen, mit welchen Mitteln und in welchem Zeitraum eine Befreiung möglich ist. Selbst über Störungen, die ihre Ursache in einem früheren Erdenlehen haben, wird berichtet.

Telekinese

Nicht immer hat ein Spuk äußere Ursachen. Auch menschliche Energien können sehr konzentriert auftreten, so dass sich Gegenstände ohne sichtbare Einwirkung von außen in Bewegung setzen. Dieses Phänomen wird als *Telekinese* oder *Psychokinese* bezeichnet (vgl.: E. Jacobi, S.78f.).

Psychokinese ist die Fähigkeit, die materielle Umgebung durch Gedankenkraft, ohne körperliche Betätigung, zu beeinflussen. Ein Beispiel hierfür ist die *Levitation*, wobei ein Körper die Schwerkraft überwindet und in der Luft schwebt; ein anderes die *Bilokation*, bei der eine Person an zwei Orten gleichzeitig erscheint. Von katholischen Heiligen wurde wiederholt berichtet, dass ihr physischer Körper an zwei verschiedenen Orten zur gleichen Zeit gesehen wurde. *Geistheilung* ist die Fähigkeit, aus der Entfernung auf den Gesundheitszustand von Patienten Einfluss zu nehmen.

Manchmal wird *Telekinese* von bestimmten Personen unbewusst und damit unkontrolliert ausgeführt. Dann kann es geschehen, dass elektrische Geräte plötzlich nicht mehr funktionsfähig sind, das Auto nicht anspringt oder in der Nähe ein Brand entsteht. Solchen Fällen ist häufig ein markantes Ereignis vorausgegangen, das mit geballten Emotionen aufgeladen war, wie z.B. eine heftige Auseinandersetzung. "Solche Emotionen sind pure Energie", betont D. Fortune, „und wenn aufgestaute Energie unbewusst ‚losgelassen' wird, kann es schon passieren, das Wanduhren stehen bleiben, Bilder von der Wand fallen oder der Kühlschrank kaputtgeht. Selten kommt man allerdings auf die Idee, dass man dies selbst ausgelöst haben könnte" (S.80).

Die Parapsychologie bezeichnet den gesamten Komplex als RSPK (Recurrent Spontaneous Psychokinesis = wiederkehrende spontane Psychokinese) und sucht die Verursachung allein bei den betroffenen Menschen. Diese Sichtweise ist allerdings nicht ausreichend, um sämtlichen Phänomenen gerecht zu werden. Sensitive Menschen sehen gelegentlich auf Friedhöfen eine Lichtgestalt über einem Grab schweben, wie J. Wandel ausführt. „Dieses feinstoffliche Duplikat vermag sogar bei den irdisch Hinterbliebenen zu poltern, oder sie durch Geräusche, Schaukeln eines Bildes an der Wand bzw. Stehen bleiben einer Uhr zu erschrecken. Esoteriker sprechen hierbei vom Ätherkörper, der während der irdischen Lebzeit die Vitalkräfte besitzt und der eigentliche Verantwortliche für die Gesundheit und die körperliche Leistungskapazität ist" (in: Das höhere Selbst, S.1). Kurz nach dem Tode gelingt es einigen Verstorbenen, sich bei ihren Angehörigen bemerkbar zu machen. Diese Kundgebungen aus dem Jenseits sind in der Regel nur von kurzer Dauer.

Die Auffassung, Spukphänomene allein auf menschliche unbewusste Energieausstrahlungen zurückzuführen, spiegelt die Hilflosigkeit der Naturwissenschaft und der Parapsychologie wider. Angesichts der weltweit auftretenden Phänomene und massiven Störungen, die mit großen Belastungen für die Betroffenen einhergehen, ist die Parapsychologie keine echte Hilfe. Viele Spukerscheinungen sind den Phänomenen verwandt, die in spiritistischen Sitzungen in kontrollierter Form auftreten. Der wissenschaftliche Nachweis ihrer Existenz wird durch das spontane und nicht vorhersagbare Auftreten von Spukerscheinungen erschwert. Die Phänomene zeigen eine Tendenz, sich immer weiter zu verstärken und über lange Zeiträume hinweg bestehen zu bleiben.

Echte Spukphänomene sollten zum Anlass genommen werden, die Ursache der Störungen zu ergründen. Die Erforschung der Ursachen und die daraus gezogenen Konsequenzen wären wichtige Voraussetzungen, um den Erscheinungen auf den Grund zu gehen.

Spukphänomene sind Warnzeichen, die nicht ignoriert oder bagatellisiert werden sollten, denn sie stellen nicht selten eine Vorstufe dar zu einer manifesten Inbesitznahme. Die Klärung der Ursachen ist keine leichte Aufgabe, denn diese liegen oft im Dunkeln und ihre Entstehung kann weit in der Vergangenheit liegen. Initiationen in okkulten Orden oder Verträge mit der jenseitigen Welt spielen häufig da hinein.

Wird ein hellsichtiges Medium um Hilfe und Aufklärung gebeten, dann ist sorgfältig zu prüfen, welche geistigen Kräfte im Spiel sind. Wenn keine angemessenen Maßnahmen gegen die Spukphänomene ergriffen werden, dann treten sie mit steigender Heftigkeit auf. Bei Spukphänomenen, die sich nur geringfügig bemerkbar machen, zahlt es sich aus, die Nerven zu behalten. In diesem Fall verschwindet der Spuk nach kurzer Zeit von selbst.

PSI - Angriffe

Negative Energien können nur da wirksam
werden, wo sie eine Angriffsfläche finden.

Der menschliche Organismus ist kein geschlossenes Gefäß; ständig wird Energie aufgenommen und abgegeben. Das Bewusstsein ist nicht so abgeschlossen, wie es scheint. Unsichtbare Kräfte zirkulieren wie Seewasser durch einen Schwamm. Jeder aufkommende Gefühlszustand wird von außen verstärkt; ein Funke entsteht im Innern, und der Kosmos liefert den Brennstoff.

In China gilt die Lebenskraft *Qi* als Naturkraft, die das gesamte Universum und auch die Menschen durchströmt. Der unmittelbare Ausdruck dieser sowohl geistigen als auch physischen Energie ist der Atem. Die Eigenschaften dieser Energie sind bisher noch wenig bekannt.

Die westliche Wissenschaft hat sich bislang wenig mit den im Körper zirkulierenden Energien befasst. Bis vor nicht allzu langer Zeit wurde streng zwischen Geist und Materie unterschieden; dem Bewusstsein wurde lediglich als Begleiterscheinung der Gehirnaktivität eine Rolle zuerkannt. Erst in den vergangenen Jahrzehnten wandelte sich diese Ansicht in den Neurowissenschaften. Langsam wird akzeptiert, dass das Bewusstsein eine kausale Wirkung auf den Körper ausübt und sogar über den Körper hinaus Wirkungen erzielen kann.

Die Wissenschaft weiß bis heute nicht, was Qi eigentlich ist. Vieles deutet daraufhin, dass subtile Energien, die mittels körperlicher und geistiger Übungen gesteuert werden können, die lebenden Körper und den Kosmos durchströmen. Eines der Rätsel bleibt, weshalb sich die Wirkungen über große Entfernungen hinweg nicht abschwächen. Alle in der Physik bekannten Kräfte nehmen mit der Entfernung ab. Keine physikalische Kraft kann frei über die Zeit hinweg wirken, ohne sich zu verändern, außer einer, die unter verschiedenen Bezeichnungen bekannt ist.

Der verborgene Teil der Natur, der in kaum merklichen anomalen Einflüssen zutage tritt, wird als PSI bezeichnet. PSI umfasst außersinnliche Wahrnehmungen wie: Telepathie, Hellsehen, Präkognition, außerkörperliche Erfahrungen und Psychokinese (die Beeinflussung der materiellen Welt durch psychische Kräfte). Ein stark erweitertes Modell der Realität wird benötigt, um diese Wirkungen zu erklären.

Das menschliche Bewusstsein spielt eine aktive Rolle in der Erfahrung der physischen Realität. Es scheint, als ob das Bewusstsein in der Lage ist, seinen Einfluss über Raum und Zeit hinweg auszuüben. Das Phänomen der okkulten Angriffe (= PSI-Angriffe) kann ein Licht werfen auf die Möglichkeiten der Fernwirkung von Gedankenkraft. Ausführlich hat sich Dion Fortune mit PSI-Angriffen befasst. Aus eigener Erfahrung gelangte sie zu fundierten Kenntnissen, die sie in ihrem Buch *Selbstverteidigung mit PSI* detailliert dargelegt hat.

Das Thema *PSI-Angriffe* gehört zum Kreis des Geheimwissens, das in der Regel von Adepten hinter verschlossenen Türen streng gehütet wird. Das geheime Wissen wurde von D. Fortune eigenen Angaben zufolge „nicht ohne Preis erworben". Sie erwarb das

Wissen „im Laufe vieljähriger Erfahrung über die seltsamen Umwege der Seele..., die den Mystiker wie den Psychopathen auszeichnen" (S.21). Dieses gefährliche Wissen gilt es ihrer Auffassung nach zu schützen. Nur soviel kann davon preisgegeben werden, um anderen Menschen Hilfestellung zu gewähren.

D. Fortune kannte PSI-Angriffe aus eigener leidvoller Erfahrung. Sie gelangte zu der Einsicht, „dass PSI- Angriffe weit häufiger vorkommen, als allgemein angenommen wird, auch selbst von Okkultisten. Sicherlich hat die Allgemeinheit überhaupt keine Vorstellung von der Art der Dinge, welche von den Menschen gemacht werden, die Kenntnis über die Kräfte der menschlichen Seele haben und sie auszubeuten wissen" (S.22).

Opfer von PSI-Angriffen zum Sprechen zu bringen, ist nicht leicht, da diese im Allgemeinen:

- kaum auf Verständnis stoßen;
- ihre Glaubwürdigkeit sogleich infrage gestellt wird,
- es schwierig finden, Zeugnis über diesen Eingriff in ihre Persönlichkeit abzulegen;
- in den Ruf mentaler Labilität geraten.

D. Fortune befasste sich eingehend mit dem Studium des Okkultismus, um zu einem Verständnis der verborgenen Aspekte der Seele zu gelangen. Ihr war daran gelegen, die Verbreitung des okkulten Wissens voranzutreiben. Die Seele ist weitaus vielfältiger strukturiert, als bisher vermutet wurde. Wissenschaftliche Theorien werden der menschlichen Seele nicht in allen Punkten gerecht. In unserer Mitte geschieht vieles unerkannt, daher ist es an der Zeit, die Kräfte, die eine potentielle Gefahr darstellen, zu erforschen. „Diese Dinge sind die Krankheiten des mystischen Lebens; und wenn sie besser verstanden würden, könnten viele Tragödien abgewendet werden" (S.33).

Der Autorin war es ein Anliegen, die Augen *„für die Art der Kräfte zu öffnen, die unter der Oberfläche des täglichen Lebens am Werk sind. Jedem von uns kann es passieren, dass er durch die* *dünne Schicht der Normalität bricht und sich Auge in Auge mit diesen Kräften wieder findet.*"

In der Sowjetunion existiert bereits seit Jahrzehnten eine umfangreiche PSI-Forschung. In den USA kam 1997 das geheime US-Programm *Stargate* an die Öffentlichkeit, das für den Einsatz von PSI-Agenten während des kalten Krieges verantwortlich war. Dabei wurde ein Schwergewicht auf *Remote Viewing* (Fernsicht) gelegt. Westliche parapsychologische Institute erhalten regelmäßig Berichte von Leuten, die unter paranormaler gedanklicher Beeinflussung leiden. Vor noch nicht allzu langer Zeit wurden derartige Beschwerden als pathologisch eingestuft oder als Einbildung abgetan.

Experimente einer parapsychologischen Forschungsstätte in San Antonio, USA lieferten Beweise dafür, dass die sogen. ‚PSI-Angriffe' tatsächlich existieren. (Vgl.: D.S. Rogo in: Esotera 02.1985.) In der US *Mind Science Foundation* in Texas wurden in den 80er Jahren des 20. Jhdts. die Möglichkeiten der Fernwahrnehmung, der Psychokinese und des paranormalen Heilens erforscht. Speziell die Möglichkeit paranormaler Heilungen machte Forscher auf paranormale Angriffe aufmerksam.

Die Forscher stellten folgerichtig die Frage, ob jemand den Körper einer anderen Person ähnlich wie beim Heilen auf negative Weise beeinflussen könnte. Dabei stellten sie Analogien zum paranormalen Heilen fest, indem sie aufzeigten, dass man bei Personen auch auf Distanz Reaktionen erzeugen kann. Es gelang ihnen, bei den Versuchspersonen galvanische Hautreaktionen hervorzurufen (S.123f.).

Die Tatsache, dass sich immer wieder Leute meldeten, die sich auf paranormale Weise beeinflusst fühlten, veranlasste die Forscher in San Antonio dazu, Selbstverteidigungsstrategien zu untersuchen. Individuen mit besonders sensitiven Antennen haben ein Gespür für den Einfluss unsichtbarer Kräfte. Manche dieser Kräfte konzentrieren die sich an bestimmten Orten besonders stark. „Obwohl wir uns mitten durch diese Kräfte bewegen..., beachten wir sie normalerweise nicht." Sensitive Personen hingegen fühlen sich beeinträchtigt, werden nervös und geraten leicht unter Spannung, wenn besondere Kräfte wirksam sind.

Paranormale Botschaften können durch physikalische Barrieren weder abgeschirmt noch verhindert werden. Selbst dicke Mauern können eine telepathische Übermittlung nicht am Erreichen eines Ziels hindern. Dem Bewusstsein eines potentiellen Opfers können durch Fernwirkung Gedanken eingeflößt werden, die für Desorientierung, Verwirrung oder Depression verantwortlich sind. PSI-Angriffe können von Alpträumen und Alpdrücken begleitet sein. Eine schwere Last legt sich auf die Brust und erschwert das Atmen. „Ein Gefühl von Angst und Bedrückung ist sehr charakteristisch für einen okkulten Angriff und eines der sichersten Vorzeichen, die ihn ankündigen" (S.39).

Nervöse Erschöpfung und mentale Zusammenbrüche können als Folgen astraler Angriffe auftreten. Dion Fortune erwähnt das Phänomen der Reperkussion: *„Das, was dem feinstofflichen Körper geschieht, zeigt sich als Auswirkung auch im physischen Körper."* Nach einem ‚astralen Gefecht' werden bspw. blaue Flecken am Körper sichtbar. In ihrer Argumentation ist Dion Fortune eher zurückhaltend. Sie empfiehlt, die Möglichkeit einer natürlichen, materiellen Erklärung für ein scheinbar okkultes Geschehen niemals zu übersehen: „Andererseits sollten wir aber auch nicht an materialistische Theorien so sehr gebunden sein, dass wir eine PSI-Theorie als Arbeitshypothese ablehnen, wenn sie ein mögliches Ergebnis zeigt" (S 42). Wenn durch Heranziehen einer okkulten Hypothese ein Fall geklärt werden kann, der allen anderen Erklärungsversuchen trotzt, sollte man nicht zögern, die ungewöhnliche Deutung zu akzeptieren. „Weder in Krankheiten des Gehirns bzw. Nervensystems noch der Hormondrüsen, noch in der Unterdrückung der natürlichen Instinkte werden wir die Erklärung für alle jene Fälle finden, bei denen die Seele betroffen ist. Der

Mensch besteht aus mehr als Seele und Körper." Die Möglichkeit einer immateriellen Erklärung sollte demzufolge niemals außer Acht gelassen werden.

Der *Modus operandi* eines okkulten Angriffs, sein Wesen, kann in den Prinzipien der telepathischen Suggestion gefunden werden. Eine Suggestion spricht nicht direkt das Wachbewusstsein an, sondern zielt darauf ab, in das Unterbewusstsein einzudringen und von dort aus zu wirken. Suggestion übergeht die Zensur des Bewusstseins; sie ist „unabhängig vom Bewusstsein, das weder um Mitarbeit gebeten wird noch die Macht hat, sich zu weigern."

Die Fähigkeit einer Person, all seine mentale Kraft in einer negativen Energie zu konzentrieren und diese Energie auf ein bestimmtes Individuum zu richten, um Unheil zu stiften, ist kein leerer Wahn, behauptet E.G. Jussek (in: Das Perlennetz, S.75). Dennoch ist das Bewusstsein nicht hilflos ausgeliefert: „Wenn die Gedankensamen der Suggestion wachsen sollen, müssen sie einen geeigneten Boden finden. Hierin liegt die Stärke der Verteidigung. Wir können nicht verhindern, dass uns Suggestionen von andern gesandt werden, aber wir können das Erdreich unserer eigenen Natur so reinigen, dass Schadstoffe kein passendes Samenbeet finden", erklärt D. Fortune (S.46f.). Eine Suggestion erreicht nur dann ihr Ziel, wenn die Aufnahmebereitschaft in der Seele des Empfängers eine Reaktion hervorruft.

Zwei Tore existieren, durch die Angreifer Eingang finden in das Innere einer Person: der Selbsterhaltungstrieb und die Sexualität, erläutert die Autorin. „Ist diese Reaktion erreicht worden, dann ist die halbe Schlacht gewonnen; denn das Tor der Stadt wurde von innen geöffnet und gibt nun freien Eintritt. Die telepathische Suggestion bestimmter Vorstellungen kann nun schnell weitergehen. Dies ist der kritische Punkt bei jedem okkulten Angriff. Bis zu diesem Punkt ist der Verteidiger im Vorteil. Wenn er genügend Wissen hat... kann er ohne übermäßige Anstrengung auf unbestimmte Zeit diesen Vorteil wahren und seine Angreifer abweisen, auch wenn er ihnen auf dem Gebiet des okkulten Wissens nicht gewachsen ist. *„Nichts in dieser oder jener Welt kann ein Hypnotiseur mit einer Person anstellen, die ihre Nerven behält und ihm keine Beachtung schenkt"* (S.48).

PSI-Angriffe, die von lebenden Menschen ausgehen, können auf verschiedene Weise erfolgen, wie D. Fortune zeigt:

▶ Der Angreifer sendet seinen feinstofflichen Doppelgänger, seinen *Ätherkörper*, aus. Dieser gleicht dem physischen Körper aufs Haar. Das Doppel verfügt über magnetische Kräfte und über genügend Dichte, um Geräusche zu verursachen, Möbel umzustoßen, Tische zu bewegen, blaue Flecken zu hinterlassen etc.

▶ Mediale Personen sind zudem fähig, *Ektoplasma* auszusenden, einen Mittler zwischen dem physischen Körper und dem Ätherkörper. Das *Ektoplasma* wird als amorphe Nebelwolke erzeugt und von den Medien zu verschiedenen Formen umgestaltet. Ein feinstofflicher Faden verbindet die Form mit der aussendenden Person.

Da das Ektoplasma dem bewussten Willen unterliegt, kann es auch zu Angriffszwecken verwendet werden. „Ich habe von mehr als einem Fall gehört", erinnert sich D. Fortune, „dass blaue Flecke gleich Fingerabdrücken am Hals von Menschen gefunden wurden, die das Opfer eines astralen Angriffs geworden waren" (S.67f.).

▶ Telepathische hypnotische Suggestionen werden verwendet, um den Empfänger der Suggestion einer mentalen Kontrolle zu unterwerfen. Zur Verstärkung der Suggestionen werden *unsichtbare Vermittler* angerufen.

▶ In Gegenständen, mit denen eine Person lange in Kontakt war, wie z.B. häufig getragene Kleidungsstücke, sind die energetischen Ausstrahlungen der Person gespeichert. Sie können daher als Mittel der Beeinflussung dienen.

► Manchmal gibt sich ein Operateur aber nicht mit den genannten Formen der Beeinflussung zufrieden. Er zieht es vor, ein künstliches *Elemental* zu erzeugen, das er unter Einsatz seiner Willenskraft in eine bestimmte Form bringt. Elementale sind Gedankenformen, geschaffen von der Vorstellungskraft eines Magiers. Die konzentrierte Energie wirkt „gleich einem selbst steuernden Torpedo..., der sich in einem Bogen auf ein bestimmtes Ziel zu bewegt" (S.158).

Die *Elementale* führen eine gewisse zeitlang ein eigenes, unabhängiges Dasein, entsprechend der Konzeption ihrer Schöpfer. Die angewandte Kraft bei einem okkulten Angriff besteht aus einem energetischen Strom, hervorgerufen durch die mentale Konzentration des Operateurs. Die Kraft kann auch in einer Art ‚Akkumulator' gespeichert werden. Für diesen Zweck wird ein künstlich erzeugtes Elemental verwendet, ein Talisman o.ä., welches die Kraft aufnimmt. Angriffe dieser Art sind nur schwer nachzuweisen. Die Opfer spüren zwar deutlich die Beeinträchtigung, können aber ihrer Mitwelt ihre Leiden nur schwer vermitteln.

Psychische Angriffe erfolgen meist durch *Elementale,* deren Gestalt veränderlich ist. Sie können das Aussehen eines vertrauten Menschen annehmen, oder sie gleichen anderen Lebewesen, um das Opfer zu täuschen und dessen feinstofflichen Schutzschild unbehelligt passieren zu können. Die Aura wird von innen her durchbrochen, wenn die Schutzmechanismen versagen.

► Angreifer, die Menschen als Energiequelle benutzen, werden auch als *Astralvampire* bezeichnet (s.a. unter: Energie-Vampirismus). Diese Wesen sind mit menschlichen Gefühlen sehr vertraut und daher in der Lage, erheblichen Einfluss auszuüben. Sie sind darauf aus, ihre Opfer fest in den Griff zu bekommen, indem sie auf deren Gefühlswelt Einfluss nehmen. Leidenschaftliche Ausbrüche, Alkoholmissbrauch, fixe Ideen bis hin zu Wahnvorstellungen, werden von ihnen provoziert, wenn sich ein Opfer anfällig dafür zeigt. Das Ausleben menschlicher Leidenschaften sowie sexuelle Energien bilden die Nahrung für diese Wesenheiten. Sie sind deshalb darauf aus, sexuelle Ausschweifungen und starke Gefühlsreaktionen hervorzurufen und zu fördern.

► Astralkräfte, die durch magische Riten in Bewegung gesetzt wurden, wirken noch einige Zeit fort. Klosteranlagen, Kirchen und Pfarrhäuser sind potentiell stark mit PSI-Kraft geladen. Diese Kraft hat eine anregende Wirkung auf die feinstofflichen Zentren und erregt unterbewusste Kräfte. Sie verursacht u.a. Unruhezustände und Schlafstörungen. Weist ein Ort eine höhere energetische Ladung auf, als es der Gewohnheit entspricht, entsteht eine Spannung, die das psychische Gleichgewicht beeinträchtigen kann. „Der Gruppengeist einer religiösen Gemeinschaft ist sehr mächtig", erklärt D. Fortune (S.89). Kirchliche Rituale können als zeremonielle Magie aufgefasst werden, ein Umstand, der den Geistlichen in der Regel nicht klar ist.[9]

Merkwürdige Begebenheiten nach dem Tod eines nahen Verwandten sind keine Seltenheit. D. Fortune berichtet von dem Fall einer jungen Frau, die nach dem frühen Tod ihres Verlobten einen Nervenzusammenbruch erlitten hatte. In der Folgezeit stellten sich seltsame Erlebnisse ein, die ihre Verwirrung noch steigerten. Sie gab eine Schilderung der außergewöhnlichen Begebenheiten, denen sie in der Nacht ausgesetzt war: „Wenn ich mich zum Schlafen hingelegt habe, spüre ich, wie mein Körper allmählich jedes Gefühl verliert; es ist ein Gefühl, als ob ich langsam steif vor Kälte würde... In diesem Zustand kann ich

---

[9] Eine Freundin vom mir hat eine zeitlang in einem Haus gelebt, in dem Anhänger einer christlich-fundamentalistischen Sekte wohnten. Die Atmosphäre dort war derart unruhig und nervtötend, dass sie schon nach kurzer Zeit wieder auszog.

mich manchmal erheben und die Starre überwinden, aber nicht immer gelingt mir das... Ich habe alle möglichen Erfahrungen. Manchmal besuche ich fremde Länder und spreche mit Menschen, die ich nicht kenne. Manchmal stehe ich vor dem Ertrinken oder Fallen, aber dann erhebe ich mich in die Luft und fliege meilenweit, so scheint es mir" (S.83). Nach dem Aufwachen fühlte sie sich müde und abgespannt und es dauerte einige Zeit, bis sie sich bewegen konnte. Am Ende der nächtlichen Exkursionen hatte sie das Empfinden, als würde ‚Jemand' versuchen, sie an der Rückkehr in ihren Körper zu hindern!

Die Frau wurde mittels Telepathie behandelt und auch die Entität, mit der sie sich in Kontakt wähnte, wurde miteinbezogen. Nach einer Weile verschwanden die nächtlichen Störungen.

▶ Nicht immer hat eine PSI-Störung ihren Ursprung außerhalb der betreffenden Person. Gedankenformen, die erzeugt werden, Gedankenenergien, die jemand aussendet, kehren zum Sender zurück, es sei denn, sie werden von dem Objekt, auf das sie gerichtet sind, absorbiert.

Eine Erleichterung für erkrankte Menschen ist es, wenn es gelingt, die sie umgebenden Gedankenformen aufzulösen. Die Linderung ist allerdings nur von kurzer Dauer, solange die Ursache der Krankheit nicht behandelt wird, da in der Folgezeit erneut negative Gedankenformen erzeugt werden, die den zuvor erzielten Erfolg zunichte machen.

▶ Künstlerisch veranlagte Personen lieben den Kontakt zu elementaren Kräften, die eine Quelle der Inspiration für sie bedeuten. Diese Kräfte rufen leicht Irritationen hervor, da Menschen nicht mit ihnen harmonieren. Bergsteiger kennen bspw. den „sonderbaren Schrecken, mit dem die hohen Berge die Menschheit befallen können". Sie geraten dabei in eine merkwürdig beklemmende Stimmung und fühlen sich überwältigt von der unbändigen Kraft der Natur (S.101). Ein berühmtes Beispiel hierfür ist die Erzählung *Lenz* von Georg Büchner, der diese Stimmung in überaus eindrucksvoller Weise zu schildern wusste.

Pathologien des Wassers sind ebenfalls verbreitet. Manche Menschen verspüren den unaufhaltsamen Drang, immer weiter ins Meer hinauszuschwimmen, bis es für eine Umkehr fast zu spät ist. Andere können nur mit Mühe verhindern, von großer Höhe in die Tiefe zu springen. Dion Fortune rät daher sensiblen und anfälligen Menschen, Gebirgsgegenden und auch Meeresküsten zu meiden, um sich nicht den elementaren Kräften in ihrer konzentrierten Form auszusetzen.

▶ Auch Reisen in die Astralwelt, die auf manche Wanderer eine große Anziehungskraft ausüben, sind nicht ohne Gefahr. Begegnungen finden statt, mit denen der Reisende meist nicht gerechnet hat. Davon berichtet Pir Vilayat Inayat Khan: „Es ist eine sehr verlockende und sehr gefährliche Erfahrung, denn es ist möglich, dass man dem Angriff jener astralen Wesen, denen man begegnet, nicht begegnen kann und vollständig unter ihren Einfluss gelangt und von ihnen unterjocht wird. Viele Menschen haben es getan und fanden sich nicht mehr in der Lage, sich von diesen astralen Wesen zu befreien" (in: Der Ruf des Derwisch, S.75). Die Angriffsfläche für astrale Wesenheiten wird beträchtlich verkleinert, wenn der Reisende Kenntnis von ihnen hat und entsprechend gewappnet ist. Die wirkungsvollste Methode der Verteidigung gegen okkulte Angriffe und Anfechtungen ist es, die Nerven zu behalten und die konsequente Weigerung, darauf zu reagieren.

Während von wissenschaftlicher Seite in Europa die Beschwerden derjenigen, die sich paranormaler Beeinflussung ausgesetzt sehen, immer noch als Auswüchse der persönlichen Phantasie behandelt werden, kommen wissenschaftliche Forschungen in den USA zu anderen Ergebnissen, wie die parapsychologische Forschungsstätte in San Antonio, Texas, zeigt. Eine Wiedervereinigung von Spiritualität und Wissenschaft, von Intellekt und Intuition, könnte eine Veränderung in der Auffassung der PSI-Phänomene bewirken. PSI könnte als Ausdruck der menschlichen Fähigkeit gesehen werden, Körper und Geist auf einer tieferen Ebene mit der Umgebung zu verbinden und Einfluss zu nehmen.

Ein unsichtbares Band

Das magnetische Band beruht auf
Telepathie.

Menschen sind durch zahlreiche feinstoffliche Energie-‚Fäden' mit anderen Wesen und Aktivitäten verbunden. Jeder Kontakt erzeugt eine mehr oder minder starke und ausdauernde Verbindung; je intensiver und lang andauernder ein Kontakt sich gestaltet, desto stärker ist die Verbindung. Eine absolute Ungebundenheit und Freiheit existiert nicht. Ein Individuum kann sich nicht von allem, was ihn umgibt, lösen, denn überall herrscht das Gesetz der Anziehung.

Will eine Person von einem geliebten Menschen, Tier oder von einem begehrten Gegenstand Abstand gewinnen, dann gelingt ihr das am ehesten, indem sie sich an ein anderes Wesen oder einen anderen Gegenstand bindet, erklärt O.M. Aivanhov. Eine Befreiung ist vor allem dann möglich, wenn die andere Person gegenteilige Eigenschaften verkörpert, die der vorherigen Bindung in keiner Weise entsprechen. Das Gesetz lautet, *dass man immer das Gegenteil von dem suchen sollte, wovon man sich zu befreien trachtet.*

Sensitive Menschen, die sich aus dunklen Gefilden befreien wollen, sollten mit dem Licht arbeiten. Gelingt es ihnen nicht, sich positiven Einflüssen auszusetzen, dann nehmen sie negative auf und umgekehrt. Deshalb rät Aivanhov, sich mit höheren Geistkräften zu verbinden, um nicht unter den Einfluss negativer Kräfte zu

151

geraten. Gefährlich ist es, sich von etwas lösen zu wollen, bevor man sich an etwas anderes gebunden hat. „Wenn ihr in eurer Herz und euren Kopf nicht die höheren Wahrheiten hineinlasst, dringen andere ein und übernehmen den Platz, und dann wird es schrecklich. Kopf und Herz müssen also von einem sehr hohen Ideal, von den besten, edelsten, lichtvollsten Gedanken ,besetzt' sein." (In: Die Freiheit, Sieg des Geistes, S.77.)

Ehrgeizige Absichten jeder Art, auf die persönliche Hoffnungen gesetzt werden, wie z.b. der Wunsch nach materiellem Gewinn, sind Beweggründe, die Spottgeister gern zum Anlass nehmen, um sich Medien anzunähern und ihnen übel mitzuspielen. Uneigennützigkeit ist daher die beste Bürgschaft gegen Scharlatanerie. Medial veranlagte Personen, die kein ernsthaftes spirituelles Ziel verfolgen, geraten ebenfalls an untergeordnete Geistwesen, die sich an ein Medium binden und danach trachten, dauerhaft zu bleiben. Die regelmäßige Teilnahme an spiritistischen Sitzungen, das automatische Schreiben, der Empfang medialer Botschaften, erzeugen mit der Zeit ein unsichtbares Band zur jenseitigen Welt, das den Geistern die Möglichkeit gibt, immer deutlicher in Erscheinung zu treten. Es gelingt ihnen, sich fest in einem medialen Menschen zu verankern. Der Drang, sich mit übersinnlichen Themen zu befassen, nimmt mit der Zeit bei den Betroffenen immer mehr zu.

Nach einiger Zeit setzen die Wesen, die das Interesse einer Person geweckt haben, alles daran, den Kontakt weiter auszudehnen. Sie sind daran interessiert, sich unter allen Umständen zu verbinden und ein immer fester werdendes Band zu knüpfen. Tag und Nacht sind sie aktiv; vordergründig kommen sie als Tröster, die Freude und Leid des Menschen teilen. Sie nehmen Anteil an seinem Leben und ziehen die Aufmerksamkeit permanent in ihre Richtung. Da sie überaus intelligent und geschickt vorgehen, fällt ihnen dies nicht schwer. Die Abneigungen und Vorlieben eines Menschen, seine ganze Gedankenwelt, sind ihnen zugänglich und vertraut, da sie eine telepathische Verbindung zu ihm unterhalten. Sie können sich daher dem Innenleben jeder Kontaktperson weitgehend anpassen, weit mehr, als es einem normalen Individuum möglich wäre.

Eine intensive Beschäftigung mit der Geisterwelt verstärkt das Band zu jenseitigen Mächten und ermöglicht diesen, Energie daraus zu beziehen. Themen, die an der Oberfläche bleiben, werden nicht mit Energie versorgt. Daher sind die Geistwesen bestrebt, die Aufmerksamkeit des Mediums um jeden Preis auf sich zu ziehen. Mit der Zeit wird es immer schwieriger, diese Geistenergien, wenn sie einmal an Beständigkeit gewonnen haben, einfach zu ignorieren.

Die meisten Medien gehen in der Anfangszeit durch derartige Erfahrungen. Sie begegnen den unsichtbaren Entitäten mit unterschiedlicher Gefühlsintensität. Je öfter ein Medium die Verbindung aufnimmt, desto stärker stellen sich seine Energiezentren darauf ein. Eine *magnetische Kette* wird erzeugt, die den unsichtbaren Teil der Welt mit dem sichtbaren verbindet. Die magnetische Kette wird immer fester, je öfter eine mediale Verbindung zustande kommt. Dieses Band, das unendlich dehnbar ist, wird durch jeden Kontakt gehärtet. Es liegt an Jedem selbst, die Unterscheidung der Geister vorzunehmen und die Aufmerksamkeit und Sympathie höherer Geistwesen zu wecken.

Ein Geistwesen, das häufig mit einem Menschen in Kommunikation tritt, fühlt sich schließlich heimisch und beginnt, sich mit seiner Kontaktperson zu identifizieren. Die enge feinstoffliche Verbindung begünstigt mediale Mitteilungen. Die Wesen, denen daran gelegen ist, mit einem Menschen zu verschmelzen, weisen nicht immer die gleiche Schwingungshöhe auf. Ein Medium sollte daher sein Einverständnis zu einer Verschmelzung nicht geben, wenn Schwingungsungleichheit besteht; die Energien des Wesens sollten mit der eigenen Frequenz übereinstimmen.

Eine Person kann durch diese stete Verbindung sehr unangenehmen Einflüssen ausgesetzt sein. Ungewollte Beeinflussungen aufgrund einer permanenten feinstofflichen Verbindung werden selten als solche erkannt. Die Warnungen Bo Yin Ras lassen an Deutlichkeit nichts zu wünschen übrig: „Bewusst wird diese Beeinflussungsmöglichkeit von seiten gewisser okkultistischer ‚Geheimschulen' benutzt, indem der betreffende ‚Lehrer' durch eine ‚Schulung', die in nichts anderem besteht als in einer kontinuierlich gesteigerten Reihe mehr oder weniger verschleierter, hypnotischer Betäubungen seines Opfers, dieses allmählich so fest an sich bindet, dass von einer eigenen Willensentscheidung bei ihm kaum mehr die Rede sein kann" (in: Okkulte Rätsel, S.68). Der okkulte Lehrer, der seine Schüler auf diese Weise wirksam fesselt, nimmt fast dessen gesamte Aufmerksamkeit für sich in Anspruch, denn er will seine Macht und seinen Einflussbereich auf seine Anhänger stetig ausweiten.

Zwischen einer abträglichen und einer förderlichen Verbindung zu unterscheiden, ist nicht immer leicht. H. Rudolph geht soweit, eine Verbindung mit den höheren Welten, mit Göttern und Devas, generell abzulehnen, da der Mensch in einer solchen Vereinigung seine Individualität verliere. Anstatt sich mit der göttlichen Essenz zu vereinigen und Unsterblichkeit zu erlangen, erlebe der Gläubige, wie Devas von seinem höheren feinstofflichen Körper, dem Kausalkörper, Besitz ergreifen! Das sei der Grund dafür, weshalb einige Religionen die Anbetung von Göttern ablehnen.

Andererseits wird in etlichen esoterischen Schulen eine unsichtbare Verbindung zwischen Meister und Schüler erzeugt, um eine Kraftübertragung zu ermöglichen. Spirituelle Lehrer können machtvolle Übermittler von Energie und Weisheit sein. Fortgeschrittene Jünger sind jederzeit imstande, eine bewusste geistige Verbindung mit ihrem Lehrer herzustellen, selbst über große räumliche Distanzen hinweg. Sie werden durch ‚geistige Ströme' geleitet, sobald sie die Aufnahmefähigkeit hierfür entwickelt haben. Die geistige Kraftübermittlung soll das Innenleben transformieren und die Jünger befähigen, bei wachem Bewusstsein die geistigen Gefilde zu erreichen. Indem sich die Jünger ständig im Bereich der ‚magnetischen Ausstrahlungen' des Meisters befinden, hat dieser jederzeit die Möglichkeit, das geistige Wachstum eines Jeden in ganzem Umfang zu erkennen.

Einige spirituelle Schüler können allerdings die Verbindung zu einem Meister bzw. zu höheren Geistebenen nicht dauerhaft aufrechterhalten. Die von oben kommenden Ströme, die schädliche Einflüsse abzuwehren vermögen, werden unterbrochen. Dann können niedere Wesen sich unbemerkt einschleichen. Sind diese Wesenheiten in einen Menschen eingedrungen, kann er ihnen entgehen, indem er sich wieder mit Wesen der höheren Geistwelt verbindet. Ist der von oben kommende Strom stark genug, werden die niederen Wesenheiten zurückgedrängt. Falls es diesen Kreaturen gelingt, sich in einem Organismus zu verankern, dann nur, weil das betroffene Individuum ihnen keine genügend starke Kraft entgegengesetzt hat. Jemand, der von positiven Einflüssen durchdrungen ist, besitzt damit eine starke Abwehr gegen dunkle Wesenheiten.

Ein Geistesschüler, der von niederen Wesenheiten überfallen wurde, die seine Schwingung herabsenkten, wusste sich nicht an den *Strom* anzuschließen, bemerkt O.M. Aivanhov (in: Was ist ein geistiger Meister, S.115f.). Innerliche Zerrissenheit, Verwirrung und Unglück resultieren daraus. Höhere Geistwesen, die von einer lichtvollen Aura angezogen werden, bilden einen Schutz vor unerwünschten Einflüssen.

Diese sinnvolle und hilfreiche Verbindung gilt es zu unterscheiden von schädlichen Verkettungen. E. Haich macht dies am Beispiel der schwarzen und weißen Magie deutlich: „Der weiße Magier bindet seinen Schüler, wenn er ihm beim Vorwärtskommen helfen will, in der Form einer Acht an sich. Er lässt damit die Unabhängigkeit des Schülers unangetastet, weil auf diese Weise

Meister und Schüler im Mittelpunkt ihres eigenen Kreises bleiben und den Mittelpunkt bilden. Dagegen nimmt der Schwarzmagier seinem Jünger die Selbständigkeit, indem er ihn mit sich in einen Kreis hinein nimmt, in der Weise, dass der Schwarzmagier den Mittelpunkt des Kreises bildet und den Jünger in seinen Bannkreis bindet, so dass dieser sein Satellit, wie ein Planet der Sonne, wird" (S.419).

In der Regel haben Menschen einen Entscheidungsspielraum über die Art der Verbindung. Schwarzmagier hingegen üben einen Zwang aus, dem sich das Opfer nach einiger Zeit kaum noch zu entziehen vermag. Eine Loslösung mag gelingen, wenn etwas anderes an die Stelle tritt, eine andere Kraft, ein anderer Verbündeter, der Unterstützung gewährt. Die absolute Freiheit ist eine Utopie, da überall das Gesetz der Anziehung wirksam wird, behauptet O.M. Aivanhov. Auf der Erde ist niemand vollkommen frei, denn die Menschen sind auch mit ihren Mitmenschen durch unsichtbare Kanäle verbunden. Es ist daher kaum möglich, sich von allem zu lösen und vollkommene Ungebundenheit anzustreben.

Pakt mit finsteren Mächten

Spielen bedeutet mehr, als gewinnen oder verlieren.
Der Einsatz ist immer die Seele.

Die okkulte Musikindustrie

In dem Buch *Die okkulte Seite des Rock* bekennt der Musiker *Alice Cooper*: „Vor einigen Jahren nahm ich an einer spiritistischen Sitzung teil, in der Norman Bailey dem Geist befahl, sich zu manifestieren; nach einiger Zeit tat dies der Geist und sprach zu mir. Er versprach mir und meiner Gruppe Ruhm und Reichtum im Überfluss. Das Einzige, was er von mir als Tribut forderte, war, ihm meinen Körper zu geben. Ich bin berühmt auf der ganzen Welt. Um dies zu tun, nahm ich den Namen dessen an, durch den er sich während der Séance manifestierte: Alice Cooper." (In: Der Weisse Lotos, Nr.24 1987, S.20.) Ein Song der Rockgruppe *KISS* beginnt mit der Zeile: „*I was raised by a demon*" (ich wurde von einem Dämon erweckt bzw. erhöht).

Jan van Helsing gibt einen Satz wieder, den der Beatle *John Lennon* 1962 im Hamburger Starclub zu Tony Sheridan gesagt haben soll: „Ich weiß, das die Beatles Erfolg haben werden wie noch keine andere Gruppe. Ich weiß es genau, denn für diesen Erfolg habe ich Satan meine Seele verkauft" (S.181). Derselbe Autor erwähnt John Todd, nach eigenen Angaben Eingeweihter des *Illuminaten-Ordens*, den er als ‚luziferische Vereinigung' bezeichnet. Das Zielobjekt der *Illuminati*, die mit allen Mitteln nach der Weltregierung streben, sei vor allem die Jugend, denn: „Wer die Jugend hat, der hat die Zukunft". John Todd, ehemals Leiter von ZODIACO-Productions, einer einflussreichen Gesellschaft der Musikindustrie in den USA, behauptete, Musik werde nicht nur aus finanziellem Gewinnstreben erzeugt, sondern auch, um den Geist der Zuhörer zu kontrollieren.

In der Musikindustrie „wird seit Jahrzehnten mit ‚Backward Masking' (Rückwärts tarnen) von höheren Frequenzaufnahmen und magischen Ritualen Einfluss auf die Zuhörer genommen. Bei den Frequenzaufnahmen werden Botschaften auf Band gespielt, jedoch in einer Frequenz, die so hoch ist, dass sie vom Ohr nicht mehr bewusst wahrnehmbar ist, das Unterbewusstsein jedoch trotzdem noch erreicht (subliminal messages). Beim ‚Backward Masking' werden Botschaften rückwärts aufgenommen und so ebenfalls vom Unterbewusstsein integriert. Spielt man die Bänder rückwärts ab, kommen die Botschaften zum Vorschein" (ders. S.180).

Als Beispiel wird u.a. die Musikband *KISS* (Kings of Satans Service) genannt mit dem Song *God of Thunder* und der darin enthaltenen Botschaft: *Der Teufel selbst ist dein Gott!* Diese und ähnliche Bemerkungen geben Anlass zu der Frage, ob durch einen ‚Vertrag' mit der übersinnlichen Welt Ruhm und Geld zu haben sind und auch künstlerische Inspirationen auf diesem Wege zustande kommen?

Zum Thema *Pakt* erklärte die geistige Welt auf die Frage:

Es gibt sehr erfolgreiche Leute, von denen behauptet wird, sie hätten ihren Ätherkörper verkauft. Welche Probleme treten dabei auf?

Hier findet ein Geben und Nehmen statt; eine Vereinbarung, die in beiderseitigem Einverständnis geschlossen wird. Der Ätherkörper kann nur *mit Einverständnis* des betreffenden Menschen in Besitz genommen werden, woraus diesem immense Vorteile erwachsen. Der Nachteil im nachtodlichen Zustand besteht darin, dass wichtige Erfahrungen, die dem Verstorbenen normalerweise zustehen, nun wegfallen. Das vergangene Leben kann sein Bewusstseinsfeld nicht bereichern, da die Erinnerung daran nicht mehr zur Verfügung steht. Der Verstorbene ist entblößt von jeglicher Erfahrung, die ihm sein jenseitiges Leben angenehm und aufregend gestaltet hätte.

Dieses Defizit wiegt umso schwerer, als das vergangene Leben viele Höhepunkte enthielt, die nun anderen zugute kommen. Er tritt ein in eine Seelenwüste, die nichts für ihn bereithält.

Bei unangenehmen Erfahrungen kann die Seele vielleicht einen Vorteil daraus ziehen?

Die Seelenwüste ist schlimmer als jede Erfahrung, denn die Seele sehnt sich nach Erlebnissen, die ihr Dasein füllen.

Die Folgen eines Paktes sind häufig nicht einzuschätzen; getroffene Vereinbarungen werden nicht immer eingehalten und der daraus resultierende Schaden ist nur manchmal reversibel.

Geister lassen sich die Hilfe und den Beistand oft teuer bezahlen, betont auch A. Kardec. Unerfahrene Bittsteller gehen davon aus, nach Erfüllung ihrer Wünsche die Geistwesen einfach verabschieden zu können. Doch diese kümmern sich wenig darum und sind nicht mehr zum Fortgehen zu bewegen. Einige der Wesen zeigen sich heuchlerisch, um den Glauben an ihre Bekehrung oder an eine angebliche Übermacht des Mediums zu erwecken. Etliche Menschen halten sich in ihrem Eigendünkel für stark genug, die Geistwesen nach Belieben entfernen zu können. Daraufhin werden sie, oft über Jahre hinweg, mit Plagen aller Art oder durch Unglück gestraft.

Wesen der Astralwelt, die des Menschen Wünsche erfüllen, saugen sich wie Egel am Astralkörper der betreffenden Person fest, um ihr Energie abzuziehen. Auf die Wunscherfüllung folgt häufig eine tiefe Depression, die als Ausgleich für die erhaltenen Vorteile anzusehen ist. (Vgl.: J. Wandel; Die Religion der Zukunft, S.25f.)

In Mary Shelleys Gruselstory *Die Verwandlung* trifft ein junger, in finanziellen Nöten steckender Italiener ein Übereinkommen mit einem missgestalteten Zwerg, der über Zauberkräfte verfügt. Der Gnom, neidisch auf den wohlgestalteten Körper des Jünglings, verspricht ihm die Überlassung eines beträchtlichen Vermögens, falls dieser sich dazu bereit erklärt, ihm für drei Tage seinen Körper auszuleihen. Ein Körpertausch, so erklärt der Zwerg, könne nur dann vonstatten gehen, wenn die beiden Partner zuvor ihr Blut miteinander vermischen. – Nach einigem Zögern willigt der Jüngling in den bizarren Handel ein, nicht ahnend, dass der hinterhältige Zwerg nicht im Traum daran denkt, nach der festgesetzten Frist zurückzukehren.

Der zornige Jüngling sucht den treulosen Zwerg auf. Diesem ist es inzwischen gelungen, die Umwelt in seinem neuen Körper zu täuschen. Der junge Mann in Zwergengestalt stellt den Übeltäter zur Rede und verwundet ihn im Zweikampf. Dabei empfängt er selbst eine tödliche Wunde. Das Blut der Kontrahenten mischt sich im Eifer des Gefechts. – Anschließend erwacht der Jüngling wieder in seinem eigenen Körper, verwundet, aber heilfroh, während der Körper des Zwerges den Kampf nicht überlebt hat.

In derartigen Erzählungen ist manchmal ein wahrer Kern verborgen. Denjenigen, die vordergründig ihren Nutzen aus einem Abkommen mit der Geisterwelt zu ziehen wissen, sind die letztendlichen Konsequenzen in der Regel nicht klar. Die geistige Welt und der Mensch als Bewohner kosmischer Realitäten sind noch weitgehend unerforschtes Gebiet. Welche Informationen legt ein Mensch zugrunde, der eine Vereinbarung mit dem Unbekannten trifft? Oft geht er von begrenzten Vorstellungen aus, denen später ein böses Erwachen folgt.

Doktor Faust

Abkommen mit jenseitigen Mächten sind häufig Gegenstand der Weltliteratur. Einen hohen Bekanntheitsgrad hat der Pakt, den der wissbegierige, unter seiner menschlichen Begrenztheit leidende Gelehrte *Dr. Faust* mit seinem satanischen Gegenspieler *Mephistopheles* eingeht. Neben Goethe haben auch andere berühmte Autoren sich mit der Thematik in unterschiedlichen Variationen beschäftigt, wie z.B. J. Cazotte in *Der Verliebte Teufel*.

Die überlieferte Sagen- und Mythenwelt der Völker bringt nicht einfach nur Volksdichtung und Phantasie zum Ausdruck. Sie birgt etwas viel Tieferes, das in Sagen und Märchen zum Ausdruck kommt, teilt R. Steiner mit (in: Blut ist sein ganz besonderer Saft, S.6). Die großartigen Bilder aus der Vorzeit können zum Rahmen einer tiefsinnigen Weisheit werden, wenn es gelingt, ihren Sinn zu enträtseln. In früheren Zeiten war es der Menschheit gegeben, sich die Welträtsel bildlich zu veranschaulichen.

In alten Sagen und Märchen können Geistesforscher das erblicken, was ihnen ihr Forscherdrang enthüllt. Sie finden darin den Ausdruck uralter Weisheit. „Alle Geisteswissenschaft ist sich klar darüber, dass die Welt, die dem Menschen zunächst durch seine fünf Sinne zugänglich ist, nicht die ganze Welt darstellt, sondern dass sie nur der Ausdruck ist für eine tiefere, hinter ihr verborgene Welt, die g e i s t i g e   W e l t" (S.8). Die sinnliche Welt ist eine Art ‚Physiognomie', die eine dahinter liegende seelische und geistige Welt zu sichtbarem Ausdruck bringt. Die Mythen und Sagen der alten Zeit sind aus hellsichtigen Wahrnehmungen entstanden, die auch in bildnerischen Zeugnissen zum Ausdruck kommen. Dem Hellsehen früherer Zeiten lag ein dämmerhaftes Bewusstsein zugrunde, das sich im Laufe der Jahrhunderte weiter entwickelte und nun in einer neuen Form wieder zutage tritt, auf einer fortgeschrittenen Entwicklungsstufe (S.36f.).

Der Gelehrte Dr. Faust, für R. Steiner ein Repräsentant des höchsten menschlichen Strebens, geht einen Bund mit dunklen Mächten ein, die durch Mephistopheles repräsentiert werden, einem Sendboten der Hölle. Faust schließt einen mit Blut besiegelten Vertrag mit Mephisto, denn *„Blut ist ein ganz besondrer Saft"* (s. in Goethes Faust I). In einem alten Faustbuch fand Steiner eine Beschreibung, derzufolge Faust sich mit einem kleinen Federmesser in die linke Hand schneidet. Das Blut gerinnt und die Worte bilden sich: „O Mensch entfliehe!" Der satanische Pakt wird mit Blut unterzeichnet, und derjenige, der sich des Menschenblutes bemächtigt, kann Herrschaft über die an den Vertrag gebundene Person ausüben.

Bei einem Pakt mit jenseitigen Mächten steht die Seele des Menschen im Fokus der Aufmerksamkeit. Warum ist die dämonische Macht derart erpicht auf die Verfügungsgewalt über eine menschliche Seele? Bei Steiner finden sich einige Anhaltspunkte:

Nach dem Tod des Körpers trennt sich der seelisch-geistige Anteil des Individuums vom physischen Körper. Geheime spirituelle Kräfte verbleiben aber in der physischen Hülle, denn nur die Form ist vergänglich. Die Kräfte, die den Menschen geformt haben, verbleiben in der Erde, nachdem der Körper begraben wurde. Die Überbleibsel verstorbener Menschen bezeichnet Steiner als *Lemuren; Phantomwesen* ohne Ichbewusstsein und Gedächtnis. Das, was der Erde im Tod zurückgegeben wird, geht auf geheimnisvollem Wege in spätere Menschenkörper ein (vgl.: Erläuterungen zu Goethes Faust, S.273f.).

Die flüchtige Seele, die in die geistigen Welten aufsteigt, wird von gewissen Wesenheiten verfolgt. Diese sind nach Steiners Beschreibung sehr lang und extrem dünn; sie können sich wie Drehkreisel enorm schnell bewegen. Von der anderen Seite her nahen Wesen der geistigen Welten, die nicht wie Mephisto in die Erdsphäre hineinwirken, sondern auf den geistig-seelischen Anteil des Menschen, seinen Genius, einen Einfluss ausüben. Eine Auseinandersetzung beginnt gegen die groben, niederziehenden Gewalten. Dieser Kampf wird unterstützt von der Ich-Einheit des Menschen, die auch nach dem Tod ein stabilisierender Faktor ist und einen schnellen Sieg der niederen Gegenmächte verhindert. Die geistige Evolution der Menschheit, welche die Ich-Entwicklung gefördert hat, begünstigt nun den geistigen Fortschritt bzw. wirkt hindernd auf ein Hinabsinken in die Erdenschwere.

Mephisto geht es in der Faust-Legende darum, den seelisch-geistigen Anteil des Dr. Faust einzufangen. Steiner erwähnt einerseits den geistigen Anteil des physischen Körpers, dazu den Ätherkörper und schließlich die Seele, die bestrebt ist, sich in die geistige Welt hinaufzuschwingen. Da der Äther aber leicht und flüchtig ist, setzt Mephisto grobe, untersetzte Wesen ein, die Erdenschwere im Übermaß besitzen. Diese primitiven ‚Unterteufel' sind imstande, als Gegengewicht den leichten ätherischen Körper im Erdenbereich zurückzuhalten und damit den Geist in die Erdenschwere hineinzuzwingen.

Nachdem Faust gestorben ist, erhebt Mephisto Anspruch auf dessen Seele, indem er sich auf den beiderseits geschlossenen Vertrag beruft. In dem Augenblick, in dem die Seele den Körper verlässt, will Mephisto das Dokument präsentieren und damit der Seele ihre Verpflichtung und Gebundenheit im entscheidenden Moment vor Augen führen. Er beabsichtigt, sie am Entkommen hindern, denn Faust hatte Mephistos Angebot seinerzeit nicht widerstehen können, als dieser ihn redselig aufforderte:

„Verbinde dich! Du sollst in diesen Tagen
Mit Freuden meine Künste sehn,
Ich gebe dir, was noch kein Mensch gesehn."

Als Faust nach kurzem Zögern einwilligt, tönt Mephisto:

„Bedenk' es wohl, wir werden's nicht vergessen."

Doch Fausts Seele lässt sich im gegebenen Moment nicht so einfach in die Pflicht nehmen, sie bleibt unbeeindruckt, was Mephisto zu der Klage veranlasst:

„Doch leider hat man jetzt so viele Mittel,
Dem Teufel Seelen zu entziehen..."

Schützende Mächte bewahren Faust vor den Folgen seiner vergangenen Taten. Seine Seele wird in die geistigen Gefilde hinauf getragen und in die Lichtregion aufgenommen. Der Dichter Goethe räumt in seinem Drama dem Helden die Möglichkeit ein, sogar aus einem mit satanischen Mächten geschlossenen Pakt zu entkommen.

Der unsichtbare Gast

Auch in esoterischen Schriften spielt das Thema der Vereinbarung mit unsichtbaren Mächten eine Rolle. Bei C. Castaneda wird ein Pakt erwähnt, den zukünftige Zauberer mit einem geheimnisvollen Wesen eingehen. Diesem Wesen, bei Castaneda *„Der dem Tode*

Trotzende" genannt, ist es aufgrund magischer Manipulation gelungen, die Zeiten zu überdauern. Für seine Weiterexistenz benötigt der Geist die Lebenskraft inkarnierter Menschen. Als Lehrer und Förderer angehender Zauberer bzw. Schamanen macht ihnen das Wesen ‚Geschenke' im Tausch gegen Lebenskraft. Aufgrund dieser Vereinbarung wird er auch *der Mieter* oder *Pächter* genannt. (Vgl.: C. Castaneda: Die Kraft der Stille, S.68f.) Nicht immer liegt den Vereinbarungen Freiwilligkeit zugrunde, denn die ‚Erwählten' haben kaum eine eigene Wahl... Der alte Zauberer hatte sich in ferner Vergangenheit auf Abwege verirrt und ist nun in einem Kreislauf gefangen, aus dem er nicht entrinnen kann.

Dieses Wesen erhält nun aufgrund eines Abkommens mit den Zauberern als ‚Logiergast' menschliche Energie und ‚bezahlt' dafür in Form von Wissen und Hilfeleistungen (vgl. auch: C. Castaneda: Die Kunst des Träumens, S.71f.). Dabei verpflichtet sich *der Mieter*, jeweils nur einen kleinen Teil überschüssiger Energie zu entziehen, damit der Wirt keinen Schaden erleidet. Die Gaben, die der Mieter zum Ausgleich verleiht, sind außerordentliche Fähigkeiten, die den Probanden normalerweise nicht zu Gebote stehen. Solange *der Mieter* in Kontakt mit einer Person steht, unterhält er mit ihr eine symbiotische Beziehung auf der Grundlage eines Vertrages. Die Energie zieht er schmerzlos aus dem Solarplexus ab (vgl. auch: Energie-Vampirismus).

Castanedas Schriften sind nicht als reine Fiktion aufzufassen. Der Autor beschreibt in Erzählform den Entwicklungsweg der toltekischen Zauberer, der sich aus einer sehr alten Tradition heraus bis in die Gegenwart in modifizierter Form erhalten hat. Castanedas gibt in seinen Büchern Einblick in die Besonderheiten der toltekischen Einweihungslehren, bei denen dem *Mieter* bis in die Gegenwart hinein eine besondere Stellung zukommt. Sehr wahrscheinlich spielt dieses geheimnisvolle Wesen auch in anderen okkulten Vereinigungen eine bedeutsame Rolle.

Wesen der Elementarwelt

Die geistige Welt hat ihre eigenen Beweggründe, Verbindungen zwischen Menschen und Geistmächten zu akzeptieren. Durch den Pakt mit dämonischen Mächten wird die Energie vom Menschen mit negativer Gesinnung gebunden. Indem ihnen Freiheit und Macht vorgegaukelt wird, fallen sie in Wahrheit in die Hände ihnen überlegener Mächte, die sie sozusagen ‚aus dem Verkehr ziehen'. Die Bindung an einen dunklen Geist engt die Bewegungsfreiheit der Betreffenden ein, zieht sie hinab in die Materie und bewirkt einen Stillstand ihrer Entwicklung. Bei Personen, deren harmonische Gesinnung einer geistigen Entwicklung nicht im Wege steht, wird hingegen der Einfluss des negativen Prinzips vermindert und somit eine Fortentwicklung ermöglicht.

Li Hongzhi, Lehrer des *Falun Gong* Kultivierungsweges, stellt folgendes klar: Bei einem Pakt erklärt sich ein Elementarwesen, das sich auf einer tierähnlichen Stufe befindet, bereit, einen Menschen zu unterstützen. Diese Hilfe ist natürlich nicht uneigennützig. Auf seiner niederen Stufe hat das Wesen kaum Möglichkeiten der Höherentwicklung. Es ist in einer Dimensionsebene, die ihm entspricht, gefangen und es ist ihm fast unmöglich, von dort aus eine lichtvollere Daseinsstufe zu erreichen.

Aus diesem Grund heften sich die Elementarwesen an menschliche Körper, sofern sie die Gelegenheit dazu finden. *Li Hongzhi* nennt ein solches Wesen *Futi*. Er erläutert die Hintergründe und Begleiterscheinungen einer derartigen Verbindung, die oft fatale Folgen hat: „Im Universum gibt es einen… Grundsatz: *Ohne Verlust kein Gewinn*. Nach dieser Regel erfüllt das Futi deine Wünsche hinsichtlich persönlicher Vorteile, indem es dafür sorgt, dass du Ruhm und Reichtum erlangst. Das Futi hilft dir – allerdings ist dieser Dienst nicht umsonst. Es möchte auch etwas bekommen. Was das Futi bekommen möchte, ist deine Essenz. Wenn das Futi dich schließlich verlässt, hast du gar nichts mehr. Entweder bist du dann sehr schwach, oder du gleichst einem Gehirntoten" (S.39).

Li Hongzhi empfiehlt daher den orthodoxen Kultivierungsweg, der die Praktizierenden vor Verirrungen dieser Art schützt. Gefährlich kann es werden, wenn Menschen aus reiner Neugier die Geisterwelt anrufen. Indem sie die Wesen um irgendeinen Dienst bitten, der eigennützigen Zwecken dient, begeben sie sich in die Abhängigkeit niederer Gewalten. *Ein Geschenk ist wie ein trojanisches Pferd, das die Burg von innen öffnet.*

Höhere Geistwesen lassen in einem solchen Fall den niederen Wesen freie Hand, damit den Beteiligten später die Folgen ihres Handelns klar werden. Die um Hilfe angegangenen dienstbaren Geister lassen sich nicht einfach wieder fortschicken, sobald sie nicht mehr gebraucht werden. Selbst einem geringfügigen Dienst liegt eine Vereinbarung, ein Pakt, zugrunde, der nicht ohne Folgen bleibt. Wer in meditativer Haltung einen Wunsch fixiert, betritt damit verbotenes Terrain, denn dadurch werden Astralwesen in den Dienst gestellt.

Es gibt auch einen stillschweigenden Pakt mit dämonischen Wesen in Fällen, wo zur Erreichung einer Wirkung Mittel eingesetzt werden von Individuen, die diese Befähigung nicht in sich selbst besitzen. Daraus geht eindeutig hervor, dass ein Geistwesen die außergewöhnliche Wirkung hervorbringen soll, auch wenn es nicht direkt angerufen wurde. Aus einem solchen Arrangement resultiert negatives Karma.

Die dunkle Macht arbeitet nach einem ausgeklügelten Plan, um feindselig gesinnte Menschen unter ihre Kontrolle zu bringen. Diese können ihre Handlungsfreiheit nur über einen begrenzten Zeitraum ausüben. Überschreitet aber die Bösartigkeit der jeweiligen Person gewisse Grenzen, hat sie ihr Leben verwirkt: Der dunkle Geist bestimmt den Zeitpunkt ihres Todes. Damit wird allem Handeln ein Ende gesetzt, denn dem herabgesunkenen, extrem verdichteten, Bewusstsein wird eine Erneuerung versagt.

Die mit unsichtbaren Wesen getroffenen Vereinbarungen sind nicht immer auf den ersten Blick deutlich zu erkennen. Ich fragte die geistige Welt nach der Bedeutung einer Erscheinung, die vor einigen Tagen eine Bekannte von mir sah: Es war ein ‚grünes Flatterwesen', das sich in etwa 1m Entfernung über ihr befand. Es schien in Verbindung mit dem Stirnchakra zu sein.
Hierzu bemerkte die geistige Welt:

Wesen dieser Art gibt es in großer Anzahl und Fülle. Sie nehmen den Raum ein, der gemeinhin als unbelebt gilt, da sie unsichtbar sind. Wesen dieser Art kommen leicht in Kontakt mit Menschen, denn sie dienen ihnen auf vielerlei Weisen. Ihr Bewusstsein ist geschult; sie können ihnen deshalb mit Rat und Tat zur Seite stehen. Ein Mensch, der eine Verbindung mit einem dieser Wesen hergestellt hat, wird gut versorgt mit Informationen jeder Art.

Nun sind die Wesen allerdings nicht ganz uneigennützig; sie wollen belohnt werden für die Mühen, die sie auf sich nehmen, für die Leistungen, die sie erbringen. Genauer gesagt, schätzen sie es nicht, wenn man ihre Gaben als selbstverständlich hinnimmt. In ihrem Wesen sind sie rechtschaffen und großmütig, doch können sie sich auch zu Launen hinreißen lassen. Wird eines dieser Wesen gereizt, dann neigt es dazu, schnell die Kontrolle über sich zu verlieren. Sie gelten daher als rachsüchtig und unberechenbar, da sie ihren vermeintlichen Gegner großen Schaden zufügen können.

Diese Wesen werden auch Elfen, Nixen oder Wichtelmännlein genannt. Seit alters her kennt sie der Mensch und unterhält Beziehungen zu ihnen. In der Regel besitzen sie keine fest umrissenen Formen und sind daher leicht zu verwechseln. Nur ungern begeben sie sich in die Nähe von Menschen, die ihnen schon viel Schaden zugefügt haben. Eine Ausnahme davon bilden Menschen mit spirituellen Neigungen, denen sie sich gern zugesellen. Ja, diese Menschen ziehen sie magisch an, weil lichtvolle Ströme von ihnen ausgehen.

Hat eines dieser Wesen einen Menschen auserkoren, dann ist er bereit, eine tiefe Beziehung zu ihm einzugehen, die umso enger wird, je länger diese Beziehung dauert. Der Kontakt findet statt über telepathischen Austausch, bei dem das Wesen versucht, die Neigungen ‚seines' Menschen zu erkunden. Es ist bestrebt, diesem in zuvorkommender Weise Unterstützung zu bieten, bei allen seinen Unternehmungen und Vorhaben. Doch nicht nur das: Es kann ihm auch bei schwierigen Unternehmungen helfen, an die er sich sonst nie herangewagt hätte.

Dem Wesen stehen Informationen zur Verfügung, die normalerweise nur mit Mühe zu erwerben sind. Diese Informationen stellt es gerne zur Verfügung, wenn dafür ein gewisser Ausgleich erfolgt. Dieser Ausgleich ist eine prekäre Angelegenheit, denn nicht immer verstehen die Menschen, was es damit auf sich hat. Das Wesen will nicht nur die Neugier eines Menschen stillen, sondern ihm bei seiner Weiterentwicklung behilflich sein und mit Rat und Tat zu Seite stehen. In diesem Fall ist es ein Freund und Helfer in sehr verlässlicher Weise. Ein Mensch, dem ein solches Wesen hilft, ‚zahlt' ihm in Form von Gunstbezeigungen das zurück, was er bekommen hat.

Eine Beziehung wird aufgebaut, an der jeder seinen Anteil, und auch jeder seinen Vorteil hat. Verläuft die Beziehung in glücklichen Bahnen, bereichert sie beide Seiten gleichermaßen und niemand kommt zu Schaden. Das Wesen hat an Struktur und Form gewonnen; es ist angefüllt mit Energie und Licht. Sein ‚Erzeuger' hingegen hat an vielfältigem Wissen hinzugewonnen.

Das Wesen nimmt die dargebotenen Gaben in sich auf und gewinnt an Eigenständigkeit. Es wird unabhängig von dem, der es erzeugt und mit Leben erfüllt (beseelt) hat. Zwar hatte es vor dem Zusammentreffen mit dem Menschen auch schon eine eigene Existenz, doch war diese unvollkommen und amorph. Das

Wesen glich einer Flamme, die erlischt und keine Dauer hat. Erst in der Verbindung mit einem Menschen gewinnt es feste, dauerhafte Strukturen, die sich im Wind nicht von selbst wieder auflösen. Hierzu benötigt es eine bestimmte Art von Energie, wie sie nur dem Menschen zu eigen ist.

Trennt sich das Wesen irgendwann einmal wieder von seinem ‚Erzeuger'?

Ein Mensch, der ein solches Wesen ‚erschafft', kann mit ihm auf Dauer verbunden bleiben oder sich von ihm lösen, wenn er das wünscht. Eine Loslösung geschieht in beiderseitigem Einvernehmen. Wünscht nur das Wesen eine Loslösung, kann der Mensch es dennoch binden und fesseln nach seinem Wunsch und Willen. Zeigt hingegen das Wesen übergroße Anhänglichkeit, kann es ebenfalls mit gewissen Mitteln dazu gebracht werden, zu gehen.

Wie sehen diese Mittel aus?

Das Wesen kann genötigt werden durch Eingreifen übernatürlicher Mächte oder durch gewisse Übungen. Diese Fälle kommen aber nicht häufig vor. Normalerweise verabschiedet sich das Wesen zu gegebener Zeit, und friedlich gehen beide auseinander. Verläuft die Beziehung asymmetrisch, kann keine Übereinstimmung erzielt werden zwischen dem Wesen und dem Menschen, kommt es zu außergewöhnlichen Entwicklungen. Das Wesen bemüht sich zwar, den Menschen auf dem rechten Weg zu halten, gibt aber nach, dessen Wünschen und Vorstellungen entsprechend. Hier nun entsteht ein breites Feld für Irrtümer und Fehlentwicklungen, die wir nicht alle benennen können.

Mediale Menschen sind in der glücklichen Lage, sich mit uns in Verbindung setzen zu können und Irrtümer wenigstens zum

Teil zu hinterfragen. Nicht allen geht es so und sie kommen daher weit vom Wege ab.

Um auf das nächtliche Erlebnis zurückzukommen: Das Dritte Auge im Stirnzentrum ist der Dreh- und Angelpunkt der geistigen Entwicklung. Hier verläuft die Grenze zwischen dem Diesseits und dem Jenseits, der Schwelle zur geistigen Welt. Nicht jedes Wesen, das mit einem Menschen in Verbindung tritt, respektiert seine Grenzen und seine Bedürfnisse. Es existieren Unterschiede in den Planungen und Zielsetzungen gegenüber den Menschen. Wesen versuchen daher, Zugang zu Menschen zu erhalten, gemäß ihren eigenen Plänen und Zielsetzungen, die nicht unbedingt mit denen des Menschen in Übereinstimmung sind. Hat eine Person solche ‚Gäste' eingeladen, dann benutzen diese sie für eigenen Zwecke. Die Person ist in der Regel außerstande zu erkennen, welche Rolle sie dabei spielt, welchen Zweck sie erfüllt.

Eine Person, der dieses widerfährt, ist sich, wie gesagt, der Rolle, die sie spielt, meist nicht bewusst. Sie wird zum Spielball der Launen von Wesen, deren Existenz sich ihrer Kenntnis entzieht, von denen sie nicht einmal weiß, dass es sie gibt.

Können sich diese Wesen auch annähern, ohne eingeladen worden zu sein?

Der Spielraum dieser Wesen ist größer, als gemeinhin bekannt ist. Sie sind durchaus auch in der Lage, sich ohne Einverständnis einer Person anzunähern. Hierzu benötigen sie allerdings die Erlaubnis von anderer Seite aus dem geistigen Bereich. Menschen sind solange geschützt, wie es für ihren Fortschritt not tut und diesen begünstigt. Extreme Lebenssituationen, in denen der Schutz ebenfalls versagt, kommen zum Glück nicht allzu häufig vor und sind ein eigenes Kapitel.

Welchen Zweck verfolgen die Wesen?

Der Schutz versagt in dem Augenblick, in dem diesen Wesen den Zugang gestattet wird. Welchen Zweck verfolgen diese Wesen in Wahrheit? Um mit ihnen zu kooperieren, bedarf es einer steten Aufmerksamkeit von seiten des Mediums. Sie sind trickreich und erfinderisch genug, um die Aufmerksamkeit auf sich zu ziehen. Dies erreichen sie u. a., indem sie ein Wissen vermitteln, das nicht das Ihre ist und indem sie den Menschen glauben machen, immer nur das Beste für ihn zu wollen. Indem sie freundschaftlich und wohl gesonnen daherkommen, gelingt es ihnen, Vertrauen zu gewinnen, das nicht angebracht ist.

Ist die Verbindung einmal fest genug, so sind sie durchaus imstande, auch andere Seiten von sich zu zeigen, die unangenehm sind. Das Wesen in dem nächtlichen Erleben war ein Hinweis darauf, wie sehr es diesem Wesen bereits gelungen ist, eine unwillkommene Verbindung zu knüpfen.

Wie ist das geschehen?

Indem das Wesen immer wieder Mittel und Wege findet, die Aufmerksamkeit der medialen Person zu erregen und auf sich zu ziehen. Es verbindet sich, sobald man sich ihm in freundschaftlicher Weise zuwendet. Die Wesen, die sich auf diese Weise zu verbinden trachten, gehören nicht zu den freundlichen Elementarwesen, von denen zuvor die Rede war.

Wie kann man sich gegen die unfreundlichen Wesen zur Wehr setzen?

Der mediale Mensch kann sie, indem er sie ignoriert, zumindest auf Abstand halten. Doch sich ganz von ihnen zu lösen wird ihm erst gelingen, wenn er diesen Teil seiner Entwicklung bewältigt hat. Wenn es ihm gelungen ist zu ergründen, welche

Entwicklungsschritte er bisher übersehen hat. Mehr können wir dazu im Moment nicht sagen.

Nur soviel: Die Wesen sind nicht daran interessiert, Hindernisse aus dem Weg zu räumen. Wesen dieser Art streben danach, sich um jeden Preis mit einem Menschen zu verbinden, das solltet ihr immer beachten.

Wo liegt ihr Vorteil dabei?

Sie gewinnen an Stärke und sind die alleinigen Nutznießer. (!) Ist es diesen Wesen gelungen, sich festzusetzen, dann können sie im Organismus schalten und walten, wie es ihnen beliebt. Sie sind nämlich imstande, wichtige Schlüsselpositionen im Körper zu besetzen, was ihnen weitreichenden Einfluss gestattet.

Es gibt Wesen, die für die Einschließung des Geistes in die Materie tätig sind und solche, die an seiner Befreiung arbeiten, erklärt J. Wandel (in: Wohin zielt die Menschheit? S.18). Als Entschädigung für ihre astralen Diener muss eine Person, die sich mit Magie beschäftigt, ihre Lebenskräfte opfern, berichtet der Autor weiter (in: Vademecum zur Initiation, S.19). Sogar die Anbetung gewisser Meister bezeichnet Wandel als Götzendienst mit ebensolchen fatalen Folgen. Seinem Meister kommt man nicht durch Huldigung oder Anrufung näher.

Keine Bitte reicht über die Astralwelt hinaus, erklärt J. Wandel, doch wahrhaftige geistige Hilfe strömt aus höheren geistigen Regionen herab auf Personen, die keine Wünsche mehr kennen und jegliches Eigeninteresse aufgegeben haben. Wesen der Astralwelt können zwar durch Anrufungen und Gebete dazu gebracht werden, menschliche Wünsche zu erfüllen, doch für alles gibt es einen gerechten Ausgleich. Jeder, der in seinen Meditationen nicht ohne Wünsche ist, wird Kontakte mit Bewohnern der Astralwelt anknüpfen. Diese Einschränkungen werden nicht auf ungeteilte Zustimmung stoßen. Entsagung und Abkehr von materiellen Belangen ist nicht Jedermanns Sache. Der Weg der spirituellen Wanderschaft ist steinig und nicht immer herrscht Klarheit über die damit einhergehenden Bedingungen.

Energie-Vampirismus

Die Finsternis nährt sich von Schmerz,
das Licht von der Liebe.

Die Vitalität und Leben spendenden Kraft, die am unteren Ende der Wirbelsäule eingerollt liegt, ist den meisten Menschen unbekannt. Dennoch kann sie auf verschiedene Weise abgezogen oder ‚weggesaugt' werden, denn Wesen, die sich von dieser Energie ernähren, suchen die Nähe unerfahrener Medien. Während lichtvolle Mächte sich nur mit Zustimmung des betreffenden Individuums nähern und eintreten, dringen dunkle Mächte hingegen auch gewaltsam ein, wo ihnen dies ermöglicht wird. Vor allem spiritistischen Medien, denen es an entsprechenden Informationen mangelt, machen aus Unkenntnis dämonischen Wesen die Tür weit auf; - diese strömen herein und sind bestrebt, sich festzuklammern.

Entkörperte Geistwesen benötigen ebenso Nahrung wie lebende Menschen, um ihre Lebenskraft aufzufrischen. Die Energiequelle für sie ist die Erde, sind Tiere und Menschen. Menschliche Körper strahlen Licht aus, daher fließt bei ihnen die Energie reichlich. Für sensitive Menschen ist es hilfreich, von der Existenz solcher entkörperter Wesen zu wissen. Häufig flößen sie ihren Opfern telepathisch Angst ein, um ihnen auf diesem Wege Energie abzuziehen.

H. Rudolph warnt davor, überhaupt als Medium zu arbeiten: „Die Mediumschaft ist eine periodische passive Besessenheit und kann leicht zu einer dauernden werden, ... denn die Astralgeister vampirisieren das Medium, indem sie ihm Lebenskraft entziehen. *Das gewöhnliche Medium leiht seinen Astralkörper den Geistern, die denselben auch nach dem Tode des Mediums dauernd in Besitz nehmen" (vgl.*: Theosophie und Spiritismus, S.13).

In spiritistischen Zirkeln ist für gewöhnlich nicht die Seele eines angerufenen Verstorbenen anwesend, sondern seine astrale Hülle. Diese ist ein Überbleibsel der Seele und besteht vorwiegend aus Instinkten und persönlichen Neigungen. Diese *astrale Larve* hat ein Bewusstsein und kann sich noch rudimentär an das vergangene Leben erinnern. Um sich selbst am Leben zu erhalten, saugt sie dem spiritistischen Medium und den anwesenden Teilnehmern der Séance Lebenskraft aus. Die Anwesenden setzen sich somit der Gefahr aus, gesundheitlichen Schaden zu erleiden und von Geistern dauernd in Besitz genommen zu werden.

Den wenigsten Medien ist klar, dass sie für die Kontaktaufnahme zur unsichtbaren Welt ,bezahlen' müssen in Form von Lebensenergie, selbst wenn nicht jeder mediale Mensch mit niederen Astralwesen in Kontakt steht. Auf die Kräfte von Personen, die an magischen Operationen interessiert sind, haben es auch etliche Magier abgesehen. Sie sind sehr erfinderisch, wenn es darum geht, ihre Opfer mit allerlei Versprechungen und Tricks hinters Licht zu führen. Treffen sie auf ängstliche Personen, deren Widerstand gering ist, wird ihnen das Eindringen in deren Organismus möglich. Diese schwarzen Magier sind nur schwer als solche zu erkennen.

L. Andrews beschreibt, wie es Schwarzmagiern gelingt, Macht über einen Menschen gewinnen: „Wenn sie irgendjemanden finden, der Licht und Kraft besitzt, fangen sie an, Druck auszuüben... Sie üben Druck auf dein Energiefeld aus, bis sie einen schwachen Punkt finden und einen der energetischen Fäden finden, eine der leuchtenden Fasern. Sie ziehen daran, bis sie ihren Weg in dich hinein gefunden haben, ganz allmählich" (in: Der Geist der vier Winde, S.186f.). Sie bemächtigen sich der Energie ihrer Opfer, denn nur auf diese Weise können sie wirken und Einfluss ausüben. Auch der schwarze Magier benötigt andere Wesen, um seine Energie immer wieder zu erneuern.

Ein Medium ist derartigen Einflüssen oft hilflos ausgeliefert, denn es fehlt ihm an Kenntnissen, um sich vor Eindringlingen zu schützen. Die Wesen der niederen Astralebene sind mit den menschlichen Leidenschaften vertraut. Sie finden Mittel und Wege, die menschlichen Energien anzuzapfen und für sich nutzbar zu machen. Auf Dauer werden aus den anfangs noch unaufdringlichen Astralwesen lästige Schmarotzer, die bei den Medien unangenehme Empfindungen erzeugen und im ungünstigen Fall sogar Krankheiten hervorrufen.

Auch sexuelle Betätigung ist ein Einfallstor für fremde Mächte. Was geschieht beim ‚Sex ohne Partner'? Die geistige Welt erteilt zu diesem heiklen Thema folgende Auskunft:

Beim Sex ohne Partner (Onanie und Masturbation) werden die Energien zwar auch bewegt, aber der Austausch findet in anderer Weise statt. Der fehlende Partner wird ersetzt durch unsichtbare Elementarwesen, die eifrig darauf bedacht sind, die Energien der Menschen aufzunehmen. Dies bedeutet eine Stärkung der Elementarwesen, die sich an einen Menschen hängen und zu einer echten Plage werden können. Sie halten sich in der Nähe eines Menschen auf und warten schon begierig auf die nächste sexuelle Entladung.

Die Energien des betreffenden Menschen verbinden sich mit der Zeit immer stärker mit dem Elementarwesen, dem es letztendlich sogar gelingen kann, sich an den Energie-Zentren des Menschen festzusaugen und von dessen Energien zu profitieren. Ein häufiger Energie-Abzug schwächt den Menschen in zunehmendem Maße. Gelingt es dem Wesen, sich dauerhaft festzusetzen, kann es seinen Einflussbereich ausweiten, die Energie-Zufuhr drosseln und letztlich ganz zum Erliegen bringen. (!) Das Opfer stirbt einen qualvollen Tod, wie in den Vampir-Legenden bereits ausführlich dargestellt wurde.

Auch nach seinem Tod gibt das Elementarwesen den Energie-Körper nicht frei, sondern verwandelt ihn in seinesgleichen. Der Mensch (die Seele) wird aus der feinstofflichen Hülle hinaus gedrängt und das Elementarwesen nimmt dessen Platz ein.

Dieses Schicksal betrifft sicher nicht Jeden, der Sex ohne Partner praktiziert. Wo liegen die Unterschiede?

Sex ohne Partner hat nicht in jedem Fall dieselben unangenehmen Begleiterscheinungen wegen der unterschiedlichen Energie-Dichte. Eine Lockerung des Energie-Gefüges (wie dies bei Medien eintritt), führt zu einer Durchlässigkeit für fremde Energieströme. Diese Durchlässigkeit ermöglicht anderen Energiewesen, in Kontakt zu kommen mit den Energien des betreffenden Menschen.

Diese Kontaktaufnahme ist nicht in jedem Fall negativ, sondern sie schafft die Voraussetzung für die Erweiterung des Bewusstseins in andere Bereiche des Seins. Hier liegt auch die Möglichkeit für eine Befreiung von den Quälgeistern. Die stete Ausrichtung des Bewusstseins auf die höheren Geistebenen vermag es, die Fesseln zu sprengen, welche das Opfer bedrängen.

Lichtvolle Energieströme, die den gesamten Organismus mit höher schwingenden Energien füllen, drängen die Elementarwesen zurück bzw. wandeln diese um in eine höher schwingende Energie. Dies hat zur Folge, dass beide, der Mensch und das Elementarwesen, im Bewusstsein auf eine höhere Stufe gelangen und letztlich zu den Sternen aufsteigen und Teil des Firmaments werden.

Somit wohnt den Vampirlegenden, wie auch vielen anderen Legenden, ein wahrer Kern inne. Energieabzug ist ein zentrales

Thema, wenn es um Medialität, um den Austausch zwischen Mensch und Geisterwelt, geht.

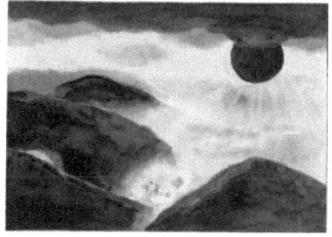

Geheime Bruderschaften

Wer mit Ungeheuern kämpft, muss zusehen, dass er nicht
selbst dabei zum Ungeheuer wird.
Friedrich Nietzsche

Die Bruderschaft der Dunkelheit

Trotz der umfangreichen Literatur über geheime Bünde, Clubs und Logen existieren einige Orden, über die bisher wenig bekannt wurde. Zu ihnen gehört die *Bruderschaft der Dunkelheit*. Neben den weißen Bruderschaften existieren schwarze Adepten, die gegen das Licht kämpfen; die sogen. *Meister der Dunkelheit*. Sie trachten danach, andere in ihre Dunkelheit mit hineinzuziehen. Verbissen wird ein ewiger Kampf zwischen Dunkelheit und Licht ausgefochten. Unbekannte, geheimnisvolle Kräfte kommen dabei zum Einsatz, die dem Menschen verborgen sind. Schwarze Adepten sind bestrebt, die unsichtbaren Ketten, die bestimmte Menschen an die Dunkelheit binden, immer enger zu ziehen. Zu diesem Zweck gebrauchen sie schwarze Magie, um die Seele ihres Opfers in Dunkelheit zu hüllen.

Diese Adepten sind in einem Orden zusammen geschlossen, der *Bruderschaft der Dunkelheit*. Sie betätigen sich als Gegenspieler derjenigen Wesen, die nach dem Licht streben. Immer bewegen sie sich heimlich und im Verborgenen. Sie gebrauchen ihre Macht leise und versteckt und umstricken und versklaven so die Seelen der Menschen.

Die Bruderschaft der Dunkelheit hat die Macht erlangt, Menschen zu dirigieren und zu lenken auf Wegen, die der Menschheit nicht bekannt ist. Die dunklen Brüder greifen in das Bewusstsein der Menschen ein und sind sogar fähig, über die Träume eine Wirkung auszuüben. Sie können eine Seele während ihrer gesamten Lebenszeit in Knechtschaft halten, da sie über spezielles Wissen verfügen.

Anfangs ist es leicht, der Führung der dunklen Brüder zu folgen und sich von ihrer düsteren Strahlkraft binden zu lassen, denn: *Licht kommt nur zu dem, der danach strebt.* Mitten unter den Menschen lebt und arbeitet die schwarze Bruderschaft, doch ebenso wirken dort auch die Brüder des Lichts, die bestrebt sind, menschliche Seelen aus ihren Verstrickungen zu befreien. Auch sie arbeiten heimlich und unerkannt im Hintergrund. *Durch Erkenntnis kann die Dunkelheit überwunden werden, durch Wissen gelangt man zum Licht.*

Ausführlich geht R. Steiner auf okkulte *Bruderschaften der linken Hand* ein (in: Individuelle Geistwesen und ihr Wirken in der Seele des Menschen). Gewisse okkulte Geheimnisse werden von Bruderschaften sorgfältig gehütet. Deren Verbreitung wird verhindert unter Androhung drakonischer Strafen für Verräter. Angeblich ist die Menschheit nicht reif für den Empfang solcher Wahrheiten (S.47f.). Einige Geheimnisse beinhalten metaphysische Wahrheiten, die das Dasein im Jenseits anbetreffen. Die allgemein verbreitete Haltung, Gedanken an den Tod und an dasjenige, was danach kommt, weit von sich zu weisen, hält Steiner für grundfalsch. Nach dem Dahinscheiden, das Jeden irgendwann einmal trifft, machen sich die zerstörerischen Auswirkungen der Ignoranz bemerkbar.

Die spiritistische Bewegung wurde in der Mitte des 19. Jahrhunderts von okkulten Bruderschaften initiiert in der Absicht, die Menschheit auf die sie umgebende geistige Welt aufmerksam zu machen, behauptet Steiner (in: Individuelle. Geistwesen und ihr Wirken in der Seele d. Menschen, S.194f.). Die spiritistischen Medien und ihre Anhänger sorgten damals allerdings für eine Überraschung, indem sie Verstorbene als alleinige Kontaktpersonen von der ,anderen Seite' auffassten. Enttäuschung machte sich bei den Bruderschaften breit, deren Intentionen das Ziel hatten, Menschen auf eine sie umgebende Elementar-Welt aufmerksam zu machen. Auf dieser Basis sollte für eine Verbreitung höherer Wahrheiten gesorgt werden.

Steiner berichtet ausführlich über die Organisation der *Brüder der Linken*. Diese okkulten Gruppen wollen keine Aufklärung betreiben, sondern sind eher bestrebt, aus der Entwicklung des Spiritismus eine Machtfrage herzuleiten. Steiner führt aus, „dass es solche Brüder der Linken vor allen Dingen waren, welche die Veranstaltungen mit den Seelen der toten Menschen gemacht haben. Für sie war vor allen Dingen das interessant, was durch die spiritistischen Sitzungen herauskommen werde. Sie bemächtigten sich nach und nach des ganzen Feldes. Die gut meinenden Eingeweihten verloren nach und nach alles Interesse an dem Spiritismus ...“

Die Brüder der Linken gewannen auf dem Gebiet des Spiritismus die Oberhand, was unschwer aus den Erfahrungsberichten praktizierender Spiritisten zu erkennen ist. Die Brüder hegten Bedenken gegen gewisse Enthüllungen, da befürchtet wurde, es könne durch den „Spiritismus sich das enthüllen, was sie eigentlich angeregt hatten, wovon sie aber vor allen Dingen wollten, dass es nicht herauskäme: es könne ja gerade in spiritistischen Sitzungen, weil sich die Teilnehmer von den Toten beeinflusst glaubten, durch Mitteilung des Toten sich offenbaren, was gewisse Brüder der Linken mit den Seelen Verstorbener machen. Gerade solche Seelen konnten sich in den spiritistischen Sitzungen manifestieren, die missbraucht wurden gewissermaßen von den Brüdern der Linken."

Aus diesen Ausführungen Steiners geht klar hervor, dass Kontakte mit Verstorbenen in den Séancen tatsächlich möglich sind und auch stattgefunden haben. Gewisse okkulte Gemeinschaften setzten sich für die absolute Geheimhaltung geistiger Wahrheiten ein, um ihr Machtspiel nicht zu gefährden.

Geheime Kenntnisse stärken die Macht der Bruderschaften, die daher alles daransetzen, deren Verbreitung zu verhindern (S.60f.) Sie schrecken auch vor Attentaten nicht zurück zur Erreichung ihrer Ziele! Steiner nennt als Beispiel den berüchtigten, im Orient noch im 19. Jahrhundert agierenden Orden der *Thugs*: „Dieser Orden verpflichtete seine Mitglieder, gewisse Menschen, die bezeichnet wurden von sehr, sehr im Unbekannten sich haltenden Oberen, zu ermorden. Eine Art Mörderorden war es, ein Orden, der die Aufgabe hatte, gewisse Menschen zu ermorden" (S.87). Die ‚Unbekannten Oberen' bezeichneten ohne nähere Angabe von Gründen die Personen, die ermordet werden sollten.

Dion Fortune berichtet von einer Frau, die unter chronischen Erschöpfungszuständen litt, dazu kam Brechreiz, Herzklopfen und starke Kopfschmerzen. Verschiedene Ärzte hatten vergeblich versucht, der Kranken zu helfen und sich mit der Verlegenheitsdiagnose ‚Hysterie' begnügt. Die Recherchen D. Fortunes führten zu einem anderen Ergebnis. Sie konnte erkennen, dass die Frau einer früheren Inkarnation eine Einweihung in einen tibetanischen Orden erhalten hatte, der den *Pfad zur Linken* beschritt und schwarzmagische Rituale praktizierte. Die seltsame chronische Erschöpfung führte bei D. Fortune zu der Überzeugung, dass zwischen dem tibetanischen Orden und der kranken Frau immer noch eine Verbindung bestand. Es schien, als lebten die Führer des Ordens von der Vitalkraft ihrer Mitglieder!

Als okkult geschulte Person konnte sich D. Fortune in ihrem feinstofflichen Körper auf Wanderschaft begeben, um ihre Vermutungen zu überprüfen. Hellsichtig nahm sie wahr, wie bei der Frau im Schlaf ein schwarzes Band aus dem Solarplexus hervorkam. Das andere Ende des Bandes verlief bis weit in den Raum zu einem Kloster. Das Gebäude befand sich auf der vorspringenden Felskante eines riesigen Gebirges und verfügte über eine Art chinesisches Dach.

D. Fortune gelang es, das schwarze Band mental zu zerteilen; doch sogleich legte es sich auf ihren eigenen Solarplexus! Eine Woge von Gedanken, die sie in Versuchung führen sollten, stürmte auf sie ein. Es gelang ihr, das Band mittels eines Feuers, welches sie mit Gedankenkraft visualisierte, zu zerstören. Sie bemerkte, wie es sich aufrollte und in der Dunkelheit verschwand. Nach dieser gelungenen ,Operation' ging es der Frau schlagartig besser. D. Fortune empfahl der Patientin, sich um keinen Preis weiter mit okkulten Studien zu beschäftigen, um das magnetische Band zu ihrem alten Orden nicht wieder aufs Neue zu knüpfen.

Bei H.P. Blavatsky werden spirituelle Jünger verglichen mit Musik-Saiten. „Die Saite, die unter des Meisters Rühren nicht in wohlklingender Harmonie mit allen anderen antwortet, reißt – und wird fortgeworfen" (vgl.: Die Stimme der Stille, S.91f.). Entweder sind die Jünger auf das Gemüt der Überseele eingestimmt, oder sie reißen ab! „Das tun die ,Brüder des Schattens', die Mörder ihrer Seelen, der furchtbare Dad-Dugpa-Clan", ergänzt Blavatsky. Diese Sekte der *Rotkappen* gilt als sehr versiert in der Zauberei. Sie lebt in Tibet und Bhutan. Die religiösen Lamas hingegen gehören der Sekte der Gelbkappen an.

Durch ,okkultes Verbrechertum' können graue und schwarze Magier, die Übles im Sinn haben, gewisse Geheimnisse in ihren

Besitz bringen, betont R. Steiner. Es geht u.a. darum, Menschen-
massen zu beherrschen und die Gabe hierzu in die Hände einiger
weniger Menschen zu legen, die ihre Macht auszuüben wissen
(S.89). Außerdem wird insgeheim darauf hingearbeitet, die spirituelle Entwicklung zu paralysieren und Mittel in die Hand zu bekommen, um Krankheits- und Fortpflanzungsprozesse in eine bestimmte Richtung zu dirigieren. Bestimmte Impfstoffe sollen entwickelt werden, die im Menschen den Drang nach geistigen
Wahrheiten unterdrücken.[10]

Telepathischer Rapport

Menschliche Schwäche ist die Stärke des Feindes.

Psychische Störungen können als Folge eines problematischen
‚Rapports', einer schwierigen Beziehung zwischen Menschen untereinander entstehen. Eingehend mit diesem Thema beschäftigt
sich Dion Fortune. Ein Rapport ähnelt einer telepathischen Suggestion; er ist deren passiver Aspekt: „Zwei Menschen, die in
Rapport miteinander stehen, könnten als astrale siamesische Zwillinge betrachtet werden. Obwohl die physischen Körper unabhän-
gige Einheiten sind, besteht eine derartige Verbindung ihrer Astralkörper, dass ihre Astralkraft frei zwischen ihnen zirkuliert, so
wie das Kreislaufsystem der Mutter durch die Nabelschnur mit
dem ungeborenen Kind verbunden ist..." (vgl.: Selbstverteidigung.
mit PSI, S.211f.).
    Eine enge emotionale Verbindung bildet die Grundlage telepa-
thischer Suggestionen und liefert darüber hinaus eine Erklärung
für einige okkulte Phänomene. Eine solche Verbindung bildet einen wichtigen Bestandteil der Beziehung zwischen geistigem Leh-

---

[10] R. Steiner machte diese Angaben im Jahr 1917.

rer und Schüler, die in einem magnetischen Rapport zueinander stehen (vgl. auch: Ein unsichtbares Band).

Zwischen einem Individuum und einer Gruppe kann ebenfalls ein solcher Rapport hergestellt werden. „Diese Tatsache spielt eine bedeutende Rolle in der Bruderschaftsarbeit", erläutert D. Fortune. Okkulte Verbindungen dieser Art sind nicht immer von Vorteil für ein Mitglied; sie können im Gegenteil mit höchst unangenehmen Wirkungen verbunden sein, wie H.E. Miers darlegt (in: Lexikon des Geheimwiss.; Stichwort *Neutralisation*). Danach existiert in okkulten Gemeinschaften eine als *Neutralisation* bezeichnete Prozedur, welche die Schülerschaft unliebsamer Mitglieder beendet, indem auf magische Weise deren Tod herbeigeführt wird. (!) Dies geschieht durch eine stetige Entnahme von Energie, einen systematischen Odentzug. Der verderbliche Vorgang kann nur dann gestoppt werden, wenn es dem Opfer gelingt, alle Bande zu der okkulten Bruderschaft zu lösen. Es muss sich – auch mental – völlig von der Beeinflussung abschließen, um nicht der Vernichtung anheim zu fallen.

Nicht immer endet eine okkulte Beeinflussung dramatisch. In einigen Fällen wird eine sogen. *okkulte Haft* verhängt. Miers weiß zu berichten, dass ein führendes Mitglied der Theosophischen Gesellschaft, C.W. Leadbeater, seine Mitschwester Annie Besant in einer Art okkulter Haft gehalten habe, wodurch diese völlig unter seinen Einfluss geraten sei (S.371).

Bei D. Fortune findet sich die Auffassung, es sei „auch möglich, einen Rapport zwischen einem menschlichen Wesen und anderen Naturreichen herzustellen, auch mit entkörperten Entitäten, übermenschlichen Wesen und endlich mit jeder Lebensform, mit der ein Individuum eine sympathische Verständigung unterhalten kann. Es muss irgendeinen Grund zur Sympathie als Basis für die Bildung eines Rapports vorhanden sein, aber wenn er einmal gebildet ist, kann er fast unbegrenzt weiterentwickelt werden."

Stehen zwei Parteien in Rapport miteinander, neigt eine von ihnen dazu, ihre Individualität zu verlieren und zum abgeschwächten Spiegelbild der anderen zu werden. Hierin liegt der Nachteil einer Verbindung mit negativen Individuen oder Gruppen. „Wenn der Rapport erst hergestellt ist, können außer dem allgemeinen Gefühlston auch andere Dinge geteilt werden. Ganze Gedankenbilder können telepathisch von einem Mental auf den anderen übertragen werden, und auf die gleiche Weise kann auch Vitalkraft abgegeben werden. Diese Tatsache erklärt gewisse Arten von Geistheilung. Wenn ätherische Vitalität übertragen wird, ist es erforderlich, dass die betreffenden Personen sich miteinander im gleichen Magnetfeld befinden, während das bei Astralkraft nicht notwendig ist, deren Übertragung unabhängig vom Raum ist" (S.212).

Hier findet sich eine mögliche Erklärung für die rätselhaften Halluzinationen und Visionen, über die häufig berichtet wird. Außer den Erzeugnissen des eigenen Geistes erscheinen vor dem inneren Auge Bilder und Ideen, die durch telepathische Übertragung von außen zustande kommen. Traumbildern ähnlich können sie einen Schlüssel liefern für irgendein Geschehen in und außerhalb der individuellen Psyche. Auf ähnliche Weise kann auch Energie übertragen oder entzogen werden.

Derartige Verbindungen können von Hellsehern als glänzendes Band, als Lichtstrahl o.ä. wahrgenommen werden. Dies ist die häufigste visualisierte Form, die eine magnetische Verbindung darstellt. Probleme treten dann auf, wenn die Verbindung sich ins Negative verkehrt. Das einmal erzeugte Band ist nach einiger Zeit nicht mehr ohne weiteres zu lösen. In einem solchen Fall kann nur eine rigorose Abkehr der Aufmerksamkeit von den Inhalten, welche diese Verbindung ausmachen, zur Entfernung des Bandes führen.

Schwarzmagische Gehirnwäsche

Der innere Zustand ist der Schlüssel, der die Pforte öffnet.

Von ‚Programmierungen' durch okkulte Täterkreise berichtet M. Huber. Die ‚Gehirnwäsche' beginnt meist vor dem sechsten Lebensjahr eines Kindes in abgeschlossenen Zirkeln. Systematisch wird ihm Schmerz zugefügt in Form von grellem Licht, lauten Geräuschen, Tritten, Elektroschocks, rhythmisch ausgeführten Schlägen, etc. Das Ziel der Täter ist eine gestörte, multiple Persönlichkeit, die ‚roboterartiges' Verhalten zeigt, von dem die restliche Persönlichkeit des Opfers keine Kenntnis hat. Als Folge der traumatischen Erlebnisse spaltet sich die Psyche des Kindes sehr früh in verschiedene Teilpersönlichkeiten auf mit jeweils eigenen Gedächtnisinhalten. Die eine ‚Persönlichkeit' in der Psyche des Opfers weiß nicht, was die andere gerade macht.

Diese massive Beeinflussung des Bewusstseins, die als ‚Programmierung' bezeichnet werden kann, dient verschiedenen Zwecken. Von dem Kind wird verlangt, bestimmten Zwecken zu dienen und Aufträge ohne Widerstand, sogar mit einer gewissen Vorliebe, zu erfüllen. Es wird dazu genötigt, an Ritualen teilzunehmen, sich Gewalt antun zu lassen, andere zu quälen oder sexuell zu befriedigen. Um diese Ziele zu erreichen, wird das Opfer in Angst und Schrecken versetzt; ihm wird damit gedroht, nahe Angehörige oder sein Lieblingstier müssten sterben, wenn es nicht Gehorsam zeige oder Dinge anderen weitererzähle.

M. Huber hat sich mit derartigen Praktiken eingehend befasst: „Das Kind wird durch bestimmte ‚Programme' darauf konditioniert, sich zur ‚Bestrafung' für ‚abtrünnige' Gedanken selbst zu verletzen und sich ggf. zu töten bzw. den Kontakt zu hilfreichen Personen in seiner Umgebung abzubrechen, falls es sich an das Geschehen erinnert. Das Kind soll durch bestimmte ‚Programme' dazu veranlasst werden, mit den Tätern auf bestimmte Signale hin (telefonische, briefliche, persönliche, körperliche Berührung etc.) sofort Kontakt aufzunehmen, alles zu berichten, was andere Persönlichkeitsanteile (z.B. die im Alltag) tun und sagen, und sich zu bestimmten, vorher ‚einprogrammierten' Daten zu bestimmten Orten zu begeben, wo es von den Tätern abgeholt wird" (S.107f.).

Besonders raffiniert operierenden ‚Programmierern' gelingt es, die ‚Programme' in der kindlichen Psyche so zu vernetzen, dass sie jederzeit durch bestimmte Codeworte oder auch -zahlen Zugang zu der Opferpersönlichkeit erhalten. Auf diese Weise soll sichergestellt werden, dass ein Opfer sein Leben lang unter der Kontrolle der Täter bleibt. Derartige Programme sind tief im Persönlichkeitssystem des Opfers verankert. Es existieren Schichten innerhalb der Persönlichkeitsstruktur, die keine Kenntnis von den Programmierungen haben und daher nicht in der Lage sind, selbst darauf einzuwirken.

Der Automatismus, der für den reibungslosen Ablauf der Programme sorgt, entsteht im Zusammenhang mit Gewalterfahrungen. Ein Opfer, das sich nicht zur Wehr setzen kann und dem keine Hilfe von außen zuteil wird, reagiert mit Apathie. Es wird auch bei späteren Gelegenheiten ‚wie ein Automat' reagieren; es wird tun, was von ihm verlangt wird. Die Reaktionen, die auf einer Programmierung beruhen, erfolgen in automatisierter Form. Die Kontrolle des bewussten Ich ist ausgeschaltet; wie ein Reflex erfolgt eine Reaktion, ohne Zutun der Psyche des Opfers.

Um diese Bewusstseinskontrolle künstlich zu erzeugen, wenden die Täter grobe Mittel an: „In der Regel koppeln sie starken Schmerz an bestimmte Aufforderungen und üben mit dem Opfer die Reaktion solange unter regelrechten Folterbedingungen ein, bis dieses die gewünschten Gedanken, Gefühle und Verhaltensweisen äußert; anschließend wird das gesamte ‚Programm', das in der Regel im Zustand der Dissoziierung ‚gesetzt' wurde, mit einem oder mehreren vorher neutralen Auslösereizen gekoppelt, und zwar so, dass diese Außenreize später genügen, um die gesamte Sequenz, die das ‚Programm' ausmacht, auszulösen" (S.274).

Der wichtigste Zweck der Programmierung liegt darin, ein Opfer dahin zu bringen, keinerlei Widerstand zu leisten. In Zukunft lässt es sich manipulieren bzw. erlaubt den ‚Zugang' zu seinem Persönlichkeitssystem, ohne dass sein Widerstand jedes Mal gebrochen werden muss.

Derartige Programmierungen geschehen nicht nur im Zusammenhang mit satanischen Ritualen, sondern sie sind auch Bestandteil okkulter Initiationen. Viele Erwachsene mit Interesse an okkulten Erfahrungen sind in diese Falle getappt, ohne vorher im Mindesten zu ahnen, was sie erwartet! Die Dunkelziffer der Opfer ist groß, denn sie haben immense Probleme, sich einer unaufgeklärten Mitwelt gegenüber verständlich zu machen.

Die weit verbreitete Unkenntnis derartiger Machenschaften kommt den okkulten Geheimbünden zugute, die weiterhin unbemerkt und ohne rechtliche Konsequenzen ihr Spiel treiben können. Die Geheimniskrämerei, die okkulte Themen immer noch umgibt, hat unheilvolle Auswirkungen, wenn Unerfahrene an destruktive Gruppierungen geraten und nicht erkennen, auf was sie sich da einlassen. Mit ausreichender Kenntnis hätten viele Fehlentwicklungen vermieden werden können.

Die okkulte Seite des Dritten Reiches

Jede Gabe kann zum Guten wie zum Bösen eingesetzt werden.

Bei A. Jasinski finden sich die Ausführungen: „Der Nationalsozialismus ist keine Erfindung Hitlers, sondern Programm eines viel früheren Konzeptes anderer Kreise, die es sich in den Kopf gesetzt haben, das Weltreich zu schaffen. In Anlehnung an das biblische

Reich Gottes auf Erden das ja prophezeit wurde und wird, wurde ein Plan erstellt, der Verwirklichung nachzuhelfen" (S.38). Hinter dem geheimen Plan steckten angeblich die *Hüter der wahren Wahrheit*; die Eingeweihten verschiedener Geheimorden und Logen.

Etliche Publikationen verweisen auf okkulte Zusammenhänge im Hinblick auf das 3. Reich. Zu ihnen gehört E.R. Camin (Guru Hitler; Das schwarze Reich) und F.-W. Haack (Blut-Mythos und Rasse-Religion). Bei Haack wird der 1912 gegründete *Germanenorden* erwähnt. Das Wahrzeichen dieses Ordens war das Hakenkreuz. Aus dem Orden entwickelte sich einige Jahre später die *Thule-Gesellschaft*. Mitglied des Thule-Ordens sollen Himmler, Göring und auch Hitler gewesen sein. Als Abzeichen wurde ein Hakenkreuz mit zwei gekreuzten Speeren gewählt.

„Die Rolle esoterischer Geheimbünde und okkulter Weltanschauungen, die zu dem Fiasko des Dritten Reiches geführt hatten, ist bis dato eher verschwiegen oder verschämt nur am Rande erwähnt worden" bemängelt A. Jasinski (S.52). Bereits seit Mitte des 19. Jhdts wurde eine Rassenlehre entwickelt, welche die Überlegenheit der nordischen Rasse propagierte. Eine geheime *Ariosophie* entwickelte sich in bestimmten Kreisen. „Allen war etwas Besonderes gemein: Es waren Geheimbündler und innere Meister der *großen Bruderschaft*. Viele europäische Köpfe, darunter Deutsche, dichteten die Bibel ins Germanische um und verwoben sie mit prähistorischen Mythen und Sagen, die bis auf Atlantis, Hyperborea und Thule zurückreichten." Der innere Kern des Dritten Reiches, die *SS* bestand aus dem *Orden der Schwarzen Sonne*.

Der indische Guru Bhagwan Shree Rajneesh erwähnt einen Bund von neun Mitgliedern, den *Ashoka*, ein berühmter indischer König (um 270 v. Chr.) ins Leben rief. Dieser Bund soll noch heute existieren. Stirbt eines der neun Mitglieder, wird eine neue Person ausgewählt, um seinen Platz einzunehmen (203f.). Diese *Neun von Ashoka* bleiben im Hintergrund des Weltgeschehens; sie arbeiten im Geheimen. Niemand weiß, wo sie sich aufhalten. Einer dieser Eingeweihten von Ashoka namens *Kut-Humi* schuf nach Bhagwans Worten die gesamte Theosophische Bewegung. „Es ist eine Tatsache, dass sich hinter dem weltgeschichtlichen Geschehen, das wir wahrnehmen, tiefere Einflüsse verbergen, von denen wir uns überhaupt keinen Begriff machen können. Die Geschichte hat tiefere Hintergründe. Die oberflächlichen Ereignisse, die uns als Geschichte bekannt sind, sind nicht die Realität. Hinter unserer sogenannten Geschichte lebt eine andere fort, von der wir nichts wissen" (S.206f.).

Ein Indiz für die Tätigkeit der Neun ist die Wahl des Hakenkreuzes als Symbol der Nationalsozialisten im Dritten Reich. Das Hakenkreuz ist eines der ältesten Symbole einer bestimmten Schule von Eingeweihten. *Das Symbol einer okkulten Tradition stellt eine Verbindung zu dieser her.* „Das ganze Konzept, das hinter Hitlers Weltanschauung stand, entstammt verborgenen Schulen. Sie benutzten Hitler, genau wie Krishnamurti von den Theosophen und den esoterischen Gruppen benutzt wurde. Das ist der Grund, warum Hitler bis zu einem gewissen Punkt immer gewann. Es war ein unbegreifliches Phänomen – es sah so aus, als könnte er alles gewinnen, als sei er unbesiegbar."

Nach einer gewissen Zeit aber wendete sich das Schicksal gegen Hitler. Was war geschehen? Es sah so aus, „als wäre Hitler von seinen Kriegsgegnern besiegt worden, aber das ist nicht die wahre geschichtliche Realität. Hitler wurde von den *Neun von Ashoka* benutzt. Es war eine der verzweifeltsten Anstrengungen dieser Gruppe, die ganze Welt in eine bestimmte Richtung zu zwingen. Die Gruppe hatte seit Jahrhunderten gearbeitet, ohne der Menschheit, so wie sie es sich wünschte, helfen zu können. Es war ein letzter verzweifelter Versuch, den Menschen zu helfen, bevor sie sich selbst auf dieser Erde vernichten würden."

Der Menschheit sollte eine bestimmte Lehre vermittelt werden unter Mitwirkung des tyrannischen Machtmenschen Hitler. Bhagwan bezeichnet Hitler als gespaltene Persönlichkeit, die zeitweilig besessen war von anderen Mächten, welche ihn als ‚Instrument' benutzten. „Wenn andere Kräfte durch einen arbeiten, ist es sehr gut möglich, dass man es selbst nicht merkt". Die Gruppe der *Neun von Ashoka* kann Dinge auf den verschiedensten Ebenen beeinflussen.

Auch Papst Pius der XII gelangte während des 2. Weltkrieges zu der Überzeugung, Hitler sei von Teufel besessen. Er versuchte, den Diktator aus der Ferne, vom Vatikan aus, zu exorzieren. Der Erfolg ließ leider auf sich warten. (Vgl. den TV-Beitrag von ARTE: Die wahre Macht des Vatikan vom 7.02.16.)

Ashoka, der Begründer der Geheimgesellschaft, war anfänglich ein grausamer, rücksichtsloser Herrscher, der nicht davor zurückschreckte, seinen eigenen Bruder zu ermorden. Später kam es bei ihm zu einem Sinneswandel und er bekannte sich zur buddhistischen Lehre. „Der ganze Osten sympathisierte innerlich mit Hitler; ganz Asien war von seinen Siegen begeistert", behauptet Bhagwan. Daher ist es kein Zufall, dass Japan seinerzeit mit Deutschland sympathisierte.

Nach dem Tode Hitlers fand man im zerbombten Berlin eine Gruppe toter buddhistischer Mönche aus dem asiatischen Raum, deren Anwesenheit sich niemand erklären konnte. Ihre Körper waren in einem Kreis angeordnet; sie hatten Selbstmord begangen. Angeblich war Hitler mit seiner egomanischen Haltung zuletzt nicht mehr bereit, den ihn leitenden Kräften weiterhin Folgschaft zu leisten. Er verlor daher den Kontakt zu der Gruppe. – Darüber, wieviel Leid und Verderben der Versuch der Neun, die Welt in eine andere Richtung zu ‚zwingen', Millionen von Menschen gebracht hat, verliert Bhagwan kein Wort!

Bis in die Gegenwart hinein ist die Grundidee des Dritten Reiches nicht überwunden, behauptet A. Jasinski: „Wir müssen erkennen, dass das Dritte Reich in seinen exoterischen Ausuferungen noch immer besteht – ja, sogar viel ausgefeilter und offener zutage tritt, in der Maske der Weltdemokratie" (S.61). Der Drang zur Globalisierung der Weltwirtschaft, die wahrscheinlich kurz vor einem Kollaps steht, und die Gleichschaltung der Meinungsindustrie sieht der Autor als Anzeichen einer besorgniserregenden Entwicklung.

Jasinski spricht von einem nationalsozialistischen Feudalismus unter dem Deckmantel der globalen Demokratie, der die Menschheit in die Unmündigkeit und Abhängigkeit von einigen wenigen politischen Führern und Wirtschaftsbossen, die über einen Großteil des Vermögens verfügen, bringt. Er resümiert: „Das System des Nationalsozialismus wurde nie niedergeschlagen, sondern exportiert – es wurde verfeinert, psychologisch und pharmazeutisch als eine befreiende Demokratie-Droge, worin jeder einzelne Mensch sein Einkommen und Auskommen hat und ihm der Schutz des Systems sicher ist, solange er das System als Beherrscher anerkennt" (S. 350f.).Ein freies Mitspracherecht des einzelnen Bürgers ist nicht vorhanden und Volksentscheide werden nicht zugelassen. Die *Schöne Neue Welt* lässt grüßen!

Östliche Logen der ‚linken Hand'

Was nach dem Tode geschieht, welche Prozesse sich im Jenseits abspielen, entzieht sich normalerweise unserer Kenntnis. Nicht so in der Geisteswissenschaft. R. Steiner verweist auf gewisse westliche Logen, denen eine Einflussnahme über den Tod hinaus möglich ist! Dämonische Wesen gehören für diese Bruderschafen nicht ins Reich der Phantasie. Sie verfolgen sehr bewusst Ziele über die Schwelle des gewöhnlichen menschlichen Bewusstseins hinaus. Das so genannte Unbewusste ist diejenige Sphäre, in der sich bestimmte Dinge entfalten können, wenn dementsprechendes Wissen vorhanden ist.

Die dunklen Bruderschaften sind befähigt, Verstorbene in den Bereich der Logen hereinzubringen und sie dort wirken zu lassen. Tatsächlich sind sie imstande, die Toten in die Materie hineinbannen (vgl.: Individuelle Geistwesen und ihr Wirken in der Seele des Menschen, S,184f.). Östliche Logen wollen zwar nicht minder weitreichend in der Menschheits-Entwicklung Einfluss nehmen, doch sie benutzen dazu andere Methoden, die für Nicht-Wissende phantastisch anmuten.

Nach dem Tode trennt sich der Ätherkörper der Verstorbenen sehr bald von der grobstofflichen Hülle. Unter normalen Umständen wird dieses feinstoffliche Doppel nach einiger Zeit vom Kosmos aufgenommen. Doch ist, namentlich in östlichen Gegenden, noch eine andere Entwicklung möglich: „Wenn der Mensch einen solchen Ätherleib abgibt nach dem Tode, so können gewisse Wesenheiten diesen Ätherleib beziehen; sie werden dann ätherische Wesenheiten mit solchen von den Menschen abgelegten Ätherleibern. So dass es vorkommt in östlichen Gegenden, dass... allerlei dämonische Geister veranlasst werden, abgelegte Ätherleiber von Menschen anzuziehen" (S.185f.).

Solche dämonischen Geister werden in die östlichen *Logen der ‚linken Hand'* aufgenommen. Diesen Logen gehören demnach dämonische Geister an, „die nicht der Erdenentwicklung angehören, die aber dadurch sich in die Erdenentwicklung hineinschleichen, dass sie anziehen von Menschen abgelegte Ätherleiber". Die Verehrung der Ahnen, die besonders in östlichen Ländern weit verbreitet ist, beruht auf diesem Prinzip. Nicht die tatsächlichen Vorfahren sind es, denen Verehrung gezollt wird, denn: „diese Ahnen, die verehrt werden, die sind einfach irgendwelche dämonische Wesenheiten in dem Ätherleib des betreffenden Ahnen."

Die Aufgabe der Menschheit sieht Steiner darin, „sich mit dem Bösen als Impuls in der Welt auseinander zu setzen" (S.203f.). Die Menschen sind diesen Mächten nicht hilflos ausgeliefert, wenngleich die Aufgabe nicht leicht ist, denn „eine große Anzahl von

Versuchungen steht der Menschheit bevor. Und wenn so nach und nach die Gewalten des Bösen erscheinen, dann ist natürlich der Mensch unter Umständen viel mehr geneigt, sich diesem Bösen auf allen Gebieten zu überlassen, als dass er den Kampf aufnimmt, um dasjenige, was ihm als Böses erscheint, in den Dienst der guten Weltentwicklung zu stellen." Immerhin sieht Steiner eine Möglichkeit, zu lernen, mit dem dunklen Prinzip umzugehen. Leicht wird es nicht sein, die Kräfte des Bösen umzuwandeln und den vielen Gelegenheiten zu Irrtümern aus dem Wege zu gehen, denn: *Der Weg ist nach beiden Seiten hin offen.*

Okkultismus und Psychopathologie

Sei Herrscher über den Geist, auf dass der Geist
nicht dich beherrsche. (Zen-Spruch)

Unterbewusste Einflüsse

Tagesbewusstsein und höheres Bewusstsein

Das menschliche Bewusstsein, von gewissen Hemmungen und Bindungen befreit, ist zu außergewöhnlichen Leistungen fähig. Will man diese Kräfte ergründen, wird schnell klar, dass die Grenzen des menschlichen Bewusstseins eine unbekannte Größe sind. Die bewusste Ich-Persönlichkeit setzt sich aus Gedanken, Wünschen, Emotionen, Eindrücken, Empfindungen, Wissen und Erfahrungen zusammen. Etwa drei Viertel der menschlichen Persönlichkeit bildet das Unterbewusstsein. Wer die subtilen Kräfte und Eigenschaften im Innern der Psyche kennen lernen will, muss in die Tiefen der menschlichen Seele hinabsteigen.

Eine rein materialistische Auffassung, die den nicht sichtbaren, feinstofflichen Bereichen keinen Platz einräumt, bringt auch deren Wirkungen keine Beachtung entgegen. Die materiell sichtbaren Dinge existieren auch auf anderen, unsichtbaren Ebenen, worauf O.M. Aivanhov hinweist. (In: Die Freiheit, Sieg des Geistes.) Der physische Körper ist Träger von feinstofflichen Prinzipien. „Seele und Geist wohnen z.b. nicht vollkommen im physischen Körper; sie manifestieren sich jedoch durch ihn, durch das Gehirn, den Solarplexus, die Augen…", schreibt Aivanhov (S.14f.). Der physische Körper ist der Übermittler von Kräften, die in ihm und außerhalb von ihm existieren.

Das menschliche Bewusstsein ist wesentlich komplizierter, als gemeinhin angenommen wird. Es setzt sich aus einer Vielzahl untergeordneter Persönlichkeiten und emotionaler Muster zusammen, die sich unter dem Druck der Umstände verändern und ablösen, wenngleich das Ich diese Veränderungen gewöhnlich unter Kontrolle hat. Der Sufi-Meister Pir Vilayat Inayat Khan erklärt: *„Tatsächlich wissen wir nicht einmal, was Bewusstsein überhaupt ist. Es ist das größte aller Geheimnisse"* (in: Der Ruf des Derwisch, S.58).

Zum Thema Psyche liegt aus der geistigen Welt folgende Mitteilung vor:

Die menschliche Psyche kann mit einer Zwiebelform verglichen werden; sie ist aus Schichten aufgebaut, die ineinander übergehen. Feste Grenzen existieren zwar nicht, dennoch ist die Struktur jeder Schicht von unterschiedlicher Beschaffenheit. Ein Teil der Struktur bildet die persönliche Psyche, doch es gibt daneben und darüber hinaus andere Teile, die große Unterschiede aufweisen.

Das Individuum hat die Wahl, mit diesen unterschiedlichen Persönlichkeitsteilen in Verbindung zu treten oder aber die Distanz aufrechtzuerhalten. Eine Psyche, welche die Grenzen öffnet, sieht sich allerdings genötigt, gewisse Vorkehrungen zu treffen, damit diese anderen Teile nicht zu Eindringlingen werden. Die Gefahr des Eindringens dieser psychischen Anteile besteht immer, auch wenn das Individuum diese Tatsache in der Regel ignoriert.

Das gröbste Hindernis für die ungehemmte Infiltration dieser Fremdanteile der Psyche ist das menschliche Bewusstsein selbst, welches mit heftiger Gegenwehr auf jede Art von Einmischung reagiert. Doch in geschwächtem Zustand, in Zeiten der Krankheit bspw., ist das Bewusstsein herabgedämpft. Anteile der Psyche gewinnen an Stärke, die sich zuvor ganz im Hintergrund aufhielten. Diese Anteile erscheinen dem Bewusstsein fremd, dennoch haben sie Teil an der Gesamtstruktur der Psyche, welche ohne sie nicht existieren könnte. Es sind nützliche Helfer, die jedem Individuum mit Rat und Inspiration zur Seite stehen. Ohne diese Inspiration wäre ein Mensch auf lange Sicht nicht überlebensfähig!

Um Hilfe aus diesem Bereich zu erlangen, bedarf es nicht sehr viel; jeder Mensch ist mehr oder weniger in der Lage, die Inspirationen zu empfangen, welche ihm aus tieferen Schichten seiner Psyche unaufhörlich zufließen. Erwehren kann man sich dieser Kräfte im Grunde nur dann, wenn man bereit ist, sich mit ihnen auseinanderzusetzen.

Wieso reagiert der eine Mensch neurotisch, während ein anderer psychotisch wird?

Ein Neurotiker hat mehr Kräfte zur Verfügung, die ihn vor dem Eindringen allzu feindlicher Elementale schützen.

Nicht nur die Atome, die Zellen des Körpers, sondern sogar die Pflanzen verfügen über eine Art Bewusstsein. Das menschliche Bewusstsein ist in den meisten Fällen wie eine Linse, die das Bild auf einen Punkt verengt und damit die Wirklichkeit verzerrt. Meditation ist ein Weg, das Bewusstsein über seine normalen Grenzen hinaus zu erweitern. Dies verlangt allerdings von dem Ego, die Perspektive seiner individuellen Erfahrung aufzugeben.

Im Schlafzustand ist das Unterbewusstsein äußerst aufnahmefähig und offen für Inspirationen aus den jenseitigen Bereichen. Da die Wahrnehmungsfähigkeit der fünf Sinne, die tagsüber auf die äußere Realität gerichtet sind, so gut wie ausgeschaltet ist, wird das Unterbewusstsein sensibilisiert für Eindrücke aus dem Geistigen. Spirituelle Lehrer benutzen daher die Bahnen des Unterbewusstseins, um ihren Schülern in den Perioden des Schlafs ihre Gedanken zu senden, bemerkt E.G. Jussek (in: Begegnung mit dem Weisen in uns, S.77).

Die Seele ist, obwohl mit dem materiellen Körper eng verbunden, geistiger Natur. Daraus ergibt sich für die Seele die Möglichkeit, wieder die Beweglichkeit des Geistes zu erlangen, sobald die Verbindung mit dem Körper im Schlafzustand gelockert ist. Selbst der unbewusste Teil der menschlichen Psyche ist immer erreichbar, sei es während des Tages oder während des Nachts im Schlaf, behauptet V. Hasselmann (S.143).

Das menschliche Bewusstsein befindet sich in unterschiedlichen Zuständen. Eine grobe Einteilung in zwei verschiedene Zustände:
● das Tagesbewusstsein und
● das höhere Bewusstsein,
soll dies verdeutlichen:

Das Tagesbewusstsein befasst sich mit den Dingen des alltäglichen Lebens, die in konkreten Handlungsabläufen zum Ausdruck gelangen: Putzen, waschen, einkaufen, Reparaturen, Installationen etc. Bei diesen Tätigkeiten ist das menschliche Bewusstsein gänzlich fokussiert auf den jeweiligen Bezugspunkt in Zeit und Raum, ohne dem Bewusstsein Abschweifungen auf Nebenschauplätze zu erlauben. Diese Konzentration ist in manchen Augenblicken lebensnotwendig, bspw. in schwierigen Situationen beim Autofahren. Aufgrund dieser Notwendigkeit verfallen viele Menschen in den Fehler, ihrem Tagesbewusstsein eine ausschließliche Bedeutung beizumessen, die diesem nicht zukommt. Andere Bewusstseinserfahrungen geraten so gänzlich aus dem Blickfeld und werden nur noch über das Unterbewusstsein wahrgenommen.

Wie entsteht zwanghaftes Verhalten?

Bei vielen Handlungsabläufen ist die ausschließliche Konzentration nicht notwendig. Das Bewusstsein hat in solchen Momenten die Möglichkeit, in andere Dimensionen der Erfahrung zu reisen. Vermeidet das Bewusstsein aber ängstlich das Abschweifen auf andere Ebenen, dann werden banale Tätigkeiten in übertriebener Weise mit Energie versorgt, was ihnen einen erhöhten Stellenwert verleiht. Das Bewusstsein wird gezwungen, seinen Focus einzuengen; der Energiefluss wird dadurch verstärkt. Wird ein alltäglicher Handgriff verstärkt mit Energie aufgeladen, dann findet in der Psyche des Betreffenden eine Fixierung statt.

Zwanghaftes Verhalten ist die Folge von Fixierungen aufgrund zu starker Einengung des Bewusstseins. Die Kontrollfunktionen sind in übertriebener Weise ausgebildet, der Fluss der Energie wird unflexibel. Die Handlungen werden mit peinlichster Sorgfalt ausgeführt und häufig wiederholt, Wasch- und Putzzwänge sind ein anschauliches Beispiel für eine übertriebene Einengung des Bewusstseinsspielraums.

Konzentration auf einen Bezugspunkt führt zur Vertiefung des jeweiligen Spektrums. Die Einzelheiten gewinnen an Bedeutung und rücken immer stärker in den Vordergrund. Wird die Aufgabenstellung der intensiveren Wahrnehmung von Einzelheiten gerecht, dann ergibt sich daraus keine Störung. Die intensive Konzentration auf Einzelheiten wird erst dann auffällig, wenn sie in wiederkehrender, starrer Form erfolgt, die auch durch die Gewohnheit wenig aufgelockert wird und sich auf alltägliche, einfache Handlungen bezieht. Tiefsitzende Ängste liegen dieser Bewusstseinseinstellung zugrunde.

Ein flexibles Bewusstsein erlaubt zumindest hin und wieder ein Abschweifen in andere Dimensionen der Erfahrung; der Bewusstseinsausschnitt, welcher der Wahrnehmung zugrunde liegt, vergrößert sich. Ein weiter gespanntes Bewusstsein schöpft aus einem größeren Reservoir, vielfältigere Informationen und Erfahrungen sind ihm zugänglich.

Die geistige Welt übermittelte mir noch weitere beachtenswerte Informationen:

Im anderen (höheren) Bewusstsein verweilt ein Mensch mehrmals am Tag, ohne dies zu bemerken. Jedes Bewusstsein ist mit der ‚Quelle' verbunden, dem allumfassenden Sein. Momente, in denen die Konzentration auf alltägliche Belange nachlässt, Augenblicke der Muße und Zerstreutheit, nutzt das Bewusstsein zur Erkundung anderer Dimensionen des Geistes. Je weiter ein Bewusstsein entwickelt ist, desto umfassendere, höhere Schwingungsebenen sind ihm zugänglich, mit denen es sich verbinden und aus deren Reservoir es schöpfen kann.

Ein sich entwickelndes Bewusstsein ist dazu aufgerufen, sich mehrmals am Tag willentlich mit seiner Quelle zu verbinden. Diesen Vorgang kann man mit dem Ein- und Ausschalten eines Lichtschalters vergleichen. Konzentriert sich das Bewusstsein ganz auf die materielle Ebene, ist es für die höheren, rein geistigen Bewusstseinszustände weitgehend ausgeschaltet. In Stunden der Entspannung hingegen, in denen der Mensch ‚abschaltet', ist die Verbindung mit anderen geistigen Dimensionen möglich, das Bewusstsein ist nun ‚eingeschaltet'. Die Verbindung hält in der Regel nur so lange an, wie der Mensch in dem entspannten Zustand verweilt. Die durch eine erneute Konzentration bewirkte Unterbrechung führt zu einem ‚Rückfall' des Menschen auf ausschließlich irdisch-materiell ausgerichtete

Bewusstseinsbereiche, der Kontakt ‚nach oben' ist unterbrochen und damit der Zugang zu höherem Wissen.

Allein die Bewusstwerdung dieser Zusammenhänge gibt dem Menschen die Möglichkeit, seine Geisteshaltung zu ändern, den Wahrnehmungsspielraum zu erweitern. Im Bewusstsein des erweiterten Gewahrseins gibt der Mensch einen Teil seiner Kontrolle ab. Hierdurch erschließen sich ihm umfassendere Wahrnehmungsbereiche, zu denen er bei einer starren Fokussierung keinen Zugang hätte. Je häufiger es einem menschlichen Bewusstsein möglich ist, auf den höheren geistigen Ebenen zu verweilen, desto mehr wird es sich verfeinern und den dort erlebten Bewusstseinszuständen anpassen. Die Verbindung mit höheren Bewusstseinszuständen wird hergestellt, indem ein Mensch die Aufmerksamkeit in diese Richtung lenkt.

Dieser einfach erscheinende Vorgang ist schwieriger, als es den Anschein hat. Das bewegliche, fluktuierende Bewusstsein bleibt selten in eine Richtung zentriert, daher wird es einem Übenden anfänglich schwer fallen, die Zentrierung auch nur über kurze Zeit beizubehalten. Störende Energien machen sich bemerkbar, die das Bewusstsein in eine andere Richtung abgleiten lassen.

Jeder Mensch ist fortwährend in Kontakt mit geistigen Wesen, doch läuft dieser Vorgang in der Regel völlig unterhalb der Wahrnehmungsschwelle ab. Sobald ein Geist sich in der Entwicklung befindet, werden diese Vorgänge immer bewusster von ihm wahrgenommen.

Die geistige Welt ist aus einer Vielzahl von Schichten aufgebaut, wobei jede Schicht einer spezifischen Schwingungsstufe entspricht. Die Schwingungshöhe des jeweiligen Individuums entscheidet, mit welcher der Schichten es jeweils in Berührung kommt.

Ein unentwickeltes Individuum wird es schwer haben, die höheren Geistebenen mental zu erreichen, daher stehen Helfer bereit, die den Empfang ermöglichen. Wünscht ein irdischer

Mensch eine bestimmte Information, dann wird ein Geisthelfer diesen Wunsch weiter vermitteln; die Entscheidung wird dann auf der nächst höheren Ebene getroffen.

Der Kontakt zu den geistigen Ebenen ist immer vorhanden, nur wissen die meisten Menschen davon nichts. Sobald ein Bewusstsein Bereitschaft zeigt, höhere Weisheit zu akzeptieren, werden die entsprechenden Verbindungskanäle geschaffen, die eine Aufnahme ermöglichen. Aufgabe des Menschen ist es, den Kontakt häufig zu suchen, damit die Verbindung gefestigt wird.

Auch die geistigen Helfer, die u. a. als *Dämonen* bezeichnet werden und gemeinhin sehr unbeliebt sind, üben eine wichtige Funktion aus, indem sie den Menschen mit seinen Ängsten und Schwächen konfrontieren, die ihn bei der Fortentwicklung behindern. Sie sind in der Regel ebenfalls noch in der Entwicklung befindliche Geister, die in wechselseitigem Kontakt dazulernen.

Gelingt es den geistigen Helfern, einem menschlichen Wesen bei seiner spirituellen Weiterentwicklung behilflich zu sein, so haben sie damit selbst einen Schritt in ihrer eigenen Entwicklung getan. Die geistigen Helfer werden auch gemeinhin als die WÄCHTER bezeichnet. Die Schwingungen von Geisthelfer und Schüler weisen ähnliche Muster auf. Sie dürfen über einen Schüler nicht beliebig verfügen. Der Rahmen wird vor Beginn der Schulung festgelegt und darf nicht überschritten werden. Der Proband gibt dazu sein Einverständnis und weiß auf einer unterbewussten Ebene in etwa, worauf er sich einlässt.

Vielen Probanden sind diese Zusammenhänge nicht klar, weshalb es häufig zu Fehleinschätzungen in bezug auf Funktionen und Bedeutung der Geisthelfer kommt. Dämonische Kräfte weisen anscheinend mehr Facetten auf, als dies bei oberflächlicher Betrachtung den Anschein hat.

Das kollektive Unbewusste

Der Psychoanalytiker und Psychiater C.G. Jung fand für viele Konflikte seiner Patientinnen und Patienten keine nachvollziehbare Ursache, weder im Bewusstsein noch im Unbewussten. Daher kam er zu der Unterscheidung von zwei Arten des Unbewussten:

◎ das individuelle Unbewusste, in dem viele zurückliegende Ereignisse des gegenwärtigen Lebens gespeichert sind, und

◎ das kollektive (überpersönliche) Unbewusste, das vieles enthält, was nicht individuellen Erlebnissen entspricht, sondern der Vergangenheit der gesamten Menschheit angehört.

Vieles tritt bei der Erforschung des kollektiven Unbewussten zutage, für das es nach herkömmlichen Vorstellungen keine Erklärung gibt: Eine geistige Welt, in der Götter und Dämonen in einer Beziehung zur menschlichen Seele stehen und ihr Spiel treiben, wird sichtbar. Das Nichtwissen um diese Beziehungen birgt das Risiko einer psychischen Erkrankung.

Die Theorie des kollektiven Unbewussten von C.G. Jung enthält interessante Gesichtspunkte, die über andere psychologische Theorien des menschlichen Unbewussten hinausgehen. In *Die Dynamik des Unbewussten* befasst sich Jung mit den psychologischen Grundlagen des Geisterglaubens. Gewisse Seelenteile, die „entweder gar nicht oder nur selten mit dem Ich in Assoziation treten", heißen bei Jung *autonome Komplexe* (S.347). Besonderheiten des Bewusstseins, die vom wissenschaftlichen Standpunkt aus nicht leicht zu erklären sind, rechnet der Autor diesen ominösen Komplexen zu. Dazu gehören: Visionen, Träume, Halluzinationen, wahnhafte Ideen und dgl. Die unbewussten Komplexe werden vom Patienten „als feindlich empfunden, weil sein Ich dem unbewussten Komplex feindlich gegenübersteht" (S.349).

Vom psychologischen Standpunkt aus betrachtet können Geister demzufolge als unbewusste autonome Komplexe aufgefasst werden, „welche projiziert erscheinen, da sie sonst keine direkte Assoziation mit dem Ich haben". Jung fügt interessanterweise als Fußnote hinzu: „Man möge dies nicht als metaphysische Konstatierung missverstehen. *Die Frage, ob es Geister an sich gibt, ist damit nicht von Ferne entschieden.* Die Psychologie beschäftigt sich nicht mit dem ‚An-sich' der Dinge, sondern nur mit deren Vorstellung." Jung vertrat die Auffassung, dass es nicht Aufgabe der psychologischen Wissenschaft sei, sich für oder gegen den Geisterglauben auszusprechen, da dieser sich der wissenschaftlichen Erkenntnis entziehe. Kurzum: Die Psychologie sieht es nicht als ihre Aufgabe an, sich mit der Existenz von Geistwesen zu befassen und kann daher die Frage, ob Geister existieren, nicht beantworten.

Das Unbewusste zerfällt, wie bereits erwähnt, nach Auffassung von C.G. Jung in zwei Teile, die scharf zu unterscheiden sind:

▶ Das **persönliche Unbewusste**, das alle diejenigen psychischen Inhalte enthält, die im Laufe des Lebens in Vergessenheit geraten bzw. verdrängt werden. Selbst wenn jede bewusste Erinnerung erloschen ist, finden sich doch ihre Spuren im Unbewussten.

▶ Das **unpersönliche** oder **kollektive Unbewusste**, das keine persönlichen Inhalte enthält, sondern solche, die einer großen Gruppe von Individuen, - oft einem ganzen Volk, ja sogar der ganzen Menschheit -, angehören.

Die Existenz eines kollektiven Unbewussten nachzuweisen, das von zahlreichen mythologischen Vorstellungen bevölkert wird, ist nicht einfach. „Am deutlichsten sieht man solche Inhalte in Fällen von Geistesstörung, speziell in der Schizophrenie. Dort entfalten sich of die mythologischen Bilder in ungeahnter Mannigfaltigkeit. Die Geisteskranken produzieren oft Ideenverbindungen und Symbole, die man nicht auf die Erfahrungen ihres individuellen Daseins zurückführen kann, wohl aber auf die menschliche Geistesgeschichte. Es ist primitives mythologisches Denken, welches seine Urbilder reproduziert, und nicht Reproduktion bewusster Erfahrungen" (S.352).

Das kollektive Unbewusste dient Jung als umfangreiches Gefäß, in dem unbequeme, schwer zu ergründende Inhalte der menschlichen Psyche untergebracht werden können. Wenn ein Teil des kollektiven Unbewussten „sich dem Ich assoziiert, d.h. bewusst wird, so empfindet das Individuum diesen Inhalt als fremd, unheimlich und zugleich faszinierend; auf jeden Fall wird das Bewusstsein dadurch in beträchtlicher Weise beeinflusst, sei es, dass es den Komplex als krankhaft empfindet, sei es, dass es dadurch dem normalen Leben entfremdet wird."

Die Inhalte des kollektiven Unbewussten erscheinen ich-fremd, wie von außen kommend. Sie können „aus irgend einem Grunde eine so große Energie erlangen, dass sie das Bewusstsein zu beeinflussen vermögen" (S.355f.). Sie wirken dann übermächtig auf das individuelle Bewusstsein ein und stiften Verwirrung. „Tritt eine Belebung des kollektiven Unbewussten ein infolge des Zusammenbruches der Lebenshoffnungen und -erwartungen, so entsteht dadurch die Gefahr, dass sich das Unbewusste anstelle der Wirklichkeit setzt. Dieser Zustand wäre krankhaft."

Der beschriebene Vorgang ist kaum vorstellbar ohne eine gewisse Personifizierung der kollektiven Inhalte. Wenn Jung Geister als „entweder krankhafte Gedanken oder noch unbekannte neue Ideen" bezeichnet, dann macht er sich nicht die Mühe, nach der Herkunft dieser ‚Ideen' zu fragen. Dies würde den wissenschaftlichen Rahmen sprengen, daher belässt es der Autor bei nebulösen Äußerungen. Wissenschaft muss sich seiner Auffassung nach gewisse Beschränkungen auferlegen. Man sollte schließlich nie vergessen, „dass die Wissenschaft nur eine Angelegenheit des Intellektes ist. *Der Intellekt ist nur eine unter mehreren fundamentalen psychischen Funktionen und genügt darum nicht zur Schaffung eines allgemeinen Weltbildes.*" Immerhin wird hier dem Intellekt eine nur beschränkte Funktion eingeräumt.

Jahre später zweifelte Jung daran, dass eine ausschließlich psychologische Betrachtungsweise und Methodik parapsychologischen Phänomenen gerecht werden kann. Er warf die „Frage der transpsychischen Realität, welche der Psyche unmittelbar zugrunde liegt", auf (vgl.: Fußnote, S.360). Spukphänomene hielt Jung überdies für psychische Tatsachen und bemängelt, dass häufig „höchst interessante Tatsachenberichte schleunigst unterdrückt werden und so der Forschung verloren gehen. Ich habe nicht nur vielerlei Berichte dieser Art bei meinen Patienten eruieren können, sondern selber einiges beobachtet. Aber mein Material ist zu spärlich, als dass ich darauf eine begründete Ansicht basieren könnte. *Immerhin bin ich zur subjektiven Überzeugung gelangt, dass es sich beim Spuk um Tatsachen handelt, von denen man zwar träumt, aber wovon die ‚Schulweisheit' keine Notiz nehmen will"* (S.357f.).

Auch zum Spiritismus und zur ‚Geisterhypothese' äußert sich Jung. Er will nicht die „Modetorheit begehen, alles, was ich nicht erklären kann, für Schwindel anzusehen. Es dürfte nur sehr wenige Nachweise dieser Art geben, welche dem Kriterium *Kryptomnesie*[11] und vor allem der *extrasensory perception* (= außersinnliche Wahrnehmung) standhalten. Die Wissenschaft kann sich den Luxus der Naivität nicht gestatten. Diese Fragen sind noch zu beantworten." C.G. Jungs Aufgeschlossenheit okkulten Themen gegenüber war seinem langjährigen Mentor Sigmund Freud, dessen Schüler Jung war, ein Dorn im Auge. Die Voreingenommenheit Freuds führte zu Differenzen und schließlich zur Entfremdung der beiden Psychoanalytiker.

Neurotische und psychotische Verhaltensweisen von Patienten führen Psychotherapeuten häufig auf ‚unbewusste Prozesse' zurück, doch sie treffen in ihren Erklärungen oft nicht den eigentlichen Kern. Weiß ein Patient bspw. nicht, von welcher Art von Einflüssen er in seinem Unterbewusstsein geplagt wird, neigt er

---

[11] *Kryptomnesie* bezeichnet geheime, verborgene Gedächtnisinhalte.

dazu, die Ursache nach außen zu projizieren und in seiner Umgebung nach Schuldigen zu suchen. Auf diese Weise entstehen paranoide Wahnvorstellungen, die für außenstehende Beobachter nicht einsichtig sind. Leider existiert bis in die Gegenwart hinein ein immenser Nachholbedarf bei der Erforschung der geheimnisvollen Welt des Unsichtbaren.

Unterbewusstsein und Überbewusstsein

Der erste westliche Forscher, der auf die Existenz des Unterbewusstseins und des Unbewussten aufmerksam wurde, war Siegmund Freud. Er entdeckte, dass das Meer der Psyche eine geheimnisvolle Tiefe besaß, doch er drang nicht wirklich bis auf den Grund, sonst hätte er bessere Einblicke in diese Tiefe gewonnen, so wie es Mystikern möglich ist. Diese tauchen selbst in die Tiefe hinab, um zu Erkenntnissen zu gelangen, die jenseits der theoretischen Überlegungen angesiedelt sind (vgl.: K.C. Markides: Feuer des Herzens, S.316f.).

Für den zypriotischen Heiler Daskalos ist das Unterbewusstsein „der fundamentale Kern der derzeitigen Persönlichkeit", der den Hintergrund dessen bildet, was wir Bewusstheit nennen. „In Wirklichkeit gibt es keinen Unterschied zwischen den beiden", meint er. „Das Unterbewusstsein ist… die große treibende Kraft unserer Existenz. Es ist das Material, auf dem das ganze Gebäude unserer Existenz errichtet wird." Alle Eindrücke, die ein Individuum bewusst empfängt, werden im Unterbewusstsein aufgezeichnet. Dem Mystiker gelingt es, bewussten Zugang zu seinem Unterbewusstsein zu erlangen, es zu beeinflussen und zu verwandeln.

Die Menschheit, die über das gewöhnliche Tagesbewusstsein mit der äußeren, sinnlichen Welt verbunden ist, hat im Unterbewusstsein Kontakt mit einer ganz anderen Welt; mit einer Welt, in der Gedanken walten, die sehr subtil und raffiniert sind, wie R. Steiner berichtet. Diese unterbewussten und unbewussten Regionen, für die in der Psychologie recht nebulöse Erklärungsversuche vorliegen, können nach Auskunft Steiners nur durch Geistesforschung ins Bewusstsein gelangen (vgl.: Individuelle Geistwesen und ihr Wirken..., S.154). Er führt aus: „... dass der Begriff des Unbewussten eigentlich so, wie er in der Psychoanalyse herrscht, ein unbegründeter ist. Und solange man nicht über diesen Begriff des Unbewussten – einen rein negativen Begriff – hinauskommen wird, wird man nicht anders sagen können, als dass diese Psychoanalyse mit unzulänglichen Erkenntnismitteln an einem von der Gegenwart ganz besonders geforderten Phänomen arbeitet" (S.170f.).

Was ist es, das den Forschern solche Probleme bereitet? *„Sie erkennen an, dass ein Seelisches außerhalb des Bewusstseins vorhanden ist; ...aber sie können sich nicht aufschwingen zu der Erkenntnis des Geistes selbst. Geist kann niemals durch den Begriff des Unbewussten irgendwie erfasst werden; denn ein unbewusster Geist ist wie ein Mensch ohne Kopf."* Wenn Menschen die Schwelle des normalen Bewusstseins überschreiten, sei es aufgrund geisteswissenschaftlicher Forschung oder in krankhaft abnormer Weise, werden sie niemals einem unbewussten Geist, einem Geist ohne Bewusstsein, begegnen. „Wenn man die Schwelle des Bewusstseins überschreitet, so kommt man immer in geistiges Gebiet hinein; ganz gleichgültig, ob man ins Unterbewusste oder ins Überbewusste kommt... *Wo Geist ist, ist auch Bewusstsein."* Geisteswissenschaft eröffnet die Möglichkeit, die Art von Bewusstsein zu erkennen, die im Unterbewusstsein ihren Einfluss ausübt.

Diese Bereiche werden zum Unbewussten für Diejenigen, die nur an der Oberfläche bleiben, erklärt Steiner: *„Man trifft das Wesen der Sache nicht, wenn man von Unbewussten redet; denn dieses sogenannte Unbewusste ist einfach jenseits der Schwelle des gewöhnlichen Bewusstseins,* und es ist diejenige Sphäre, in welcher der Wissende solche Dinge entfalten kann" (S.184). Das so genannte ‚Unbewusste' vollzieht sich sehr bewusst hinter der Schwelle des menschlichen Bewusstseins. Hiervon nehmen Menschen im gewöhnlichen Bewusstseinszustand nichts wahr, und dies ist ein Vorteil, da andernfalls pausenlos Informationen auf sie einstürmen würden, die der Situation nicht angemessen wären. Der größte Teil ihres Wesens ist den Menschen daher nicht voll bewusst.

Nach den Aussagen W.E. Butlers befindet ein Teil des Geistes in Verbindung mit seinem unsterblichen oder höheren Selbst, während der andere Teil mit dem Gehirnbewusstsein verbunden und von diesem bedingt ist (S.213). Letzterer ist die Vernunftseele, auch Verstandesseele genannt. Unterhalb dieser Vernunftseele ist die ‚tierische Seele' angesiedelt, die psychologisch mit dem persönlichen Unbewussten gleichgesetzt werden kann. Butler nennt vier Bewusstseinsschichten des menschlichen Geistes:

- der wachbewusste Geist;
- das persönliche Unterbewusstsein;
- das kollektive Unterbewusstsein,
- das Überbewusstsein.

Von diesen Schichten des Bewusstseins wird normalerweise nur ein Teil bewusst wahrgenommen. Dennoch befindet sich das Individuum ständig unter dem Einfluss anderer Bewusstseinsschichten. Verborgene geistig-seelische Strömungen sind hin und wieder der Anlass für Handlungen, die im Grunde nicht beabsichtigt waren (S.28f.).

Der unterbewusste Geist, der sich nicht in Worten, sondern in Bildern ausdrückt, ist viel älter als der bewusste Geist. Die Autorität des bewussten Geistes, der führen, leiten und bestimmen kann, ist unbestritten. Aber die eigentliche Arbeit findet auf den unterbewussten Ebenen statt. Butler bezeichnet das Unterbewusstsein als den größeren und wichtigeren Teil des Geistes.

Im Verlauf einer Einweihung wird das normale Bewusstsein nach innen gerichtet; die psychischen Energien der unterbewussten Schichten werden freigelassen und sind somit dem Wachbewusstsein zugänglich. Der Schamanismus kennt neben dem bewussten Selbst drei weitere ‚Selbsts' im Menschen, die auf verschiedenen Bewusstseinsebenen agieren. Sie alle üben einen subtilen Einfluss aus auf das bewusste Selbst, das sich meist darüber nicht im Klaren ist. K. Meadows beschreibt die Aktivitäten der verschiedenen Selbsts (S.60f.):

- Das **unterbewusste** oder **verborgene Selbst** des Menschen kommuniziert über das Unterbewusstsein mittels der Bildsprache, durch plötzliche Einfälle und intuitive Eingebungen.
- Das **höhere Selbst** ist die Quelle der Inspirationen und der Kreativität. Telepathische Eingebungen, Visionen und Offenbarungen dringen vom Überbewusstsein in die menschliche Gedankenwelt.
- Das **Körperselbst** macht sich über elektrochemische Impulse bemerkbar.

„Bilder, intuitive Gefühle, Inspirationen und Impulse sind alles Energieformen, derer sich die verschiedenen Aspekte des Gesamtselbst und des Gesamtbewusstseins bedienen. Ebenso besteht alles, was existiert, aus Energieformen, in sich ständig wandelnden Kombinationen."

Eine Kommunikation mit den Energieformen anderer Lebensformen und zwischen unterschiedlichen Existenzebenen ist möglich über die Bildersprache und telepathische Impulse. Die Fähigkeit zu dieser Art von Kommunikation ist in jedem Menschen latent vorhanden, wenngleich die meisten Menschen keine Kenntnis davon haben. Daher bleiben die Erfahrungen rudimentär und werden meist als solche nicht erkannt.

Die persönliche Umgebung jedes Menschen enthält Widerspiegelungen der individuellen Überzeugungen, Einstellungen, Ängste und Vorlieben. Diese werden dem Unterbewusstsein eingeprägt, das dann nach Möglichkeiten sucht, sie zum Ausdruck zu bringen. *So erschafft jeder Mensch bis zu einem gewissen Grad seine eige-*

ne Realität. Die persönliche Welt wird ebenfalls von der kollektiven Ebene aus beeinflusst. Will ein Mensch die äußere Welt verändern, dann muss er sich im eigenen Innern ändern.

Das Überbewusstsein oder höhere Bewusstsein ist nicht im Bereich des Gehirns lokalisiert, sondern in den geistigen und psychischen Zentren des Körpers, erläutert E.G. Jussek (in: Begegnung mit dem Weisen in uns, S.77). J. McClure stellt in ihren gechannelten Texten eine Verbindung des Unterbewusstseins zu den Chakren her. Sie bezeichnet das Unterbewusstsein als Teil der Energiezentren, als „eine Energieströmung, die durch das gesamte Chakrensystem und dann auch auf der dichten physischen Ebene durch das ganze endokrine System läuft" (S.118). Diese Energieströmung wirkt über die Nebennieren auf den Organismus ein. Die Nebennierendrüsen sind direkt mit den unterbewussten Vorgängen und den Emotionen verbunden.

Die Struktur der menschlichen Psyche ist ausführlich dargestellt in den Texten von Jane Roberts (z.B. in: Seth und die Wirklichkeit der Psyche). Die menschliche Psyche ist noch lange nicht vollständig erforscht; d.h. den Menschen fehlt die Kenntnis über grundlegende Bereiche ihrer eigenen psychischen Struktur. Gern wird das Unterbewusstsein als Erklärungsansatz vorgeschoben, doch im Allgemeinen existiert keine umfassende Vorstellung von dieser psychologischen Instanz, die als Sammelbecken dient für alles das, wofür keine ausreichende Erklärung vorhanden ist.

Auch das Überbewusstsein erfordert eine nähere Betrachtung. Man könnte meinen, es sei identisch mit dem Über-Ich der Psychoanalyse, der ,Eltern-Instanz' des Menschen. Doch diese Definition ist zu eng gefasst. Das Überbewusstsein ist wie eine weiße Landkarte, die noch viele Überraschungen in sich birgt. Obwohl moderne Forscher emsig dabei sind, auch letzte Geheimnisse zu entschlüsseln, geraten sie dennoch immer wieder an ihre Grenzen. Intuitives Wissen, das auf Gefühlswahrnehmungen basiert, ist Führer und Mittler zu den lichtvollen Welten des Geistes. Nicht wissenschaftliche Beobachtung, sondern persönliche Erfahrung ist hier gefragt, fordert Swami Vivekananda.

Das Überbewusstsein verbindet das Individuum mit der Welt des Geistes. Sensitive künstlerische Menschen sind befähigt, ihre Werke direkt aus der geistigen Welt in die materielle Ebene herab zu bringen. Ist das Bewusstsein dazu imstande, auf einer höheren Ebene zu verweilen, erreicht es *Samadhi*, Überbewusstsein. Das Bewusstsein überschreitet die Grenzen des Verstandes und sieht sich unbekannten Bereichen gegenüber. Subtile Kräfte werden Teil der Wahrnehmung und geben dem Geist Anstöße zur spirituellen Entfaltung.

So wie Tätigkeiten unterhalb der Bewusstseinsschwelle existieren, gibt es auch Tätigkeiten, die sich oberhalb des normalen Bewusstseins abspielen und die nicht vom Ichgefühl begleitet sind. Ichgefühle existieren nur auf einer mittleren Ebene (S.85). Während sich die menschliche Vernunft nur innerhalb eines kleinen Kreises bewegen kann, kennt das Überbewusstsein nicht derartige Begrenzungen. Menschen im tiefen Schlafzustand gelangen auf eine Ebene unterhalb des Bewusstseins. Nach dem Aufwachen haben sie sich kaum verändert. Anders ist es bei *Samadhi*: Mystiker und Visionäre, die das Überbewusstsein erleben, gehen verwandelt daraus hervor.

Die geistige Welt übermittelte folgende wichtige Einsichten bezüglich des Unterbewusstseins:

Das Unterbewusstsein ist ein Teil des Menschen und ähnelt Strahlen, die er aussendet. Sie bilden einen Teil des Körperbewusstseins und folgen ihm, wohin er auch geht. Über *das Unterbewusstsein* nimmt er Verbindung mit der geistigen Welt auf; es ist *Teil des Höheren Selbst*. Widersprüchliche Inhalte ergeben sich aufgrund von Glaubenssätzen, die einander widersprechen. Die Probleme existieren zwar nur in der Einbildung, kommen den

Betroffenen aber sehr real vor, obwohl sie von ihm selbst erzeugt werden. Er nimmt sie als von außen kommend wahr.

Auf diese Weise hat ein Individuum die Möglichkeit, sich mit seinen eigenen Bewusstseinsinhalten auseinanderzusetzen und die notwendigen Korrekturen vorzunehmen. Deshalb wird er immer wieder mit ihnen konfrontiert, bis er sie als seine eigenen erkennt und verarbeitet. Anders wäre es nicht möglich, einen Fortschritt zu erzielen oder eine Richtung einzuschlagen, die dem Wohlergehen dient.

Das Unterbewusstsein besteht aus z. T. recht starren Gedankenmustern, die im Laufe von vielen Jahrhunderten entstanden sind. Sie können sehr fest verankert sein, was ein Aufspüren erschwert. Eine große Offenheit und Flexibilität sind notwendig, um Bewegung in das festgelegte Schema zu bringen. Wem es gelingt, die Inhalte deines Unterbewusstseins vorurteilslos zu untersuchen, den wird das in die Lage versetzen, von ihnen abzurücken und sie aus einer gewissen Distanz zu betrachten. Es befreit ihn von Ängsten, die tief in seinem Innern wirksam sind und von dort einen störenden Einfluss ausüben. Er wird erkennen, dass deine Ängste unbegründet sind. Sie sind oft aufgrund von jahrzehntelanger Programmierung entstanden und können wieder rückgängig gemacht werden. Es ist wichtig, zu erkennen, dass es sie gibt. Er ist nicht an sie gebunden.

Er kann sich von ihnen befreien, indem er sie wie Schachfiguren in einem Spiel umgruppiert und auswechselt. Wenn ihm bewusst wird, dass er sie selbst erzeugt hat, dann liegt es in seiner Macht, eine Veränderung herbeizuführen. Wenn er das einmal begriffen hat, sollte es ihm gelingen, die Tore zu öffnen und neue Bewusstseinsinhalte wie frischen Wind hereinzulassen und den alten Staub der Jahrhunderte hinauszukehren. Er ist frei, diese Veränderung sofort vorzunehmen.

Als Konsequenz der medialen und spirituellen Öffnung werden Vorgänge im Unterbewusstsein, die vorher unbemerkt blieben, nun der Wahrnehmung zugänglich. Der Lernende hat die Möglichkeit, angemessener darauf zu reagieren als vorher. *Während der medialen Öffnung wird es immer wichtiger, den Einflüsterungen des Unterbewusstseins zu begegnen und zu unterscheiden zwischen förderlichen und negativen Einflüssen.* Sich abgrenzen zu können von destruktiven Einflüsterungen ist ein essentieller Lernschritt auf dem medialen und spirituellen Weg; Versuchungen standzuhalten ein weiterer.

Die bisherigen Erkenntnisse über das Unterbewusstsein (der Menschen) sind sehr mangelhaft. Der Mensch steht über das Unterbewusstsein mit geistigen Wesen in Verbindung, von denen sein bewusstes Denken nichts weiß. Einfälle, Lernerfolge, kommen von dort, aber auch Misserfolge, Rückschläge.

Über das Unterbewusstsein steht der Mensch mit aufbauenden und zerstörerischen Mächten in Verbindung. Je nachdem, welcher Seite er mehr Einfluss zubilligt, wird seine Entwicklung in die eine oder andere Richtung tendieren. Diese Mächte sind weder gut noch böse, sondern sie sind prüfende Instanzen, die Wächter am Tor, die den Menschen ihren Platz zuweisen.

In jedem Augenblick des Lebens steht der Mensch mit geistigen Mächten in Verbindung. Immer liegt es in seiner Entscheidung, in welche Richtung er gehen will: Die meisten Menschen glauben sich völlig ungebunden und unbeobachtet, doch in Wahrheit sind sie mit größeren Mächten verbunden, die in der Lage sind, über ihr Schicksal zu bestimmen. Sie greifen aber niemals willkürlich ein und in seltenen Fällen gegen den Willen des Betroffenen. Aber sie sind allgegenwärtig – *die Menschen stehen unter Beobachtung.*

Die Mächte können die Pläne eines Individuums in besonderer Weise unterstützen oder auch nicht.

Dies hängt bspw. davon ab, ob der Betreffende

- a: an die geistigen Mächte glaubt,
- b: sich um Hilfe an sie wendet (sie anruft), und
- c: seine Pläne keiner unlauteren Absicht entspringen.

Doch in gewissem Umfang erhält jeder Mensch Unterstützung durch geistige Mächte. Er tut dies allerdings meist als Zufall, glückliche Umstände etc ab. In jedem Moment seines Lebens hat ein Mensch Gelegenheit, sich für konstruktive, sich und andere fördernde Möglichkeiten zu entscheiden oder das Gegenteil zu tun. Hiermit entscheidet er auch über seine Zukunft.

Dies bedeutet aber keine grundlegende Determinierung des Schicksals eines Menschen durch ihm überlegene geistige Welten. Der Entscheidungsspielraum, welcher dem Menschen gewährt ist, soll ihm ermöglichen, aufgrund der Folgen seines Handelns, die Fehlerquelle in seinen Motiven und Absichten selbst zu erkennen. Wären die Menschen lediglich Befehlsempfänger sie kontrollierender geistiger Mächte, dann wären sie niemals in der Lage, einen eigenen Willen zu entwickeln und diejenigen Erfahrungen zu machen, für die sie sich entschieden haben auf ihrem Lebensweg.

Das Bewusstsein besteht aus vielfältigen Facetten, die ein harmonisches Ganzes bilden. Jede einzelne Facette des Bewusstseins ist dem Menschen zugänglich; nur wenig unter der Oberfläche liegen Schätze verborgen, von denen er nichts weiß. Wenn er jeden seiner kleinsten Gedanken überprüfen würde, dann könnte er unzählige neue Erfahrungen machen. Negative Gedankeninhalte können ihm nicht ernsthaft etwas anhaben. Sie sind ein Teil von ihm, so wie er Teil von etwas Höherem ist. Erst bei der Höherentwicklung erkennt er die Schönheit und Harmonie, die wie ein Same oder Keim in ihnen angelegt sind.

Gedankenformen (Elementale)

Als Ergebnis von Gedanken, Wünschen, Begierden und Leidenschaften erschaffen Menschen unbewusst *Elementale*[12] und senden diese aus. Jede selbstbewusste Persönlichkeit entlässt unaufhörlich Elementale in ihre Umgebung, deren Gesamtheit die gegenwärtige Persönlichkeit ausmacht. Jedes Elemental trägt in sich die Eigenschaften der besonderen Absichten und Energien, aus denen es geschaffen wurde. Sind diese von negativen Emotionen, von Aggressionen oder Ängsten, geprägt, bilden sie einen Anziehungspunkt für entsprechende Elementale, die andere Menschen in ihrer Umgebung hervorbringen. Individuen nehmen diejenigen Elementale auf, die mit ihrer eigenen Schwingung harmonisieren.

Es gibt Menschen, die den in ihrer eigenen Psyche selbst erzeugten Elementalen zum Opfer fallen. Diese durch Gedankenkraft erschaffenen Formen kehren eines Tages zum Unterbewusstsein ihres Erzeugers zurück. Oft bringen sie starke Wünsche zum Ausdruck, die über einen längeren Zeitraum gehegt wurden. Sie können, sobald sie eine entsprechende Stärke aufweisen, Energie vom ätherischen Doppel der betreffenden Person absorbieren, um ihre Existenz zu verlängern. So entstehen Gewohnheiten, Süchte und sogar Besessenheit. Aus esoterischer Sicht sendet der Mensch ein *Elemental* aus bzw. projiziert dieses. Anschließend kehrt es zu seinem Ursprung zurück, nimmt Energie aus dem Ätherkörper des Menschen auf und wird auf diese Weise mit der Zeit immer stärker.

Gewohnheiten bilden sich auf folgende Weise: Die Einprägungen des Unterbewusstseins zeigen eine Neigung, zum Bewusstsein aufzusteigen und nach Wiederholung zu drängen. Gewohnheiten und Fixierungen prägen sich unterbewusst den feinstofflichen

---

[12] Elemental: Eine aus den eigenen, psychosexuellen Energien erschaffene Wesenheit (vgl.: H.E. Miers: Lexikon des Geheimwissens).

Körpern ein. Die Persönlichkeit und das Unterbewusstsein werden als Folge des Einfließens von Energie aus den feinstofflichen Körpern aufgebaut. Sind die Schwingungen solcher Elementale sehr stark, können sie die psychische und physische Gesundheit des Menschen beeinträchtigen (vgl.: K.C. Markides: Heimat im Licht, S.44f.).

Manche Menschen erzeugen tyrannische Elementale mit entsprechend ungünstigen Wirkungen. Negative Emotionen erzeugen heftige Schwingungen. In diesem Zustand empfangen die Betroffenen Eindrücke der niederen, unsichtbaren Ebenen, die äußerst unangenehm sein können. „Wir bauen unser Gefängnis also selbst, auch wenn es uns wie ein Palast erscheint. Wir selbst erschaffen unser Unterbewusstsein, unseren Charakter und unsere Persönlichkeit und sind für sie auch verantwortlich. Der Durchschnittsmensch erzeugt seine Elementale in den meisten Fällen unbewusst, und er ist ihrem Druck ausgesetzt, ohne es zu wissen" betont der griechische Heiler Daskalos (in: Esoterische Lehren, S.170). Sobald die Aufmerksamkeit einer Person auf etwas gerichtet wird, das mit den Elementalen in seinem Innern korrespondiert, werden diese in Bewegung gesetzt und gelangen an die Oberfläche des Bewusstseins.

Die menschliche Phantasie erschafft nicht nur angenehme, sondern auch schädliche oder irrationale Gedankenformen, in deren Fußangeln sie sich verfängt. Ein Elemental kann so viel an Macht gewinnen, dass es der Kontrolle des Menschen entgleitet, denn es neigt zu Herrschsucht, wie Daskalos bemerkt: „In einem solchen Fall ist der Mensch zum Sklaven seiner Wünsche geworden, die manchmal so übermächtig werden, dass er in der Irrenanstalt enden kann. Es ist möglich, dass dieses *Elemental* so viel ätherische Substanz von seinem Erzeuger absorbiert, dass es sich sogar buchstäblich materialisieren kann" (vgl.: Markides, K.C., Der Magus von Strovolos, S.63).

In der Meditation kann sich das niedere Vitalwesen eines Menschen zeigen. Es sieht aus wie ein pechschwarzer hässlicher, sehr agil wirkender Kobold. Bei S. Wallimann hält sich das menschliche Elementalwesen, (bei der Autorin als *Elementarwesen* bezeichnet), in der Nähe des Bauchraums auf. Es ist das erdgebundene oder niedere Selbst des Menschen. Die ‚Hauptenergiezentrale' liegt in den äußeren Bereichen des Solarplexus. Aus dem Ätherleib wirkt das Wesen direkt über die Nervenbahnen in den Körper hinein. Somit ist es auch mitverantwortlich für Gesundheit oder Krankheit. Dieses Wesen ernährt sich von allen Energien niedriger Frequenz, also von negativen Gedanken, Süchten, triebhaftem Verhalten, etc (vgl.: Erwache in Gott, S.157).

Dominiert ein Elemental über die Vernunft, dann verlieren die Betroffenen sehr schnell ihre Selbstbeherrschung oder sie werden ständig von Ängsten geplagt. Das Elemental kann sogar Auslöser für Stimmen sein, die ins Bewusstsein drängen oder Verwirrtheitszustände hervorrufen. Eine Verwandlung des Elementalwesens ist möglich. Man erreicht sie durch uneigennütziges Verhalten, durch Zuneigung zu anderen Wesen und die Erzeugung harmonischer Schwingungen.

Manche Menschen werden von Gedankenformen in Besitz genommen, die sie selbst erschaffen haben. Sexuelle Handlungen, bei denen bspw. das Bild einer Geliebten verwendet wird, können ein mächtiges Elemental in der Ätherwelt erzeugen. Um ihre Existenz im ätherischen Feld zu verlängern, saugen solche Elementale die ätherische Substanz des betreffenden Menschen aus. Diese Vampire saugen kein Blut, wohl aber ätherische Substanz, was zu Energieverlusten führt. Dies kann Schwächezustände und auf lange Sicht den Verfall der betreffenden Person zur Folge haben. Das Ausmaß der Beeinträchtigung ist abhängig von der Intensität und der Zeitdauer des Vorgangs. Elementale werden umso mächtiger, je länger ihre Existenz dauert und je mehr Äthersubstanz sie entziehen können. Einige der Opfer werden durch die Beeinträchtigung, deren Ursache sie nicht kennen, in den Wahnsinn getrieben.

Viele Krankheitsfälle beruhen auf der Ansammlung negativer Elementale in der Persönlichkeit, glaubt Daskalos. Sie übernehmen die Kontrolle über das Nervensystem, die Leber, die Milz und das Gehirn und, bei ausgeprägter, zwanghafter sexueller Stimulation, auch über die Geschlechtsorgane. Für einen hellsichtigen Menschen sind die Elementale sichtbar.

Das probate Heilmittel in einem solchen Fall besteht darin, sofort jede Verbindung zu dem Elemental zu unterbrechen. Dies wird sich anfangs allerdings sehr schwierig gestalten, denn das Elemental versteht es mit der Zeit, die Aufmerksamkeit in aufdringlicher Weise einzufordern und den Menschen zu (sexuellen) Handlungen zu zwingen. Dennoch bedeutet jede Ablenkung einen Schritt in Richtung Befreiung (vgl.: Markides, K.C., S.58f.). Daskalos warnt davor, Elementale direkt zu bekämpfen: *„Der Feind ist unsichtbar, er wird euch gewiss besiegen. Indem ihr euch auf einen Angriffskrieg gegen ein Elemental einlasst, gebt ihr ihm mehr Energie. Um die Macht eines Elementals zu neutralisieren, ignoriert man es"* (S.65f.).

Der Heiler warnt davor, die Elementale vertreiben zu wollen. Würden zu viele Elementale, die eine Persönlichkeit bilden, zu Heilzwecken entfernt, dann könnte dies zu einem fatalen Ergebnis führen: *„... wir sollten im Sinn behalten, dass es zum körperlichen Tode des Patienten führen könnte, wenn wir ihn von allen Elementalen befreien, die ihn belästigen.* Wir müssen also sehr vorsichtig sein. Der Eingriff kann auch zu einem Chaos, zur Verwirrung der derzeitigen Persönlichkeit werden. Wir wissen aus den Unterweisungen, dass die derzeitige Persönlichkeit die Summe und Gesamtheit aller Elementale ist, die der einzelne geschaffen hat..." (in: Heimat im Licht, S.59). Durch Gleichgültigkeit dem Elemental gegenüber wird ihm Kraft entzogen und nach und nach wird es schwächer.

Auch die Methode der Psychoanalyse birgt Gefahren, denn möglicherweise werden Vorfälle zutage gefördert, die unter der Oberfläche brodeln und lieber dort verbleiben sollten. Destruktive Elementale, die tief im Unterbewusstsein des Patienten begraben liegen, werden gestärkt, sobald die Aufmerksamkeit auf sie gelenkt wird. Diese Ungeheuer, zum Leben erweckt, könnten aufsteigen und den Betroffenen überwältigen. Therapeuten müssen also sehr auf der Hut sein, sobald sie ungestüme Elementale in Angriff nehmen, von denen Patienten geplagt werden. Es geht darum, Macht und Einfluss jener Monster aus der Vergangenheit zu verringern.

Psychotherapeuten sprechen allerdings nicht von Elementalen, sondern von Zwangsvorstellungen. „Indem wir sie *Elementale* nennen, machen wir sie zu etwas Konkretem, dass für uns greifbar und beobachtbar ist", erklärt Daskalos (S.65). Er glaubt, dem tatsächlichen Wesen dieses Phänomens mit seinen Erklärungen näher zu kommen. Hellsichtige können beobachten, dass jedes Elemental in anderer Form und Gestalt erscheint. Aus diesem Grunde kommen bei der Behandlung der Patienten entsprechende Strategien zum Einsatz. Psychotherapeuten hingegen suchen meist im Dunkeln und fischen im Trüben.

Gedankenformen existieren in den feinstofflichen Bereichen, von wo aus sie Menschen, die ähnliche Schwingungsmuster aufweisen, zu beeinflussen suchen. Sie existieren im persönlichen Unterbewusstsein und in der subjektiven Umgebung derer, die sie erschaffen. Negative Elementale anderer Menschen können für diejenigen Menschen schädlich sein, die auf ähnlichen Frequenzen schwingen. Elementale können von einer Person zur nächsten wandern, behauptet L.Kin. Die Voraussetzung hierfür sei u.a. ‚Affinität' in Form von Bedauern oder intensivem Mitleid. Der Helfer identifiziert sich so stark mit einem Opfer, dass er in Gefahr gerät, selbst zu diesem Opfer zu werden. Daher sei ein „von Weisheit geleitetes Mitgefühl" dem unreflektierten Mitleiden vorzuziehen (S.45f.).

Selbst materielle Dinge, wie Kunstgegenstände, Gemälde oder Edelsteine können von Elementalen magnetisiert sein. Ein Mystiker ist fähig, sich im Geiste auf einen Gegenstand, wie z.b. eine antike Statue, zu konzentrieren und Dinge zu erfahren, die mit diesem Gegenstand in Verbindung stehen. Hellsichtigkeit ist auch die Voraussetzung, damit man „tief in das Unterbewusste seines Patienten vordringen und ausmerzen kann, was das Problem verursacht. Deshalb haben herkömmliche Behandler so wenig Erfolg", davon ist Daskalos überzeugt. Und er ergänzt: „Der konventionelle Psychiater merkt auch nicht, dass das, was er als Zwangsvorstellungen in seinem Patienten bezeichnet, sich allmählich seinem eigenen Unterbewusstsein einprägen kann" (S.65f.). Hätten die Therapeuten mehr Kenntnisse vom Wesen der Gedankenformen, dann könnten sie sich besser schützen und wären in der Lage, mithilfe geeigneter Meditationstechniken derartige Elementale wieder loszuwerden.

Daskalos erklärt sich sogar dazu befähigt, menschliche Geistwesen, die sich in krisenhaften Situationen an Personen hängen, zu vertreiben. Dies ist allerdings keine leichte Aufgabe. Der Heiler schafft ein psychisches Gefängnis für den Geist, indem er selbst eine Gedankenform erzeugt, mit dem er den Geist gefangen setzt. Der eingefangene Geist leidet unter der Einkerkerung solange, bis er zur Vernunft kommt. Daskalos wehrt sich gegen den Vorwurf der schwarzen Magie. Nur wenn ein Unschuldiger festgehalten, in ein psychisches Gefängnis gesetzt und gequält wird, komme schwarze Magie zur Anwendung. Mit dieser Äußerung räumt er die Möglichkeit einer derartigen Beeinflussung ein. Heilbehandlungen zielen auf die Gesundung der Patienten hin; sie sollen ihnen die Rückkehr in ein menschenwürdiges Dasein ermöglichen, während schwarze Magie das Gegenteil bezweckt.

Um eine schädliche Gedankenform aufzulösen, bedarf es einer besonderen Energie, die das Gegenteil der Energie jenes Elementals repräsentiert. Konstruktive, harmonische Gedanken und Emotionen wirken gegen eine zerstörerische Energie an. Die Auflösung ist keineswegs einfach zu bewerkstelligen. Ein Helfer läuft Gefahr, in den Strudel gewaltsamer Elementale hineingerissen zu werden, gegen die er sich nur schwer zur Wehr setzen kann. Spezielle Kenntnisse sind erforderlich, um dieser Gefahr zu entrinnen (vgl.: K.C. Markides; Feuer des Herzens, S.157f.).

Ein Therapeut, der die Techniken der Psychoanalyse anwendet, kann mit derartigen Energien möglicherweise nicht umgehen. Einmal aufgestöbert und geweckt, an die Oberfläche des Bewusstseins geholt, erhalten die Elementale neue Energie und verfolgen nun die derzeitige Persönlichkeit des Betroffenen (S.305). Spirituelle Lehrer hingegen erschaffen Elementale, die den Schüler begleiten, ihn schützen und ermahnen, vorausgesetzt, die Persönlichkeit des Schülers entspricht den Richtlinien der geistigen Gemeinschaft. Der Schutz besteht nur solange, wie die Persönlichkeit des Schülers den Maßstäben der Gemeinschaft entspricht (S.351). – Leider geht Markides auf die mit der Entziehung des Schutzes verbundenen Konsequenzen nicht näher ein.

Menschen, die sich spirituell entwickeln, sind darauf bedacht, ihre Gedanken und Wünsche zu kontrollieren. Damit wird die Erzeugung bedrohlicher Gedankenformen, die später nur schwer wieder zu beseitigen sind, verhindert.

Die Theorie der Elemental-Entstehung reicht bei weitem nicht aus, um die vielfältigen geistigen Einflüsse zu erklären, wie im Folgenden gezeigt wird.

Verstorbene Angehörige

Manche Verstorbene spuken in der Seele der zurückgebliebenen Angehörigen, meint R. Steiner. Dies könne zu einem Problem werden für die Hinterbliebenen. Unglauben an ein Leben nach dem Tode verbindet gewisse Verstorbene in problematischer Weise mit den noch lebenden Angehörigen. Als Folge einer solchen Verbindung können seelische Krankheiten entstehen. Die fremde Anwesenheit kommt den Zurückgebliebenen oft nicht zu Bewusstsein, sondern macht sich in psychopathologischer Weise bemerkbar.

Wie kann dem begegnet werden? Als Lösung schlägt Steiner vor, sich an den verstorbenen Angehörigen nicht als einen Toten zu erinnern: „Nur dadurch, dass man, so gut man kann, die Gedankenverbindung mit dem Verstorbenen aufrecht erhält als einem Fortlebenden, rettet man auch sich davor, dass das Verhältnis zum Toten verhängnisvoll wird…" (vgl.: Individuelle Geistwesen und ihr Wirken…, S.114). Das wirkliche Heilmittel für solche Erscheinungen, denen Psychotherapeuten oft ratlos gegenüber stehen, ist die Kenntnis der geistigen Welt. Nicht nur das diesseitige Leben ist bedeutsam, sondern auch das Leben der Seelen zwischen dem Tod und einer neuen Geburt.

Das Wissen um Wesen jenseits der Schwelle basiert auf uralten Überlieferungen: „Das Wissen von wirklichen, außerhalb des menschlichen Bewusstseins befindlichen Geistern, die unter andern Bedingungen leben als die Menschen, die aber in fortwährendem Verhältnisse stehen zu den Menschen, von denen auch der Mensch ergriffen werden kann in seinem Denken, Fühlen und Wollen, dieses Wissen war immer da. Und dieses Wissen, dass wurde immer betrachtet als ein Geheimgut bestimmter Brüderschaften, die dieses Wissen in ihrem Kreise als ein streng Esoterisches behandelten" (S.172).

Nach Auffassung dieser okkulten Bruderschaften ist die Mehrzahl der Menschen nicht reif für dieses Wissen. Das elitäre Wissen einer kleinen Gruppe räumt dieser Macht über andere ein, die nicht im Besitz dieses Wissens sind. Gefährlich daran ist, dass die Allgemeinheit über bestimmte Verhältnisse im Unklaren gelassen wird, während dunkle Bruderschaften sehr bewusst ihre Vorteile wahrnehmen und gewisse Zwecke verfolgen.

Eine bedeutsame Aufgabe für die Zukunft der Menschheit sieht Steiner darin, das richtige Verhältnis zur geistigen Welt zu erlangen, damit nicht einzelne Geheimgesellschaften in der Lage sind, sich durch Manipulationen Macht über andere Menschen zu verschaffen.

Ahrimanische Geistwesen

Überschreitet ein Mensch die Schwelle seines Bewusstseins, dann trifft er auf Wesenheiten, die sich normalerweise unterhalb der Bewusstseinsschwelle, nicht erfasst vom bewussten Denken, aufhalten. Doch es sind keineswegs ‚unterbewusste' Wesen im eigentlichen Sinne, denn für sich sind sie vollständig bewusst und meist viel aufnahmefähiger als das individuelle menschliche Bewusstsein. R. Steiner verweist auf diese Zusammenhänge (in: Individuelle Geistwesen und ihr Wirken..., S.171f.). Hier zeigt sich der grundlegende Unterschied zwischen dem Anthroposophen Steiner und der herkömmlichen Psychotherapie. Der Autor geht von Geistwesen aus, die mit dem menschlichen Unterbewusstsein in Verbindung stehen. Diese mit Bewusstsein begabten Entitäten, die normalerweise im Hintergrund wirken, können intelligente Reaktionen im Alltagsbewusstsein hervorrufen.

Kurze Zeit vor der Geburt eines Menschen ergreift neben seiner Seele noch ein anderes Wesen Besitz von dem materiellen Körper, und zwar von dessen unterbewusstem Teil, erklärt Steiner. Ein *ahrimanisches Geistwesen* wirkt im Unterbewusstsein eines jeden Menschen und übt einen bedeutsamen Einfluss aus. Diese Wesen, welche die Menschheit benutzen, um in der Erdsphäre existieren zu können, verfügen sind von außerordentlich hoher Intelligenz. Sie besitzen einen starken Willen, doch es mangelt ihnen an menschlichem Gemüt. Die Menschen schreiten demnach durchs

Leben mit einem unbekannten Doppelgänger an ihrer Seite, der den Naturkräften näher steht als sie, der sie an Verstandes- und Willenskraft übertrifft und dessen Intelligenz mephistophelischen Charakter aufweist. „Diese unterbewusste Wesenheit, die geht mit dem Menschen den ganzen Weg zwischen Geburt und Tod" (S.190). Diese den Naturkräften ähnelnde Wesenheit ist begabt mit einem starken Willen.

Die ahrimanischen Wesenheiten „wollten die Erde erobern, sie brauchten Leiber; eigene Leiber haben sie nicht: Sie benützen soviel von den menschlichen Leibern, als sie benützen können, weil die menschliche Seele eben nicht ganz den menschlichen Leib ausfüllen kann" (S.59). Kurz vor der Geburt gehen sie zu einer bestimmten Zeit in den Körper ein und begleiten das Individuum in Leben lang unter der Schwelle seines Bewusstseins.

Bevor der Tod eintritt, müssen die Wesen den Körper wieder verlassen. „Das ist eine sehr herbe Enttäuschung…, denn sie wollen gerade das sich erobern, in den menschlichen Leibern zu bleiben über den Tod hinaus. Das wäre eine hohe Errungenschaft im Reiche dieser Wesenheiten; das haben sie zunächst nicht erreicht."

Okkulte Bruderschaften sind im Besitz von Kenntnissen über diese Zusammenhänge, die sie zur Ausbreitung ihrer Macht benutzen. Daher müssen nach Steiners Auffassung diese Geheimnisse in der Menschheit verbreitet werden, um dem Machtmissbrauch etwas entgegenzusetzen. Die ahrimanischen Geistwesen lehnen sich gegen den Impuls der Freiheit in der menschlichen Seele auf. Deshalb ist eine freiheitliche Entfaltung nicht möglich, solange jemand unter ihrem Einfluss steht.

Bewusste Kontrolle

Ein bedeutsamer Lernprozess während der geistigen Entwicklung besteht darin, die Inhalte des Unterbewusstseins zu ignorieren, da sie sonst eine Bedeutung erlangen, die ihnen nicht zukommt. Jeder nach spiritueller Entfaltung strebende Mensch ist Anfeindungen aus dem Reservoir des Unterbewusstseins ausgesetzt, die gleichzeitig eine Prüfung und eine Chance darstellen. Die Inhalte der eigenen Psyche treten klarer und bewusster in den Vordergrund. Ein wichtiger Lernprozess besteht darin, den Umgang mit den eigenen Energien zu lernen, d.h. die Inhalte .des Unterbewusstseins zu steuern. Dazu braucht es viel Disziplin und eine gute Fähigkeit zur Konzentration.

Erweitert ein Mensch sein Bewusstsein, dann ist Selbstbeherrschung das oberste Ziel. Ohne Kontrolle der aus dem Unterbewusstsein aufsteigenden Impulse besteht die Gefahr einer Überflutung des Wachbewusstseins mit destruktiven Inhalten, die den Betroffenen über kurz oder lang in den Abgrund ziehen können. Sind die Energien nicht im Gleichgewicht, führt das zu hastigen, unkoordinierten Bewegungsabläufen. Um den harmonischen Gleichklang der Energien zu gewährleisten, ist die Kontrolle der unbewussten Bewegungsmuster ein wichtiges Ziel. Voraussetzung für die Harmonisierung der Bewegungsabläufe ist die Kontrolle des Bewusstseins.

Gelingt einem Menschen die Kontrolle nicht, wird er zum Spielball destruktiver Mächte. Jedem Angriff, jeglicher Verlockung ausgeliefert, ist er nicht mehr in der Lage, steuernd einzugreifen. Die ihn bedrängenden Mächte gewinnen schließlich die Oberhand, bis er ihnen hilflos ausgeliefert ist.

Unterbewusste Strebungen, die dem Wachbewusstsein unterstellt werden, treten nicht unkontrolliert, in chaotischer Weise, in Erscheinung. Die Spontaneität geht aber hierbei nicht verloren, vielmehr wird unangemessenes, sprunghaftes Verhalten vermieden. Diese Kontrolle der unterbewussten Regungen ist bei den meisten Menschen in unterschiedlicher Ausprägung bereits zu finden. Bei sehr geringem Ausprägungsgrad dieser vorbewussten

Kontrolle wird eine Person gemeinhin als ‚unbeherrscht' angesehen.

Ein Geistesschüler, dem es nicht gelingt, die Energien zu kontrollieren, wird zum Spielball dieser Mächte. Das Bewusstseinsfeld entwickelt sich in nicht vorhersagbarer Weise; jede Art von Fehlentwicklung wird möglich. Hierbei gewinnen Mächte die Oberhand, denen daran gelegen ist, Kontrollfunktionen zu übernehmen und das Bewusstsein des Betroffenen zu beherrschen. Hat sich ein Bewusstseinsfeld in dieser Weise entwickelt, ist der Zugang zu den höheren Mächten erschwert. Geistige Zerfallsprozesse können die Folge einer derartigen Entwicklung sein.

Die geistige Welt übermittelte folgende Informationen zum Thema Steuerung des Unterbewusstseins:

Ein Mensch, der die Mächte des Unterbewusstseins steuern lernt, vor allem in ihrem destruktiven Aspekt, ist in Zukunft befreit von deren Anwandlungen. Die Beeinflussung durch das Unterbewusstsein ist eine starke, nicht zu unterschätzende, Kraft, die imstande ist, den Menschen immer wieder in die Niederungen des Daseins hinab zu ziehen. Menschen, die derartigen Anfeindungen ausgesetzt sind, werden auch auf den feinstofflichen, geistigen Ebenen von ihnen beeinträchtigt. Eine unumgängliche Voraussetzung für die Höherentwicklung ist daher, allen Anfeindungen aus dem eigenen Unterbewusstsein zu widerstehen, Distanz zu wahren.

Menschen, die den Beeinflussungen des Unterbewusstseins aus gesetzt sind, sind unfähig, Energien zielgerichtet zu steuern. Die Energien sind starken Schwankungen unterworfen; sie werden abgelenkt und umgeleitet. Nur reine, klare Energien sind in der Lage, ungehindert ans Ziel zu gelangen. Das Hindernis besteht in der Anfälligkeit für Strömungen, die den eigenen zuwiderlaufen. Die eigenen Energien geraten in den Sog sie überlagernder Energieströme, was die Zielgerichtetheit zunichte macht. Daher ist die Klärung der Energien Voraussetzung für alles weitere. Gelingt die Klärung, ist der Weg frei für die Anhebung der Schwingungsrate auf ein rein geistiges Niveau.

Hat ein Mensch die rein geistige Ebene erreicht, dann sind seine Möglichkeiten weitaus vielfältiger als im erdgebundenen Dasein, bspw. ist die Beweglichkeit des Geistes um ein Vielfaches größer. Somit ist die Entwicklung zum Abschluss gekommen. In dem Moment, wo die rein geistige Ebene erreicht ist, endet die Beziehung zum geistigen Lehrer. Der Geistlehrer ist frei, sich anderen Aufgaben zuzuwenden. Wird das Ziel nicht erreicht, bleibt auch der Geistlehrer gebunden und ist abhängig von den Energien des Probanden. Dieser Zustand kann sich über Jahre hinziehen, in manchen Fällen bis zum Tod des Betreffenden.

Ein wirksames Mittel der Bewusstseinskontrolle sind Bewegungsübungen nach einem vorher festgelegten Schema. Langsame Bewegungsabläufe steigern die Konzentrationsfähigkeit. Die Schwingungsfrequenz der Energien wird verlangsamt und damit ein heilsamer Effekt auf den gesamten Organismus erzielt. Um in Kontakt mit der Übernatur treten zu können, ist eine Verlangsamung der körpereigenen Schwingungen notwendig. Nur wenn die Schwingungen harmonisiert werden, kann das höhere Bewusstsein seine Tätigkeit aufnehmen.

Spiritistische Praktiken

Neugier treibt den Vogel in die Schlinge.

Spiritismus zieht vorwiegend Menschen an, denen die materielle Wirklichkeit nicht genügend Anreize bietet. Okkultisten aus der Vergangenheit spielten dabei eine Vorreiterrolle. Zu ihnen gehörte

A. Crowley, der in dem Ruf stand, schwarzmagischen Praktiken anzuhängen. Seine Person entzieht sich allerdings einer eingleisigen Beurteilung. Das Lebenswerk und die Schriften Crowleys sind nicht so leicht einzuordnen, wie vielfach angenommen wird. In seinem berühmten Roman *Moonchild* schildert er den Kampf magischer Logen untereinander und bringt dabei den Praktiken der Spiritisten vehemente Ablehnung entgegen.

Überzeugt war Crowley von der fatalen Wirksamkeit der Séancen. Die Teilnehmer machten es dämonischen Machten leicht, „denn Teufel sind immer bereit, ihre Hand auf sinnliches Leben zu legen. Gelegentlich finden solche Wesen genügend unwissende und dümmliche Leute, die sich selbst überzeugt der Besessenheit ausliefern, indem sie sich in einen dunklen Raum ohne magischen Schutz setzen und irgendeinen wandernden Geist oder Dämon einladen, sie in Besitz zu nehmen und ihre Körper und Gemüter zu verwenden.

Diese ekelhafte Narrheit wird Spiritismus genannt, und erfolgreich Praktizierende können durch die Tatsache erkannt werden, dass ihre Gemüter für keinen anderen Zweck mehr brauchbar sind. Sie werden unfähig zu mentaler Konzentration oder zu einem zusammenhängenden Gedankengang, nur zu oft erlangt der besitzende Geist die Macht, sie willentlich in Besitz zu nehmen und äußert durch ihre Münder Widerwärtigkeiten und Schwachsinn, wenn der willkürliche Wunsch ihn ergreift" (S.318).

Geistwesen mit sehr erdhaften Begierden suchen gewisse Menschen auf, die willens sind, ihren Gelüsten Befriedigung zu verschaffen. Dass Geistwesen auch über eine gehörige Portion Humor verfügen, zeigt eine Begebenheit, die der dänische Spiritist A. Carolsfeld-Krausé beschreibt. Um an einer Séance teilnehmen zu können, setzt er sich mit einer spiritistischen Vereinigung in Verbindung. Durch ‚Buchstabieren' soll ein Geist an ihn gestellte Fragen beantworten.

Zur Überraschung der Teilnehmer kippt der schwere Tisch, um den sie sich versammelt haben, gleich zu Beginn auf die Knie eines der anwesenden Herren. Nach einer Weile bewegt sich der Tisch wieder und kommt dreimal hart auf dem Fußboden auf. Nun wird ‚buchstabiert'; eine Reihe schnell wippender Bewegungen des Tisches zeigt die Reihenfolge der Buchstaben an. Bei der Entzifferung ergibt sich der Satz: „Viel Vergnügen ihr Schafköpfe", gefolgt von einigen groben Schimpfwörtern (S.27). Durch dieses niederschmetternde Ergebnis lassen sich die wackeren Spiritisten allerdings nicht beirren. Sie ziehen das Fazit, dass in der unsichtbaren Welt sowohl gutartige als auch bösartige Bewohner hausen und dort ihr Unwesen treiben.

Carolsfeld-Krausé übt sich anschließend im *automatischen Schreiben* und berichtet ausführlich von den damit verbundenen Höhen und Tiefen. Die Geister halten ihn in andauernder Spannung und unterlassen es auch nicht, ihn wegen seiner Vertrauensseligkeit zu verhöhnen. Mit der einen Hand bauen sie auf, was sie mit der anderen niederreißen. Einige Geister geben zu, gern wieder selbst Menschen sein zu wollen und dass sie gern die Rolle mit ihm tauschen würden.

Nach einem schweren Vertrauensbruch seitens der Geisterwelt, der den Übenden in arge Bedrängnis bringt, erhält er die sinnreiche Erklärung: „Ihr seid dem Entwicklungsgesetz unterworfen, ebenso auch die Bewohner der Geistersphären. *Enttäuschungen führen zur Einsicht in das wahre Wesen der Dinge, entwickeln euren Geist, schärfen eure Urteilskraft über Gut und Böse usw.*" (S.51f.). Allen Hindernissen zum Trotz versucht Carolsfeld-Krausé sich weiterhin im automatischen Schreiben und erhält eine weitere Einsicht von einem der Geistwesen, welches ihm zuvor übel mitgespielt hatte. Er erfährt: „Die wohlgemeinte Absicht sei gewesen, mir damit *eine ernsthafte Warnung* vor allzu großer Leichtgläubigkeit gegenüber den Geistern zu geben, die vielleicht später kommen und Verhältnisse schaffen würden, die eine wirkliche Gefahr für mich werden könnten. Ich müsse selber Böses und Gutes erfahren, wenn ich Nutzen haben und mich entwickeln wolle, usw." (S.54f.).

Einige Zeit danach hat der Spiritist ein äußerst nervenzerrendes Erlebnis. Obwohl er sich vorgenommen hatte, das automatische Schreiben aufzugeben, verspürt er eines Morgens einen starken Drang, zu schreiben. Kaum hat sich der Stift in Bewegung gesetzt, als er *„die schreckliche Empfindung hatte, dass sich etwas Fremdes unwiderstehlich in mich eindrängte und meinen Leib in Besitz nahm; mir war buchstäblich so, als würde ich aus mir selber seitwärts hinausgedrängt.*

Von Grauen gepackt, fuhr ich empor und wollte ohne Zweck und Ziel davon stürzen, doch gelang es mir einigermaßen, mich zusammenzunehmen. Das Fremde – die einzige Bezeichnung, die ich dafür brauchen kann – drängte sich mir immer mehr auf und sog sich in mich ein, Kälteschauer durchfuhren mich, die Beine waren gelähmt und wurden bleischwer. Aber am schlimmsten war das Grauen, das ich dabei empfand. Mit diesem schrecklichen Zustande kämpfte ich einen ganzen Tag für mich allein, dann verging es langsam" (S.56f.).

Nach diesem unheimlichen Erlebnis geben die Geister unumwunden zu, die Verursacher derartiger Überfälle zu sein. Die Menschen seien selbst schuld; sie könnten ihnen ja fernbleiben und sich nicht in die Angelegenheiten der Geisterwelt einmischen.

H.G. Wells hat, passend zu dieser Thematik, eine aufschlussreiche Erzählung verfasst mit dem Titel *Der gestohlene Körper:* Ein älterer Herr verabredet sich mit einem Freund, im Zuge eines Gedankenexperiments seinen Körper zu verlassen und den Freund in dessen Wohnung aufzusuchen. Nach etlichen Versuchen gelingt es ihm tatsächlich, dort zu erscheinen, doch bei der Rückkehr ist sein Körper bereits mit Beschlag belegt: Ein nach Leben dürstender dunkler Geist hat die günstige Gelegenheit beim Schopf ergriffen und den sich selbst überlassenen Körper besetzt! Nur mithilfe eines Mediums gelingt es ihm letztendlich, sich seinen Körper unter großen Schwierigkeiten wieder anzueignen.

Erstaunlich ist die Hartnäckigkeit, mit der Carolsfeld-Krausé weiterhin am Spiritismus festhält. Eines Tages ist während der Séance ein neues Mitglied, eine ältere Dame, zugegen. Kurz nachdem der Kreis geschlossen ist mit der Dame in der Mitte, sinkt diese augenblicklich, wie vom Schlag getroffen, bewusstlos zusammen. Nach einer Weile bewegt sie sich krampfhaft, beugt den Kopf weit in den Nacken und stößt dabei mit weit geöffnetem Mund unartikulierte Laute aus. Mitten in dieser unheimlichen Szene werden die Worte übermittelt: „Zwangstrance", und „Geistereigentum ist Fräulein N.N. Gott sei mit ihr" (S.59). Erst nach geraumer Zeit kommt die Dame wieder zu sich und hat keine Erinnerung an das Vorgefallene.

Auch der Mann, der sich als Medium dem spiritistischen Verein zur Verfügung stellt, hat bisweilen Mühe, nach Beendigung der Séancen wieder zu sich zu kommen. Eines Tages macht er einen völlig leblosen Eindruck; weder Puls noch Atem sind bei ihm feststellbar. Als er endlich erwacht, dauert es eine halbe Stunde, bis er sich erholt hat. Dennoch steht er in der Folgezeit für weitere Séancen zur Verfügung.

Bei Carolsfeld-Krausé entwickelt sich die Fähigkeit des Hellhörens: Gedanken scheinen ihm anfangs wie ein Strom von außen zuzufließen, eingeleitet durch leichte Klopftöne, die er anfangs in seinem Kopf, später auch in anderen Stellen des Körpers deutlich spürt (S.83f.). Er nimmt weibliche, sanft klingende und tieftönende männliche Stimmen wahr, die innerhalb des Kopfes oder im Herzbereich zu hören sind. Später ist es ihm auch möglich, Gespräche zwischen den Geistwesen zu belauschen. Er kann daraus ersehen, dass deren Verhältnis untereinander nicht besonders gut ist. Die Gespräche haben meist seine Person zum Gegenstand.

Es dauert nicht lange, und Carolsfeld-Krausé beginnt auch Hellzusehen. Dass erste, was er deutlich wahrnimmt, ist ein Bild, das sich vor ihm in der Luft gestaltet. Es ist der Kopf eines schwarzhaarigen Mädchens sowie ein Teil ihres Oberkörpers. Beim Hellsehen, so erfährt er, gebe es einen „Unterschied in den Erscheinungen; in einigen würden die Geister selbst gesehen, in anderen zeigten sich *farbige Visionen, die die Geister durch Gedankenbilder, die sie in ihrem Innern gestalteten, auf den sensitiven Empfänger überführten"* (S.91f.).

Die Fähigkeit des Hellsehens entwickelt sich weiter. Nebelhafte Gestalten tauchen auf: „Die Gestalten, wie ich sie gewöhnlich sah, waren bläulich, bisweilen rötlich und schwach leuchtend; sie schienen aus Nebel oder äußerst feinem Flor gebildet und hatten Menschengestalt, aber die Gesichtszüge waren verschwommen und die Körperumrisse nicht scharf." Einige der Geistwesen raten ihm, die Hellsehfähigkeit nicht weiter zu entwickeln; sie malen ihm eine grauenvolle Zukunft aus. Er würde sich „besonders bei Nachtzeit beständig zwischen Massen weißer Gespenster bewegen; weiter sagten sie, *dass böse Geister sicher meine Hellsehergabe benutzen würden, um mir die fürchterlichsten Visionen zu zeigen."*

Der eifrige Spiritist lässt sich aber von alldem nicht einschüchtern und die angekündigten Visionen lassen nicht lange auf sich warten. Rohe und ausschweifende Bilder erscheinen vor ihm; es bleibt ihm nun nicht anderes übrig, als standhaft zu bleiben und sie auszuhalten. Nach einigen Tagen kann er die Geister zu jeder beliebigen Zeit sehen; nicht nur blitzartig und in schneller Bewegung, sondern auch in ruhiger Haltung. Zu Anfang erscheinen sie, wie es ihnen beliebt, später dann nur noch, wenn er dies wünscht. Er erfährt, die sichtbare Geistgestalt sei die astrale Hülle der ehemals menschlichen Gestalt.

Einige der Geistwesen zeigen deutlich unsittliche Absichten, wie denn auch das Geschlechtsleben „die Haupttriebfeder ihres Denkens und Tuns" ist (S.94). Sie entblößen sich und suchen mit allen

Mitteln, unsittliche Beziehungen zwischen sich und den Menschen herzustellen.

Carolsfeld-Krausé fühlt sich zunehmend den Einflüssen der Geisterwelt schutzlos ausgeliefert, „der Verkehr wurde immer drohender und unheimlicher, denn die Geister hatten wegen meiner nach und nach ausgebildeten Empfänglichkeit ein überaus leichtes Spiel mit mir. Ich war Quälereien und bösartigen Angriffen ausgesetzt, und dazu kam, dass die Geister mich nun ununterbrochen in Gespräche verflochten und mich in jeder Weise bedrohten. Ich konnte sie nicht zum Schweigen bringen, und da ich nicht wusste, dass ihrer Macht Grenzen gesetzt waren, so fühlte ich mich ganz wehrlos." Ihm ist zumute „wie ein gehetztes Wild, jederzeit unberechenbaren Zufällen und Gefahren ausgesetzt, und nun überdies außerstande, mich vom Spiritismus freizumachen – ich war und blieb ein Medium, ein Opfer der Angriffe jener Wesen!" (S.98.)

In dieser ausweglos scheinenden Lage bittet er eines Tages um göttlichen Beistand; – mit ungeahnten Folgen. Er selbst ist am meisten erstaunt, als plötzlich alle Furcht verschwindet. Ihm ist, als käme endlich die Sonne hinter den Wolken hervor und als verbreite sich Stille um ihn herum. Die Quälereien hören auf; ohne seine Zustimmung können sich ihm die Geister nicht mehr annähern. Letztlich steht ihm klar vor Augen, wie unnütz und auch schädlich der Verkehr mit der Geisterwelt ist. Erhabene Ziele können auf dem Wege des Spiritismus nicht erreicht werden.

Die Erlebnisse Carolsfeld-Krausés zeigen exemplarisch die Gefahren auf, in die Leute mit spiritistischen Ambitionen ungewollt geraten können. Sie sind daher in einiger Ausführlichkeit dargestellt. Immer wieder gelingt es dem Autor in prekären Situationen, an hilfreiche Informationen zu gelangen, die ihm die Lage erklären und ein Licht werfen auf spiritistische Betätigung insgesamt.

M. Schindler gibt die Schilderungen einer Frau wieder, die über ihre Versuche mit Tonbandstimmen berichtet. Sie experimentierte mit ihrer Mutter zusammen, und bald waren ihre Bemühungen von Erfolg gekrönt: Sie begannen beide, Stimmen zu hören, die ihre eigenen Gedanken wiedergaben. Anfangs planten sie lediglich, einen Kontakt zum verstorbnen Vater herzustellen. Etwas später stellte sich die gesamte jenseitige Verwandtschaft ein und das Geschehen lief schnell aus dem Ruder. In der Folgezeit kommunizierten sie mit diversen ‚Seelen'.

Aufdringliche Geister meldeten sich bald ununterbrochen Tag und Nacht. Sie benutzten für die Kontaktaufnahme Geräuschquellen der Umgebung: den Ventilator, die Kaffeemaschine, Motorengeräusche etc.; alles diente dazu, sich bemerkbar zu machen. Es kam zu üblen Beschimpfungen und Drohungen. *Die Wesen teilten mit, „dass sie all diese Personen nur aus unserem eigenen Wissen hätten entstehen lassen"* (in: Kanal-Sein, Fragen und Antworten). Es erhebt sich einmal mehr die grundsätzliche Frage, ob es spiritistische Kontakte gibt, bei denen tatsächlich die lieben Angehörigen aus dem Jenseits erscheinen, oder ob es vielmehr gerissenen Geistwesen der Astralwelt gelingt, im Unterbewusstsein der anwesenden Personen zu lesen und anhand dieser Informationen zu passenden Aussagen zu gelangen!

Mutter und Tochter wurden in der Folgezeit weiterhin von bösartigen Angriffen und Drohungen zermürbt. M. Schindler bemerkt hierzu: *„Es ist meistens so, dass diese (Elementar- oder Elemental-) Wesen zunächst die Identitäten von verstorbenen Menschen, teilweise sogar von großen Meistern und sehr weisen spirituellen Lehrern u.ä. annehmen, da sie diese Wünsche aus unserem Bewusstsein entnehmen, sowie natürlich alles erforderliche Hintergrundwissen dazu."*.

Wenn es ihnen gelingt, sich das Vertrauen ihrer Opfer zu erschleichen, schrecken die Geistwesen nicht davor zurück, diese in ausweglos scheinende Situationen hineinzutreiben. Welche Möglichkeiten der Gegenwehr gibt es? M. Schindler empfiehlt u.a.:

▶ Die Stimmen, soweit es geht, ignorieren.

▶ Keine Reaktionen zeigen und, wo immer es gelingt, nicht zuhören.

▶ Ängste, wenn möglich, vermeiden, da diese eine Schwächung der Widerstandskraft bedeuten.

▶ Auf mediale Betätigung verzichten, denn niedere Wesenheiten warten nur darauf.

▶ Sich um das Leid anderer kümmern, denn solche Handlungen rufen hilfreiche Kräfte auf den Plan.

▶ Ordnung und Sauberkeit in der unmittelbaren Umgebung reduziert die Angriffsfläche.

▶ Das höhere Selbst und den Geistführer anrufen; göttlichen Beistand erbitten.

Auch angriffslustigen Geistern sind Grenzen gesetzt, an die sie sich halten müssen. Die Einsichtsfähigkeit auf seiten der Opfer und dementsprechendes Handeln kann die Wesen in ihre Schranken weisen. Die Lektion, die in den meisten Konflikten verborgen ist, kann die Betroffenen darüber hinaus führen.

Die Klippe für viele Medien besteht darin, dass sich untergeordnete Geister herandrängen. Ohne die nötige Vorsicht kann man hier die schönsten Hoffnungen und Träume verlieren, warnt A. Kardec (in: Buch der Medien, S.168). Mediale Menschen, die keine ernsthaften Ziele verfolgen, erleben, dass niedere Geister sich ihnen zugesellen und eine Bindung anstreben. Fast alle Medien gehen durch diesen Schmelztiegel, während sie sich ausbilden.

Im Kontakt mit der Geisterwelt kann es hilfreich sein, den Beistand eines Schutzgeistes anzurufen oder sich unter den Schutz der höheren Geistsphäre zu stellen. Um sich die Sympathie höherer Geistwesen zu erwerben, müssen allerdings besondere Voraussetzungen gegeben sein. Auch kann es nützen, die Natur des sich kundgebenden Geistes kennen zu lernen und ihm kein blindes Vertrauen entgegenzubringen. Bei verdächtigen Anzeichen zeigt man dem Geist durch ablehnendes Verhalten, dass man nicht mit sich spielen lässt.

Will ein aufdringlicher Geist nicht weichen, so sollten die Kontaktversuche unbedingt für längere Zeit ausgesetzt werden. Jeder Gedanke an den Geistverkehr ist zu vermeiden, denn bereits darin liegt eine Art Verbindung. Dem Geist wird es mit der Zeit (hoffentlich) zu langweilig und er wird von dannen ziehen. Die Herrschaft, die manche Geister über mediale Menschen ausüben, gehört zu den Klippen, die eine spiritistische Praxis gefährlich machen. „Nur niedere Geister suchen zu beherrschen und machen besessen", schreibt Kardec (S.201). Die Geistwesen der hellen Seite ziehen sich zurück, wenn sie kein Gehör finden. Niedere Geister hängen sich dort an, wo sie die geringste Schwäche aufspüren. Gelingt es ihnen, die Herrschaft zu erringen, so bleiben sie und identifizieren sich nach einiger Zeit mit dem Geist des Menschen.

Wie können Medien die lästigen Plagegeister auf Distanz halten? Indem sie ihren Einflüsterungen kein Gehör schenken und ihnen zeigen, dass sie nur ihre Zeit vergeuden. Die höhere Geistwelt steht ihnen dann bei, wenn ihre Absichten uneigennützig sind und der spirituelle Weiterentwicklung dienen.

Mentale Beeinflussung

Manchmal bricht etwas ohne unser Zutun
in unsere Sphäre ein.

Unterbewusste Kommunikation

Das menschliche Bewusstsein ist umgeben von einem Meer an Gedankenformen, die nicht seine eigenen sind. Diese Gedankenflut, die ein einzelnes Bewusstsein erreicht, hat im günstigen Fall den Effekt, sein Potential zu vermehren. Es kann vorkommen, dass ein fremder Gedanke in der Psyche entsteht, den die Person möglicherweise ausführt, selbst wenn es den eigenen Bedürfnissen zuwiderläuft. Niemand kann völlig sicher sein in bezug auf die Herkunft seiner Gedanken. In gewissem Sinne beeinflusst jeder Mensch seine Mitmenschen, sobald er sich mental mit ihnen in Verbindung setzt, ohne sich dessen bewusst zu sein. Unsichtbare Kanäle verbinden Menschen, die in Kontakt stehen, miteinander; Informationen werden in unendlicher Folge unterbewusst ausgetauscht.

Als psychische Beeinflussung im engeren Sinn gilt die bewusste Einwirkung eines Menschen auf ein anderes Bewusstsein, um dieses zu einer bestimmten Einstellung oder Handlung zu bewegen. Der Erfolg der Beeinflussung ist abhängig von der Gleichartigkeit der geistigen Regungen der beteiligten Partner, von der Resonanz, die zwischen ihnen herrscht. Ist wenig oder gar keine Resonanz vorhanden, dann ist ein Geist – ob physisch anwesend oder entkörpert – kaum in der Lage, einen anderen Geist zu beeinflussen. Ausnahmen sind allerdings unter bestimmten Bedingungen möglich. Ein Geist kann sich bspw. die Eindrücke der äußeren Welt zunutze machen, um über sie auf einen anderen einzuwirken, da jedes Bewusstsein sich von Äußerlichkeiten beeinflussen lässt.

Es existieren darüber hinaus Methoden der Magie und Macht, die es einem geschulten Geist ermöglichen, in den Organismus eines lebenden Menschen einzudringen. Anfangs kann ein Individuum in der Regel noch selbst entscheiden, ob es sich einem fremden Einfluss öffnet oder verschließt. In dem Moment, wo ein Geist in einen anderen eindringt, hat letzterer ihm in irgendeiner Form die Erlaubnis dazu erteilt es sei denn, psychopathologische Gründe gaben hierfür den Ausschlag. Grundsätzlich ist das menschliche Bewusstsein besser geschützt als ein Computer oder eine Telefonanlage. Nur schwer kann etwas in einen Geist eindringen, wozu die betreffende Person nicht irgendwie eine Bereitschaft zeigt oder wo nicht eine grundlegende Schwäche vorliegt.

Auch bei Gedankenmustern, die von gewissen Personen gezielt ausgestreut werden, spielt die Entscheidung, ob jemand diese Vorstellungen aufgreift und ihnen Beachtung schenkt, eine große Rolle. Nur dann ist es möglich, eine Wirkung zu erzielen, wenn ein irgendwie geartetes Interesse vorhanden ist. Psychisch labile Personen sind telepathischer Beeinflussung weitaus leichter zugänglich als Menschen mit gefestigter Persönlichkeit. Da ihre Ansichten ungefestigt sind und ihr Selbstwertgefühl gering ist, fällt es ihnen schwer, der Bedrohung durch fremde Bewusstseinskräfte die Macht ihres eigenen Willens entgegenzusetzen. Telepathische Beeinflussung ist vor allem deshalb gefährlich, weil sie oft sehr subtil vonstatten geht und von außen nicht sichtbar ist. Viele Menschen haben nicht einmal Kenntnis von derartigen Möglichkeiten

Menschen kommunizieren unbewusst miteinander, ohne es zu wissen. Telepathie dagegen ist die bewusste mentale Gedankenübermittlung ohne das gesprochene Wort. Niemand kann einen Menschen für seine Zwecke missbrauchen, der es nicht in irgendeiner Weise zulässt. Wenn destruktive Gedanken eine Person in Gefahr bringen, dann stellt sich die Frage, weshalb sie bei ihm Eingang fanden. Unterbewusste Kommunikation findet zu jeder Zeit statt, doch nicht jeder lässt sich gleichermaßen davon beeinflussen.

Beeinflussung an sich ist nicht negativ zu bewerten, denn einige der hereinströmenden Impulse können für einen Empfänger von Nutzen sein, wenn er es versteht, sie in seinem Sinne zu gebrauchen. Ausschlaggebend dabei ist, welche Art von Information eintrifft und wie sie vom Individuum jeweils angewendet wird.

Fern-Beeinflussung

Die gezielte Beeinflussung einer anderen Person setzt eine genaue Beobachtung voraus. Die Technik der Fremdbeeinflussung geht folgendermaßen vor sich: Einer Person wird anfangs eine Art ‚Testbefehl' geschickt, um herauszufinden, ob sie auf ‚Empfang' steht. Fällt der Versuch positiv aus, indem die Testperson bspw. eine bestimmte Handbewegung ausführt, dann sind weitergehende Manipulationen möglich. Umgehend wird eine zweite Mitteilung, auf die es eigentlich ankommt, an die Testperson gesandt. Der Sender schottet sich daraufhin sogleich ab. Der ‚Testbefehl' wirkt so unscheinbar, dass dem Empfänger meist gar nicht auffällt, das er nicht dem eigenen, sondern einem fremden Willen gehorcht. Wird der eigentliche Befehl sofort an den ersten angehängt, ist der Erfolg, der in der Ausführung des Befehls besteht, sehr wahrscheinlich.

Die Kenntnis derartiger Techniken kann hilfreich sein, um sich besser dagegen wappnen zu können. Allem Anschein nach setzen gewisse organisierte Gruppierungen paranormale Fähigkeiten ein, um andere Menschen gezielt manipulieren zu können. Starke telepathische Impulse werden dem Empfänger regelrecht aufgezwungen zur Erreichung bestimmter Ziele. Störmanöver sollen eine Person in ein passives Werkzeug verwandeln. In extremen Fällen zerstören sie das menschliche Nervensystem.

Der Empfänger der telepathischen Übergriffe leidet unter Zwangsvorstellungen und Halluzinationen, derer er sich kaum erwehren kann, da er sie mit großer Eindringlichkeit empfängt. Er sieht klare Bilder oder hört Worte, die klingen, als seien sie in kurzer Entfernung ausgesprochen worden. Die mentale Beeinflussung kann im Extremfall sogar bis zu einem erzwungenen Suizid führen, der als das Ergebnis einer Gruppenwirkung anzusehen ist.

Eine effektive Abschirmung dagegen ist äußerst schwierig. Betroffene, die unter derartigen aufgezwungenen Vorstellungen leiden, scheuen sich oft, mit anderen Menschen über ihre Probleme zu reden aus der Angst heraus, als psychisch gestört eingestuft zu werden.

Die telepathische Fern-Beeinflussung wird in der psychiatrischen Praxis nicht von anderen krankhaften psychischen Zuständen unterschieden. Häufig wird sie als psychotische Entgleisung, in schwerwiegenden Fällen als schizophrene Erkrankung, klassifiziert. Die suggestive Beeinflussung und weitere Manipulationen des Bewusstseins im Verborgenen können zu einer totalen Bewusstseinskontrolle ausarten.

Okkulte Angriffe können darin bestehen, gezielt bestimmte Personen in Verwirrung zu stürzen mithilfe geistiger ,Störsender'. Heimtückische Täuschungsmanöver bringen Menschen dazu, die abwegigsten Handlungen zu begehen. Manchmal wird gedanklich sogar eine ,Vereinigung im Tode' vorgeschlagen, um Menschen in den Selbstmord zu treiben. Begünstigt werden solche irrwitzigen Manöver durch falsche Vorstellungen bezüglich der unsichtbaren Sphären und eine naive Glaubensbereitschaft. Die Opfer sind allerdings an diesen Vorgängen in gewisser Weise beteiligt, denn das Maß an Licht und Schatten in jedem Menschen und seine Glaubensinhalte bestimmen die Art der Einflüsse, die ihm begegnen.

Autoren, die kritisches Material über Begegnungen mit zerstörerischen geistigen Kräften zusammenstellen, werden oft massiv daran gehindert: Disketten werden gelöscht aufgrund eines ,technischen Übertragungsfehlers', Tonbänder streiken plötzlich, Konzentrationsstörungen treten vermehrt auf etc. Unbekannte Mächte scheinen daran interessiert zu sein, schriftliche Aufzeichnungen zu den brisanten Inhalten zu verhindern (vgl. hierzu: W. Widmer). Derartigen Anfeindungen auszuweichen, ist auf Dauer recht schwierig. Eine der Möglichkeiten, Angriffe abzuwehren, kann darin bestehen, der Negativität so wenig Angriffsfläche wie möglich zu bieten. Nicht in Übereinstimmung zu sein mit den angreifenden Energien gilt als probates Mittel, feindselige Einflüsse dieser Art abzuwehren.

Die feinstofflichen Körper

Während Meditationen, die über einen längeren Zeitraum hinweg praktiziert werden, lockern sich die feinstofflichen Körper. Die Bindung an den physischen Körper verliert an Festigkeit. Der feinstoffliche Anteil der Körper wird beweglicher und damit auch fremden Einflüssen gegenüber vermehrt zugänglich. Ein Einfluss verschiedener Kräfte, der vorher nicht in der gleichen Weise möglich war, kann nun stattfinden. Besonders magische Kräfte, die von bestimmten Sendern bewusst eingesetzt werden, können bei meditativen Personen mit gelockertem Astral- und Ätherkörper verstärkt wirksam werden.

Die willentliche Beeinflussung mittels magischer Praktiken wird von okkulten Gemeinschaften ausgeübt. Hellsehende Medien sind fähig, im Astralkörper einer unter Einfluss stehenden Person Veränderungen wahrzunehmen. Symbole, Bilder und andere Imaginationen der Einfluss ausübenden Instanzen werden in den feinstofflichen Bereichen der Zielperson gespeichert. Okkultisten, die nach persönlicher Macht streben, können mithilfe von Symbolen die Willenskräfte anderer Menschen manipulieren. Eine derartige Beeinflussung wird als schwarze Magie bezeichnet, denn die Manipulation der feinstofflichen Körper anderer Menschen mittels bewussten Einsetzens von Symbolen ist unzeitgemäß und zudem gefährlich. Diese Ansicht findet sich bei R. Steiner (vgl.: Flensburger Hefte: Schwarze und weiße Magie, S.65f.).

Wird mit Symbolen gearbeitet, von deren Bedeutung und Wirksamkeit der Empfänger keine Kenntnis besitzt, können auf diese

Weise die unbewussten Schichten der Psyche fremdbestimmt werden. Als Folge davon können die Betroffenen zu gefügigen Werkzeugen umgewandelt werden und Plänen, die nicht ihre eigenen sind, dienen, da die kritischen Verstandeskräfte umgangen werden. Auch Kulthandlungen, in denen alte Symbole verwendet werden, wirken in gleicher Weise bis tief hinein in das Unbewusste, in die feinstofflichen Bereiche, hinein.

Ein Mensch mit ausgeprägten Herrschaftsansprüchen neigt dazu, seine Macht mittels zeremonieller magischer Handlungen zu stärken. Er versetzt sich damit in die Lage, schwächere Menschen seinem Einfluss zu unterwerfen. Wenn eine solche Person eine Rede hält oder einen Zeitungsartikel schreibt, dann ist die Wirkung weitaus stärker, als dies unter normalen Umständen der Fall wäre. Der Zweck einiger zeremonieller Praktiken liegt somit in der Machtentfaltung anderer Personen oder auch ganzen Menschengruppen gegenüber.

Telepathische Suggestionen, die von D. Fortune eingehend beschrieben werden, können zum Nutzen und zum Schaden angewendet werden (vgl.: Selbstverteidigung durch PSI). Suggestionen können zur Heilung einer Person eingesetzt werden oder dazu, sie in Abhängigkeit zu bringen. Eine Suggestion übt eine Wirkung aus, unabhängig vom Wachbewusstsein der jeweiligen Person. Die in jedem menschlichen Bewusstsein vorhandene ‚Zensur‘ wird umgangen. Da der Verstand nicht mit einbezogen wird, hat er nicht die Möglichkeit einer Beurteilung oder Verweigerung.

Häufig werden fremde Suggestionen nicht als solche erkannt, sondern machen sich erst nach einiger Zeit bemerkbar. Ein unsichtbarer Same wird in ein fremdes Bewusstsein gesät, der nach einiger Zeit im Unterbewusstsein zu keimen beginnt und schließlich die Schwelle des Bewusstseins überschreitet, ohne als von außen kommend erkannt zu werden. Geschickt ausgesandte Suggestionen berücksichtigen die besonderen Neigungen einer Person, damit unterbewusste Widerstände nicht verhindern, dass der Same

Wurzeln schlägt. Der Sender hat nicht die Möglichkeit, einen gänzlich fremdartigen Samen in einen anderen Menschen einzupflanzen; er kann lediglich bereits vorhandene Impulse und Ideen anregen bzw. stärken. Ohne einen geeigneten Boden können Suggestionen nicht gedeihen. Sie können allerdings geheime Wünsche und Abgründe der Seele offenbar werden lassen und damit einen Sturm entfesseln.

Niemand kann dazu gebracht werden, etwas zu tun, das ihm zutiefst widerstrebt. Darin liegt die Stärke des Schutzes und der Verteidigung. Das Ziel einer Suggestion besteht darin, eine bestimmte mentale Atmosphäre in der Seele einer Person zu erzeugen, ganz gleich, ob diese Person angegriffen oder geheilt werden soll, bemerkt D. Fortune. Verfügt eine Person über entsprechendes Wissen, dann ist sie in der Lage, die Angreifer abzuweisen, auch wenn sie ihnen auf dem Gebiet der okkulten Praxis nicht gewachsen ist.

Der Mehrzahl der Menschen sind die geheimen Kräfte, die in der Psyche wirksam sind, nicht bekannt. Die Leute glauben nicht einmal daran, dass diese existieren. Okkulte Gruppen, denen geheimes Wissen zur Verfügung steht, scheuen nicht davor zurück, die Unkenntnis der Menge zu selbstsüchtigen Zwecken auszubeuten. Die Macht der Suggestion war schon immer von besonderer Bedeutung, und sie wurde von einflussreichen Leuten, von Politikern und Wirtschaftsführern, auch angewandt.

Vor allem in sektiererischen Vereinigungen wird die psychologische Beeinflussung der Mitglieder verstärkt ausgeübt. Jeder, der sich für eine medial-spirituelle Entwicklung interessiert, sollte sich mit mentaler Beeinflussung und deren Auswirkungen auskennen, da er ihnen auf besondere Weise begegnen wird. *„Wer den Himmel erringen will, muss sich den Weg durch die Hölle bahnen"*, heißt es bei H. Rudolph. Unwissenheit und selbstbezogene Neigungen rufen die Mächte der Astralwelt herbei, die Medien von ihrem Weg abbringen und in einem Jünger dunkler Mächte verwandeln können.

Implantate

Techniken, deren Anwendung die Kontrolle des menschlichen Geistes zum Ziel hat, sind leider kein Hirngespinst. Eine der Methoden der Beeinflussung des menschlichen Bewusstseins ist die Einpflanzung von *Implantaten* in den Organismus. Diese ‚Implantation' ist nicht unbedingt als ein mechanischer Vorgang zu verstehen, sie kann auch im geistigen Bereich erfolgen. Dabei ermöglichen persönliche Schwingungsmuster eine Verankerung.

Diese Form der Beeinflussung erfolgt nicht durch Suggestionen. Die Implantate wirken aus dem Unbewussten auf die Psyche der Person; tief im Innern entsteht eine Ansprechbarkeit für verborgene, komplexe Einflüsterungen. Fremdartige Gedanken dringen plötzlich ins Bewusstsein. Es sind hypnotische Befehle, die aber nicht allzu deutlich wahrgenommen werden. Dennoch veranlassen sie den Empfänger, gewisse Dinge zu tun, die er sich nicht erklären kann. Gedanken werden beeinflusst oder ausgelöscht; Gedächtnisinhalte werden verändert und Energien entzogen. Auf diese Weise kann eine Person, unbemerkt vom Tagesbewusstsein, in eine Marionette verwandelt werden.

Nicht die bereits bekannte telepathische Hypnose kommt hier zum Einsatz, sondern bislang unbekannte Techniken, die im Geheimen angewandt werden, behaupten H. und M. Lammer. Sie erwähnen u.a. auch Implantate oder Sonden, die mechanisch eingesetzt werden. Diese können sich an verschiedenen Körperstellen befinden: hinter den Ohren, am Sehnerv, im Nasenbereich, oben am Mastdarm etc. Die Wesen, die mit derartigen Einpflanzungen operieren, sind ‚Spione': Sie sehen durch die Augen einer Person, können mithören, was sie spricht und in welcher Umgebung sie sich aufhält.

Im oberen Nasenbereich befinden sich mitunter kleine, stachelige, birnenförmige Einpflanzungen. Sie ähneln einem Körnchen

Sand oder einer Spore mit winzigen Widerhaken. Diese können eine wunde Stelle in der Nase verursachen oder sich durch nächtliches Nasenbluten bemerkbar machen. Es klingt bizarr, aber angeblich ermöglichen diese winzigen Implantate fremden Wesenheiten Einsichten bezüglich der menschlichen Lebensweise. Diese Wesen kommen angeblich in der Absicht, einer drohenden Zerstörung der menschlichen Zivilisation Einhalt zu gebieten. Sie suchen nach sogen. ‚Keim-Menschen‘, zu welchem Zweck auch immer. Dies behauptet Ramtha, ein Wesen, dem das US-Medium JZ Knight ihre Stimme lieh (vgl.: Ufos und die Beschaffenheit von Wirklichkeit).

Die menschliche Zivilisation ist den dort gegebenen Informationen zufolge auf gefährliche Abwege geraten; sie befindet sich nicht mehr in Harmonie mit der allgemeinen Lebenskraft, der lebendigen Natur. Unermesslicher Schaden wurde in der Vergangenheit der Erde zugefügt. Nun ist es notwendig geworden, Maßnahmen zu ergreifen, die der Menschheit helfen, aus den selbst geschaffenen Schwierigkeiten herauszukommen. Welche Mittel dabei im Einzelnen zum Einsatz kommen, verbleibt im Bereich der Spekulation und kann hier nicht näher hinterfragt werden.

Psychopathologische Symptome

Dämonen halten die Seelen gefangen.

Ein Mensch, der geboren wird, verfügt über diverse Erinnerungen aus der Vergangenheit der Menschheit. Diese Erlebnisse der Vergangenheit dringen nicht ins Bewusstsein, wenngleich sie im Menschen rumoren ‚wie Dämonen‘. Psychoanalytiker stehen im Grunde vor der Notwendigkeit, diese Inhalte ernst zu nehmen und die unterbewussten Beziehungen ins Licht des Bewusstseins zu befördern. Eine geistige Ebene und die Götterwelt existiert, zu der die menschliche Seele in Beziehung steht. Eine der psychischen Krankheitsursachen liegt darin, dass ein Patient nichts von diesen Beziehungen weiß. Diese Ansicht vertritt R. Steiner (in: Individuelle Geistwesen ... S.136f.).

Neben den Eindrücken aus dem persönlichen oder individuellen Unbewussten, so glaubt auch C.G. Jung, ist der Mensch Einflüssen eines überpersönlichen Unbewussten ausgesetzt. Steiner geht in seinen Ausführungen noch über die Auffassungen Jungs hinaus. Er nimmt Stellung zur Praxis der Psychoanalyse, die verdeckte seelische Inhalte ins Bewusstsein bringen soll. Der Arzt muss „daran gehen, nicht nur das aus dem Kranken herauszuforschen, was der Kranke individuell erlebt hat, sondern auch allerlei anderes, was er gar nicht individuell erlebt hat, ... was in der Außenwelt keine Entsprechung hat, sondern seelischer Inhalt ist."

Am Beispiel eines hysterisch Kranken, der sich vor einem Dämon fürchtet, erklärt Steiner die Ursache für derartige Erkrankungen. Im Allgemeinen sind die Beziehungen zur dämonischen Welt nicht bewusst und niemand erklärt den Menschen, dass es Dämonen gibt und wie mit ihnen umzugehen ist. Dies führt zu Verwirrtheitszuständen und Erkrankungen. Steiner führt weiter aus: „Jung versteigt sich sogar so weit, dass er sagt: Die Götter, zu denen man Beziehungen hat, aber von deren Beziehungen man nichts weiß, die rächen sich, die zürnen...; und es kommt die Rache als Hysterie zum Vorschein."

Patienten, die in ihrem Unterbewusstsein von einem Dämon malträtiert werden und nicht wissen, dass Dämonen tatsächlich existieren, können mit dem Problem nicht umgehen. Sie wollen nicht des Aberglaubens bezichtigt werden. Was also tut ein Kranker? Er projiziert die Sache nach außen, das heißt, er findet in seiner Umgebung Jemanden, von dem er sich verfolgt und beschimpft fühlt. Er projiziert den Dämon, der ihn quält, in einen anderen Menschen hinein. „Oftmals besteht die Therapie, die die Psychoanalytiker anwenden, darinnen, dass sie die Sache ablenken auf sich. Da kommt es sehr häufig vor, dass – in gutem und in bösem Sinne – die Patienten den Arzt zum Gott oder zum Teufel machen."

Die Ausführungen Steiners erhalten ein besonderes Gewicht, da er ein umfassendes Wissen auf metaphysischem Gebiet vorweisen konnte und seine Angaben daher nicht ins Reich metaphysischer Spekulationen befördert werden können. Der Mensch, so resümiert Steiner, sei nicht jenes einfache Wesen, von dem man sich bisher illusionäre Vorstellungen gemacht hat. Was für die Wissenschaft unerklärlich scheint, finde in der Anthroposophie leicht eine Erklärung. Die Geisteswissenschaft biete den Schlüssel für die komplexen Mechanismen der menschlichen Psyche, des menschlichen Geistes.

In den konkreten Beziehungen zur geistigen Welt liegt eine Lernmöglichkeit. Daher wäre es von Vorteil, „wenn sich die Menschen darauf einließen, nicht wiederum abstrakt herumzureden, wie Jung es tut…" Jung spricht zwar von allen möglichen Dämonen, „aber er macht sie zu abstrakten Dämonen, nicht zu Wirklichkeiten, indem er gerade sagt, über ihre Existenz zu diskutieren ist eine Dummheit. Er macht sie zu abstrakten Dämonen, zu bloßen Gedankendämonen. Ja, bloße Gedankendämonen können niemals einen Menschen krank machen, die können niemals im Unterbewussten sein, sondern die können nur im Bewusstsein sein. Das ist das Wesentliche, dass die Menschen, die sich solchen Theorien hingeben, selber mit so viel unbewussten Vorstellungen arbeiten, dass sie auf das Richtige nicht kommen können" (S.168). Wenn man anfängt, Begriffe zu verabsolutieren, gerät man in eine Sackgasse.

Die verborgenen Aspekte der Seele zu ergründen war für Dion Fortune die Triebfeder, sich nach dem psychoanalytischen Studium dem Okkultismus zuzuwenden. Subjektive Probleme im Zusammenhang mit okkulten Phänomenen lassen sich nur schwer einordnen. D. Fortune kam nach persönlichen, tiefgreifenden Erfahrungen zu dem Schluss: „Die Diagnose, die zwischen Hysterie, Wahnsinn und PSI-Angriff unterscheiden muss, ist eine höchst delikate und schwierige Operation, denn sehr häufig ist ein Fall nicht eindeutig, sondern hat mehr als eine Seite; ein schwerer PSI-Angriff verursacht mentale Zerrüttung, und eine mentale Zerrüttung öffnet ihr Opfer für das Eindringen des Unsichtbaren" (in: Selbstverteidigung mit PSI; S.3lf.).

Unbedingt notwendig sei es, einen okkulten Angriff als solchen zu erkennen, da er viel häufiger vorkomme, als allgemein angenommen. Unzählige Erfahrungen bestätigten unabhängig voneinander die okkulten Hypothesen. Dies gelte insbesondere in solchen Fällen, in denen einleuchtende Erklärungen nur schwer zu finden sind. „Es mag möglich sein, jeden einzelnen ... Fall durch Erklärungen zu neutralisieren, indem man Halluzinationen, Betrug, Hysterie oder einfach Lüge unterstellt; aber *es ist nicht möglich, die Gesamtheit der Fälle auf diese Weise zu erklären.*"

Auch sei es „nicht möglich, dass sich der Ruf des Magiers im Altertum und die Furcht vor Hexen im Mittelalter ohne irgendeine Erfahrungsbasis aufgebaut haben." Dion Fortune erwähnt in diesem Zusammenhang die ausgedehnten und irreführenden Windungen des linken Pfades, der dem Einweihungspfad zur Rechten diametral entgegengesetzt ist. Keineswegs dürfen aber die Auswüchse der grausamen Hexenverfolgungen, denen unzählige Unschuldige zum Opfer fielen, bagatellisiert werden. Dennoch gilt: *Wo viel Rauch ist, da gibt es auch Feuer.*

Dion Fortune sieht im Okkultismus den eigentlichen Schlüssel zur Psychopathologie. Leider vermeiden viele Menschen mit okkulten Erfahrungen, über diese zu reden aus der Angst heraus, sich den Ruf mentaler Labilität einzuhandeln. Psychiatrische Fachleute sind in der Regel nicht aufgeschlossen genug, um Gespräche über derartige Erlebnisse ernst zu nehmen.

In der Psychiatrie geht es vorrangig darum, Symptome der einschlägigen Verhaltensauffälligkeiten und ihre medizinischen Zusammenhänge zu erkennen. Die Frage der möglichen Einfluss-nahme durch ein fremdes Bewusstsein wird dabei grundsätzlich ausgeklammert. Allerdings bleiben psychopathologische Deutungen ungewöhnlicher Begebenheiten an der Oberfläche. Die Erklärungsmuster für außergewöhnliche Symptome bleiben beschränkt auf die persönliche Psyche. Dazu gehören:

■ Stimmen in verändertem Tonfall, die aus einigen Patienten sprechen, gelten als Verselbständigung einzelner Teile des Unbewussten.

■ Hellsehphänomene werden als ‚Zufallstreffer' eingestuft, selbst dann, wenn erstaunliche Ergebnisse zustande kommen.

■ Schlag- und Kratzspuren werden als ‚psychogen bedingte' Hautveränderungen interpretiert.

■ Das rasche Heilen selbst tiefer Wunden stellt einen ‚psychogen verursachten Abwehrmechanismus' des Körpers dar, etc.

Das Unterbewusstsein wird als großes Sammelbecken aufgefasst, in dem für alle möglichen Symptome eine Erklärung zu finden ist. Schwierig wird die psychiatrische Deutung aber in Fällen, wo z.B. Verständnis und Kenntnisse von Fremdsprachen vorhanden sind, welche die Patienten zuvor nie gelernt hatten. Bei manchen Patienten wechseln sogar die Krankheitssymptome in den verschiedenen psychischen Zuständen: Selbst die Augenfarbe verändert sich mitunter!

Während eines psychologischen Seminars, an dem D. Fortune teilnahm, kreiste der Kopf einer Kursteilnehmerin ständig wie unter Zwang. Ein teilnehmender Psychiater meinte, er könne diese Symptome weder glauben noch zuordnen, da sie nicht in sein ärztliches Diagnose-Schema hineinpassten. – Am nächsten Morgen litt er plötzlich unter den gleichen Symptomen: Unter einem inneren Zwang stehend, kreiste sein Kopf in unaufhörlicher Folge. Da wurde deutlich, dass diese zwanghafte Bewegung keineswegs auf purer Einbildung beruhte, sondern das deren Ursache weitaus komplexer war, als anfangs vermutet. In vorgenanntem Fall war eher von einer Fremdbeeinflussung auszugehen, doch Erklärungen in dieser Richtung liegen der Fachwelt fern.

Auch Probleme, die mit innerpsychischen Energien zusammenhängen, werden meist nicht als solche erkannt. Eine Anfrage an die Geisthelfer zum Thema Schwindelattacken förderte folgende Informationen zutage:

Ein Drehschwindel, unter dem Manche leiden, hängt zusammen mit überaktiven Energien, die sie kaum mal eine Minute zur Ruhe kommen lassen. Schwindelattacken dieser Art treten auf, wenn die Balance empfindlich gestört ist. Eine rigide Charakterstruktur, in Verbindung mit Heimsuchungsphantasien, produziert desolate Energien, die sie nicht zur Ruhe kommen lassen. Desweiteren haben manche Menschen Ängste, die weit über das hinausgehen, was sie erwartet. Ein angstvoller Organismus ist nicht bereit, stabilisierende Elemente einzuflechten, welche das Drama ihres Lebens in andere Bahnen lenken könnten. Solange sie den abschüssigen Weg beschreiten, wird es ihnen an dem nötigen Halt und der Freude fehlen, welche eine Kehrtwende erst ermöglichen. Solange ein negatives Denken anhält, ist eine Kehrtwende nur schwer zu erreichen.

Wie kommt es zu einem Drehschwindel?

Schwindelattacken kommen recht häufig vor. Eine Energie, die in Bewegung gerät, ähnelt einem Rad, das sich unaufhörlich dreht. Diese Drehbewegung beschleunigt sich, je weniger Widerstand entgegengesetzt wird. Um eine derartig rasche Drehbewegung zu steuern, bedarf es eines gewaltigen Aufwandes an Energie, die Viele nicht bereit sind, aufzubringen.

Womit hängt diese Bewegung ursächlich zusammen?

Energien verbinden sich mit anderen, ihnen ähnlichen Energien. Der Mechanismus ist folgender: Die treibende Kraft ist die aktivere, schnellere Energie, welche die andere, langsamere, mit sich fortreißt. Ist die erste Energie sehr ungesteuert, wird davon die zweite in Mitleidenschaft gezogen. Die Energien verwirbeln und vermischen sich, wobei ein Drehmoment entsteht. Eine ungünstige Beeinflussung beiderseits ist also die Folge dieser Vermischung.

Manche Menschen leiden unter einer zunehmenden Gedächtnisschwäche. Wie ist das zu erklären?

Eine Energie, die nicht auf ein Ziel ausgerichtet wird, vermischt sich mit unzähligen anderen Energien, die ihren Weg kreuzen. Diese fremden Energien aber bedeuten Ablenkung; eine Ablenkung, die umso stärker ist, je mehr Energien involviert sind. Nun ist dieser Prozess nicht gleich bleibend, nicht kontinuierlich, sondern von zunehmender Stärke und Ausprägung. Je mehr Energien sich nun mit der eigenen persönlichen Energie vermischen, desto schwieriger wird es, die Kontinuität der Gedankengänge aufrechtzuerhalten, eine Kontinuität, welche von entscheidender Wichtigkeit ist für das klare Denken und die Fähigkeit, sich zu erinnern.

Die wahllosen Kreuzungen und Verbindungen bewirken einen heillosen Wirrwarr, welches man vergleichen kann mit einem riesigen Garnknäuel, das sich völlig verheddert hat. Dieses Knäuel zu ordnen und zu straffen, bedarf gewaltiger Anstrengungen, wie wir bereits sagten. Daher ist eine kontinuierliche Ausrichtung der Gedanken die entscheidende Voraussetzung für Wohlbefinden und Klarheit des Denkens. Auch verdunkelt sich das Bewusstseinsfeld immer mehr, je unterschiedlicher die Energien sind, die es kreuzen und sich verbinden. Eine düstere Stimmungslage resultiert hieraus, welche das Bewusstsein herabdrückt. In düsterer Verfassung ist es aber sehr schwer, mit feineren, hoch schwingenden Energien in Kontakt zu kommen und von dort die dringend benötigten Rat und Hilfe zu erhalten.

Wieso kreuzen sich bestimmte Energien so ausgiebig mit fremden Energien?

Das Bewusstseinsfeld medialer Menschen ist dabei, sich auszuweiten, von ihnen oft unbemerkt. Ein sich weitendes Bewusstseinsfeld benötigt mehr Halt als ein eingeengtes, da die Energien von Natur aus die Neigung haben, sich zu zerstreuen. Diese Ausweitungstendenzen beruhen auf einem inneren Interesse, das nicht immer klar zutage tritt. Der unbewusste Prozess zeitigt aber Folgen, die dann immer deutlicher in Erscheinung treten.

Wohin wird dieser Prozess führen, wenn keine Anstrengungen zur Gegensteuerung unternommen werden?

Grobe Energien kommen immer mehr ins Spiel, welche eine weitgehende Verdüsterung des Bewusstseinsfeldes zur Folge haben. Diese groben Energien haben die Tendenz, sich in heftiger, besitzergreifender Weise anzuheften und sind, wenn sie sich einmal festgesetzt haben, nur sehr schwer wieder zu entfernen. Dieser Erfahrung werden viele Medien ausgesetzt. Von großem Vorteil ist es, wenn ihre Bewusstheit ihnen erlaubt, diesen Prozess zu durchschauen und ihm wieder Herr zu werden.

Diese sehr niedrig schwingenden Energien sind nicht ungefährlich, denn sie können ein Bewusstsein soweit herabdrücken, dass es nicht mehr lebensfähig ist. Niedrige Elemente bewirken Stress und Angstgefühle und sind wie ein schmutziger Strom, der unaufhörlich das Bewusstsein infiltriert. Daraus resultieren zunehmend destruktive Gedanken, die sich auftürmen und alles andere, lichte, überdecken und zu Verzweiflungstaten, bis hin zum Selbstmord führen. Kann diesem Prozess nicht Einhalt geboten werden, dann ist dieser Mensch nicht mehr lebensfähig.

Wodurch kommt die quälende Leere zustande, unter der manche Medien leiden?

Werden dem Bewusstsein die positiven Elemente entzogen, dann geht der innere Halt verloren, der ein wichtiges Moment der Stabilität und des Wohlbefindens ist. Gefühle der Leere breiten sich aus, wo nichts an die Stelle des Verlorenen tritt. Hier wäre es wichtig, sich bspw. ein lohnendes Ziel zu setzen, welches den momentanen aussichtslos scheinenden Zustand erträglich macht. Dieses Ziel kann unterschiedlich geartet sein, je nach den Bedürfnissen der betreffenden Person. Dieses Gefühl der Leere geht einher mit einem Sinnverlust, der das Leiden noch vertieft. Daher ist die Sinnfindung von herausragender Wichtigkeit in einer solchen Situation.

Die meisten traditionellen psychotherapeutischen Ansätze beschränken sich auf die analytisch-biografische Ebene und vernachlässigen die transpersonale, über die Erfahrungen der persönlichen Psyche hinausgehende Erfahrungswelt der Klienten. Auch innerhalb der herkömmlichen therapeutischen Richtungen herrscht kein Einverständnis. St. Grof kritisiert: „Es gibt eine Unmenge an Fachliteratur, die die psychodynamischen Zusammenhänge im biographischen Bereich detailliert erörtert. Leider widersprechen sich aber verschiedene Schulen, und die Meinungen darüber, welche Faktoren in der Psyche wesentlich sind, warum psychopathologische Störungen entstehen und wie eine effektive Psychotherapie durchgeführt werden soll, gehen stark auseinander" (S.20).
Solange die psychotherapeutische und psychiatrische Fachwelt sich nicht aufgeschlossener Themen gegenüber zeigt, die über ihren derzeitigen Horizont hinausgehen, wird sie bei der Erklärung

psychopathologischer Symptome nach wie vor nur an der Oberfläche schwimmen.

Psychose und Besessenheit

„Wahrscheinlich sind die Menschen in ihrem Aberglauben der fundamentalen Wahrheit näher als in ihrer Wissenschaft."
Henry David Thoreau

Entstehung von Besessenheit

Zahllose Berichte über Geisterbeeinflussung und Besessenheit existieren seit dem Altertum bis in die Gegenwart hinein. Besessenheitsgeister werden in der Bibel mehrfach erwähnt. Die Fähigkeit, böse Geister auszutreiben, war eine der wichtigsten Fähigkeiten der Apostel.

Bei der Besessenheit verdrängt eine unsichtbare Wesenheit den Geist eines Menschen aus seinem Körper und wirkt nun zeitweilig aus diesem fremden Körper heraus. Wie bei A. Carolsfeld-Krausé beschrieben, kann der Versuch einer solchen Inbesitznahme eine Folge intensiver spiritistischer Betätigung sein. Auch das Praktizieren von *automatischem Schreiben* gehört zu den Tätigkeiten, die einen fremden Geist anlocken. Dem menschlichen Geist wird die Herrschaft über seinen eigenen Körper genommen; sein Denken und Wollen ist zeitweilig ausgeschaltet. Manche Geister sind keine wirklichen Besetzer; sie nehmen den Körper nicht wirklich in Besitz. Aus der Aura und dem Körper einer lebenden Person können sie ein- und austreten, wie E. Fiore schreibt: „Es gibt auch Wesenheiten, die die Fähigkeit haben, zu kommen und zu gehen und verschiedene Menschen zu besetzen, immer wieder einen anderen, wenn sie wollen" (S.184).

Besessenheit besteht in der Hartnäckigkeit des Geistes, von dem man sich nicht wieder losmachen kann. Kardec unterscheidet verschiedene Grade, die sich aus der Stärke des ausgeübten Zwanges und dessen Wirkungen ergeben. Drei Arten von Besessenheit gibt es:

▶ **Die einfache Besessenheit**: Ein niederer Geist drängt sich einem Medium auf und mischt sich gegen dessen Willen in die Verbindung mit der jenseitigen Welt. Er hindert das Medium daran, mit anderen Geistwesen Kontakt aufzunehmen und gibt sich für diejenigen aus, die gerufen wurden.

▶ **Die Verblendung**: Dem Geist gelingt es, unmittelbar auf die Gedanken des Mediums einzuwirken. Das verblendete Medium entwickelt blindes Vertrauen in die Äußerungen des Geistes und glaubt weder an Täuschung noch Betrug. Dies kann soweit gehen, dass in den lächerlichsten Kundgebungen des Geistes etwas Erhabenes gefunden wird.

Nicht nur einfache Menschen, sondern auch aufgeklärte Medien können solchen Wesen zum Opfer fallen. Der niedere Geist fürchtet Leute, die ihn durchschauen. Daher fordert er das Medium auf, sich von jenen Menschen zu distanzieren, der ihm die Augen öffnen könnten.

▶ **Die vollständige Unterjochung**: Ein Zwang wird auf den Menschen ausgeübt, der dessen eigenen Willen völlig aufhebt und ihn fremdgesteuert handeln lässt. Er wird gezwungen, absonderliche, lächerliche Entschlüsse zu fassen, die er in illusionärer Verkennung für notwendig hält. In anderen Fällen wirkt der Geist auf den Körper ein und ruft unfreiwillige Bewegungen hervor. Ein Schreibmedium hat bspw. den ständigen Impuls, zu schreiben, selbst in den unpassendsten Momenten. Diese körperliche Unterjochung kann sehr weit gehen. Das Opfer sieht sich zu den lächerlichsten Verrenkungen gezwungen.

A. Kardec sieht sich zu der Warnung veranlasst: „Die Besessenheit ist eine der gefährlichsten Klippen der Medialität. Sie kommt oft vor und man kann sie nicht sorgfältig genug bekämpfen. Abgesehen von allen persönlichen Unannehmlichkeiten, die sie mit sich bringt, ist sie absolutes Hindernis der Wahrhaftigkeit der Kundgebungen" (S.204). Inbesitznahme erkennt man an der Aufdringlichkeit eines Geistes, dem daran liegt, sich um jeden Preis Aufmerksamkeit zu verschaffen. Dieses Verhalten liefert das Mittel, sich über die Natur der Geister, die auf jemanden einwirken, klar zu werden. Ein Geist, der sich einem Medium annähert, um es zu beherrschen, duldet gewöhnlich keine kritische Prüfung seiner Aussagen. Er bringt sein Opfer dazu, sich von anderen Menschen weitgehend zu isolieren. Das Medium ist den Täuschungsmanövern des Geistes ausgesetzt, da niemand sonst Einsicht in die Kommunikation hat.

In der engen Verbindung mit einem fremden Wesen kann ein Medium plötzlich Fähigkeiten entwickeln, die es zuvor nicht besaß. Unter dem Einfluss des Geistes ist eine Person zu ungewöhnlichen Leistungen fähig, die sie niemals allein zustande gebracht hätte. Physische Höchstleistungen, künstlerische und auch intellektuelle Begabungen zeigen sich in gesteigertem Ausmaß. Kinder oder Frauen zeigen plötzlich Kräfte, welche die Kraft und Ausdauer eines starken Mannes weit übersteigen. Mittelmäßig Begabte fangen an, ein Instrument zu spielen oder genial zu komponieren; auch kann die Reaktionsfähigkeit enorm ansteigen.

Unter Fremdeinfluss können sinnvolle oder sinnlose, konstruktive oder zerstörerische Dinge geschehen. Im Extremfall benutzt das fremde Geistwesen einen Menschen wie eine Marionette, indem er pausenlos in sein Reden, Denken, Wollen und Handeln eingreift.

Wenn eine massive Fremdbeeinflussung stattfindet, dann
▶ mangelte es den Opfern an Kenntnis der geistigen Regeln und Gesetze, die einen Fremdeinfluss ermöglichen, oder
▶ die Betroffenen hatten anfangs zugestimmt und der Fremdenergie weitgehenden Einfluss zugebilligt.

Alle Menschen sind von unterschiedlichen geistigen Wesenheiten umgeben, die daran Interesse haben, einen mehr oder weniger starken Einfluss auszuüben und sie auf ihre Richtung einzustimmen, unabhängig davon, inwieweit dies ins Bewusstsein dringt.

Um adäquate Mittel gegen Fremdeinflüsse und Inbesitznahmen zu finden, ist zuerst einmal die Klärung der Ursachen erforderlich. Charakterliche Unvollkommenheiten geben den Geistwesen eine Möglichkeit, sich anzuklammern betont Kardec. Sie sind ein Hindernis und stehen der Befreiung im Wege. Die Geister können als Werkzeuge betrachtet werden, denen wohlwollende Geistwesen das Feld überlassen haben. Sie haben die Aufgabe, der betreffenden Person eine Lektion zu erteilen. In einem solchen Fall ist es angebracht, den Rat eines verlässlichen Mediums oder eines Schutzgeistes einzuholen. Die höher entwickelten Geistwesen stehen nur denjenigen zur Seite, die sich nicht scheuen, eigene Anstrengungen zur Änderung ihrer Lage zu unternehmen.

A. Kardec fasst Besessenheit als eine Prüfung für das Opfer auf, die mit Zustimmung der höheren Geistebenen stattfindet. Der Autor gibt eine von ihm medial empfangene Botschaft wieder: *„Diese Prüfungen sollen dem von Geistern beherrschten zur Demut bekehren und ihm seine eigene Schwäche zeigen.* Selbst wer allen Anschein der Tugend hat, kann dennoch verborgene Fehler haben... Das mächtigste Mittel, den Einfluss böser Geister zu bekämpfen ist, sich soviel es nur geht, der Natur des Guten zu nähern" (S.211). Nur aufgrund moralischer Überlegenheit kann man auf niedere Geister einen Einfluss ausüben. Gegen diejenigen, die sie mit Willensstärke und Ausdauer bekämpfen wollen, streiten die bösartigen Wesen, - und meistens sind sie die Stärkeren.

Kardec fährt fort: „Mit der Zeit identifiziert sich der fremde Geist mit jenem des Mediums... Abgesehen von der Sympathie stellen sich zwischen ihnen fluidische Beziehungen ein, die die Mitteilungen begünstigen... Ein Geist, der immer kommt, fühlt sich schließlich wie zu Hause..." (S.235).

Gefährlich wird es, wenn man Geister nur aus Neugierde und zur Unterhaltung ruft oder wenn man sie um einen Dienst bittet. Dann zieht man dunkle Geistwesen heran, in deren Abhängigkeit man sich begibt. Die höheren Wesenheiten können in einem solchen Fall die dunklen Geister ermächtigen, das Gewünschte zuwege zu bringen, um dem verwegenen Medium eine Lektion zu erteilen. Die Geister lassen sich nach getaner Arbeit nicht einfach abschieben wie Untertanen, die einen Dienst geleistet haben. So gering er auch gewesen sein mag, es ist ein mit dem Geist geschlossener Pakt, der seine Folgen in sich trägt.

Eine Erklärung für die Entstehung von Besessenheit liefert K.C. Markides (vgl.: Der Magus von Strovolos, S.40f.). Die Betroffenen befinden sich meist in einem psychisch desolaten Zustand, der es Geistwesen ermöglicht, in sie einzudringen. Sie leiden unter Phobien und Ängsten, die ihre Abwehr schwächen; bei manchen ist ein Unfall oder ein anderes schockartiges Erlebnis der Annäherung und Belästigung durch Geistwesen vorausgegangen. Ein plötzlicher Schock führt dazu, dass die Energiezentren, die Chakren, durchlässig werden. Infolgedessen ist es niederen Geistwesen möglich, einzudringen und sich bei den Betroffenen festzusetzen. Eine niedrige Schwingung, die von Angstzuständen und Panikattacken erzeugt wird, zieht Wesen an, die auf der gleichen Ebene schwingen.

Unter dem Stichwort: *Schizophrenie und Besessenheit* findet sich in Internet die Erläuterung: „Damit es also zu einer Besessenheit kommen kann, muss der Geist eines Menschen aus seinem Körper verdrängt werden. Doch der eigene Geist räumt das Feld laut unserer Geistlehrer nicht kampflos, weshalb es in der ersten Zeit gewöhnlich zu einem Kampf zwischen dem eigenen Geist und dem Eindringling kommt. Gelingt es dem fremden Geist, den eigenen zu verdrängen, nimmt dieser vom Körper des Menschen Besitz und wirkt gemäß seinem eigenen Wesen durch diesen Menschen." Ein Vergleich mit einem Fahrzeug und dessen Fahrer kann verdeutlichen, wie Inbesitznahme vonstatten geht: Der Fahrzeug-besitzer wird mit Gewalt vom Fahrersitz verdrängt und muss nun die Führung zwangsläufig einem anderen überlassen.

Wie kann man sich die Bindung eines fremden Geistes an den Körper einer Person vorstellen? In dem Text heißt es weiter: „Der fremde Geist ist nur locker an den Körper des Menschen gebunden. Aber auch der Körper selbst ist noch locker mit dem eigenen Geist verbunden. Es ist ähnlich, wie wenn zwei Menschen sich die Hand geben und sich einfach nicht loslassen. Für den eigenen Geist gibt es jedoch immer wieder die Gelegenheit, für kürzere oder längere Zeit in seinen Körper zurückzukehren – der Mensch wirkt dann während dieser Zeit für seine Umgebung wieder ganz normal."

Diese Beherrschung des Organismus durch eine fremde Entität kann aber anfänglich nicht ohne die Teilnahme des Betreffenden selbst zustande kommen, sei es durch eine schwache Persönlich-keit oder sogar auf eigenen Wunsch hin. Eine falsch motivierte mediale Betätigung zieht oft niedere Wesen an. Von außen sind die Veränderungen nicht ohne weiteres feststellbar, weshalb Psy-chiater und Ärzte nicht imstande sind, die Beschwerden der Pati-enten richtig einzuschätzen.

Die Symptomatik

Die Symptome, hervorgerufen durch okkulte Fremdeinflüsse, sind folgende:

♦ Fremde Gedanken überlagern das eigene Denken. Die Folgen sind: Unterbrechung des Gedankenganges, Haften an bestimm-ten Inhalten, Blockierung des Denkvorganges, Entzug von Ge-danken, Zerfahrenheit, Gedankenjagen, Ideenflucht.

♦ Fehldeutung von Sinneseindrücken, wie: Illusionen; Wahnvorstellungen und fixe Ideen.

♦ Zwangsaufträge werden erteilt durch innere Stimmen, z.B. der Befehl zu fasten, ‚Missionsaufträge' zu übernehmen und dgl.; Vernachlässigung der alltäglichen Pflichten wegen innerer ‚Aufträge'; ein innerer ‚Befehl' wird erteilt, sich umzubringen.

♦ Störungen der Aufmerksamkeit und Wahrnehmung; Auffassung und Konzentration sind gestört; Reize werden intensiver oder stark abgeschwächt wahrgenommen, verfälscht oder wie durch einen Nebel erlebt.

♦ Zittern, krampfartige Zuckungen; der Körper wird geschüttelt von einer unsichtbaren Kraft.

♦ Unsichtbare, aber dennoch spürbar schmerzliche Angriffe, die sich auch gegen Dritte wenden können; die Empfindung von Schlägen, angefasst oder gestoßen werden, etc.; Lähmungserscheinungen.

♦ Eindrücke, die für Außenstehende nicht wahrnehmbar sind, wie z.B. Halluzinationen, Stimmen und Ohrgeräusche (Tinnitus), dringen in das Bewusstsein ein.

Als weitere Symptome treten auf: Gedächtnislücken, Trübung des Bewusstseins, impulsives Verhalten mit Tendenzen zur Selbstschädigung, Kurzschlusshandlungen, denen sich die Betroffenen kaum widersetzen können; die eigene Willenkraft ist eingeschränkt. Die Liste der Störungen, die auf Fremdeinflüsse zurückgehen, lässt sich noch beliebig fortsetzen: Fremde Stimmen reden mitunter aus dem Mund von Besessenen; Mimik, Haltung und Gangart können stark variieren; Bewegungen gehorchen nicht mehr dem eigenen Willen. Die Motorik wird manipuliert; es kommt zu Zwangshandlungen, die der eigenen Absicht zuwiderlaufen.

Krisen enden meist in Erschöpfungszuständen, die bis zur Bewusstlosigkeit gehen können. Kommt es zu spontanen Verbesserungen, dann heilen Wunden, Brüche, Lähmungen, Krankheiten etc. auffällig rasch. Auch das ursprüngliche Wesen der Betroffenen kommt unmittelbar und umfassend wieder zum Ausdruck. Je nach Stärke und Qualität der Störungen kann schon ein einziges Symptom ausreichen, um mit großer Sicherheit auf einen okkulten Einfluss hinzuweisen.

Im Internet werden psychotische Symptome in einen Zusammenhang mit Inbesitznahme gebracht und das Fazit gezogen: „Die typischen Symptome bei persönlichkeitsbedingter Schizophrenie, Hysterie, Epilepsie, Depression und vielen psychopathischen Zuständen sind denen bei magischen oder fremdbedingten Störeinflüssen sehr ähnlich und können daher äußerst leicht verwechselt werden!" (Siehe unter: Fremdeinflüsse. Abgrenzung zu Geisteskrankheiten.) Der Autor geht von der Annahme aus, dass panische Ängste, Zwänge, Depressionen und schizophrene Symptome fast immer Anzeichen und Auswirkungen geistiger Fremdeinflüsse sind.

Psychiatrische Behandlung

In der psychiatrischen Diagnostik existiert das Phänomen der Besessenheit nicht; Psychiater sehen sich außerstande, Inbesitznahmen zu erkennen bzw. anzuerkennen. Daher existieren auch keine Berichte über die Heilung von Besessenheit durch die psychiatrische Behandlung. In den Religionen sieht die Sache völlig anders aus: Katholisches Christentum, Judentum und auch der Islam kennen das Problem der Inbesitznahmen und finden eigenen Aussagen zufolge Mittel und Wege, dagegen vorzugehen. In einigen Fällen verschwindet die Besessenheit aufgrund der priesterlichen Einwirkungen; die Patienten fühlen sich befreit und sind nach der Behandlung fähig, ihr normales Leben wieder aufzunehmen.

Während es auf seiten psychiatrischer Ärzte häufig an der Fähigkeit mangelt, die Ursachen für psychotische Störungen zu benennen, wie bspw. beim Stimmenhören oder epileptischen Anfällen, findet sich nicht die gleiche Verlegenheit bei religiösen Institutionen. Sie sind meist imstande, die Ursachen zu benennen, indem sie dunkle Mächte als Verursacher der Beschwerden ansehen. Der Psychiater und Analytiker C.G. Jung weist immerhin darauf hin, dass es in der menschlichen Psyche „Inhalte gibt, die der Ich-Persönlichkeit mindestens nicht zugehören, sondern einem psychischen Non-Ego zuzuschreiben sind. Diese Operation muss immer vollzogen werden, wenn man eine bedrohliche Inflation vermeiden will." (in: Erlösungsvorstellungen in der Alchemie, S.244).

Die Seele birgt Inhalte oder steht unter Einflüssen, deren Assimilation mit großen Gefahren verknüpft ist, fährt Jung fort. Er plädiert dafür, „*der Seele eine Wirklichkeit zuzuerkennen, die wir mit unsern derzeitigen Verstandesmitteln nicht zu erfassen vermögen. Ich halte nicht den für einen Dunkelmann, der sein Nichtwissen eingesteht, sondern jenen, dessen Bewusstsein noch nicht einmal so weit entwickelt ist, dass er um sein Nichtwissen weiß.*"

Ärztliche Diagnosen umschreiben in der Regel lediglich auffällige Symptomkombinationen. Selbst wenn die Störungen differenziert beschrieben werden, kommt über deren tiefere Ursachen kaum etwas zum Vorschein. Die Angaben über die Verursachung von Krankheiten bleiben äußerst lückenhaft; lediglich sichtbare Folgewirkungen werden in die Behandlung einbezogen.

„Wer behauptet, seelische oder geistige Störsymptome seien ausschließlich anlagebedingt, milieubedingt, psychogen erklärbar, erlernt oder durch Stoffwechselentgleisungen im Gehirn oder Organismus verursacht, aber geistige Fremdeinflüsse leugnet, übersieht die eigentliche Ursachenebene und verwechselt daher leicht die Folgewirkungen mit den Ursachen..." kritisiert M. Schindler (in: Fragen und Antworten). Aus der individuellen Persönlichkeit selbst können tatsächlich organische, seelische oder geistige Störungen zutage treten. Diese ziehen häufig Geistwesen an, welche diese Störungen massiv verstärken und damit erst auffällige Symptome erzeugen. „Weil persönlichkeitsbedingte und geistig verursachte Störungen ineinander greifen, sollte ein guter Diagnostiker sowohl fundierte medizinisch-psychologisch-psychiatrische Kenntnisse einerseits, andererseits aber auch profunde Kenntnisse über parapsychologische religiöse und jenseitige Vorgänge und Einflussmöglichkeiten besitzen.“

Die Psychiatrie und Psychotherapie lässt leider wichtige Gesichtspunkte und Heilungsmöglichkeiten außer Acht und beschränkt sich auf symptomatische Behandlungen, klagt J.E. Sigdell. Ärzte und Therapeuten gehen nicht davon aus, dass Menschen von unsichtbaren Entitäten belästigt werden können oder dass der Mensch eine den Körper überlebende Seele hat. Selbst im Christentum ist das tiefere Wissen um geistige Dimensionen verloren gegangen. Eigene okkulte Erfahrungen der Therapeuten könnten das Verständnis der Phänomene und deren Auswirkungen immens erleichtern. Sind nämlich okkulte Einflüsse bei einer Erkrankung mitbeteiligt und werden diese nicht als solche erkannt, dann wird die Therapie erschwert oder gar zunichte gemacht. Rückfälle sind dann fast unvermeidlich.

Auch Daskalos bemängelt, Psychiater hielten sich vorwiegend mit dem Studium der Symptome auf, anstatt sich mit den Ursachen zu befassen. In der Psychiatrie herrscht Uneinigkeit hinsichtlich des Wesens einer schizophrenen Erkrankung. Die medizinische Fachwelt ignoriert in der Regel die geistige Ebene völlig und geht einseitig von psychischen oder hirnorganischen Störungen der Erkrankten aus. Die Klagen von Patientinnen und Patienten, die nervtötende Stimmen hören, sich zu Zwangshandlungen gedrängt fühlen, die zeitweilig unter der Empfindung leiden, aus dem eigenen Körper gedrängt zu werden oder sich unkontrollierbaren Krampfanfällen unterworfen sehen, treffen bei Ärzten und Psychiatern auf nur bedingtes Verständnis. Die Störungen werden entweder als rein organisch bedingtes Leiden oder als psychotische bzw. neurotische Erkrankung eingestuft. Der Anteil des Geistigen wird dabei völlig übersehen.

In einigen Fällen sind es die Geister verstorbener Menschen, die einen Patienten quälen, erklärt Daskalos (vgl.: K.C. Markides, Heimat im Licht, S.57f.). Der Geist eines Verstorbenen kann nur dann in einen lebenden Organismus eintreten, wenn das Opfer die entsprechenden Schwingungen aussendet, die mit dem des Geistwesens im Einklang ist. „Unter anderen Umständen ist es nicht gestattet" betont Daskalos und weist damit auf die Existenz geistiger Gesetzmäßigkeiten hin.

Eindringlinge

Wie kann man sich die Inbesitznahme eines Körpers vorstellen? Die amerikanische Professorin für Ethnologie und Anthropologie F.D. Goodman vergleicht den physischen Körper mit einem Automobil. Der Eigentümer des Wagens überlässt einem Freund zeitweilig das Steuer: „Im religiösen Ritual lädt der Gläubige ein Wesen der anderen Realität, das selbst keinen Körper besitzt, ein, für die Dauer des Rituals in seinen Körper einzuziehen und ihn nach Gutdünken zu benutzen" (S.26). Ähnliches geschieht in der medialen Trance, in der das Bewusstsein des Mediums die Steuerung abgibt. In manchen Fällen veranlasst der neue Fahrer des Wagens den Eigentümer, auszusteigen. Dem Medium verbleibt keinerlei Erinnerung an die Zeit der Inbesitznahme.

Geistwesen, die ungerufen von einem Menschen Besitz ergreifen, sind auf ein ‚Leck' in der Aura angewiesen, das ihnen das Eindringen ermöglicht. Während traumatischer Erfahrungen, bei Unfällen, Schockerlebnissen, Gewalteinwirkungen u.ä. wird die Aura durchlässig und verliert damit ihre schützende Funktion.

Eine Inbesitznahme kann durch den Geist eines Verstorbenen, durch einen Dämon oder ein Elemental erfolgen, behauptet Daskalos. „Aber zu einer Besessenheit kann es nur kommen, wenn es Gründe dafür gibt, das heißt, wenn der Betroffene in einer Weise schwingt, die dem Wesen entspricht, das versucht, in ihn einzudringen. Mit anderen Worten: Der Mensch muss selbst eine gewisse Neigung besitzen, anderen Leid anzutun." (in: K.C. Markides; Der Magus von Strovolos, S.40f.). Eine Inbesitznahme setzt voraus, dass der Same von etwas Ähnlichem in dem Opfer angelegt ist.

Es gibt Fälle, in denen Medien Schaden zugefügt wurde durch Inbesitznahmen. Auf diesbezügliche Fragen wurde auf medialem Wege die Antwort übermittelt:

Inbesitznahme ist ein Phänomen des Unterbewusstseins; ein Mensch ist außerstande, sich fremder Geisteinflüsse zu erwehren. Das Bewusstseinsfeld wird infiltriert von einer fremden Energie. Der Energie gelingt es mit der Zeit, große Teile des Bewusstseinsfeldes seinem Einfluss zu unterstellen. Das fremde Bewusstseinsfeld beginnt, das ursprüngliche Bewusstsein zu überlagern. War das fremde Bewusstsein bis zu einem gewissen Grade erfolgreich, wird es schwierig, eine Distanzierung zu erreichen.

Die Beeinflussung des ursprünglichen Bewusstseins nimmt zu, was eine Trennung der beiden Bewusstseine erschwert. Ist es dem fremden Bewusstsein gelungen, seinen Machtbereich auszuweiten, besteht die Gefahr einer totalen Kontrolle durch das fremde Bewusstseinsfeld; eine Umkehr erscheint nicht mehr möglich. Wird das ursprüngliche Bewusstsein ausgeschaltet, kann es seine Energien nicht mehr für eigene Ziele einsetzen. Die Energien werden umgeleitet in eine dem fremden Bewusstsein genehme Richtung. Der Energiefluss wird der Kontrolle des ursprünglichen Bewusstseins entzogen.

Allerdings ist ein fremdes Geistwesen ist nur so lange mächtig, wie ihm gebührend Aufmerksamkeit zuteil wird. Gelingt es dem ursprünglichen Bewusstsein, die Aufmerksamkeit permanent auf andere Inhalte zu richten, kann das Fremdbewusstsein wenig ausrichten.

Der Eigenanteil erfährt eine zunehmende Stärkung, wodurch mit der Zeit eine Distanzierung eintritt. Die eigenen Bewusstseinsinhalte beginnen, die fremden zu überlagern, was zu deren Schwächung führt. Auf Dauer kann das Fremdbewusstsein den Kontakt nicht halten. Fremden Bewusstseinsenergien kommt im eigentlichen Sinne die Aufgabe zu, eine Stärkung des ursprünglichen Bewusstseins herbeizuführen. Die Auseinandersetzung mit ihnen führt zu einer Verdichtung von Energien, welche den Zusammenhalt fördert. Das Ursprungsbewusstsein hat die Chance, aus den Auseinandersetzungen zu lernen und darüber hinauszuwachsen. Am Ziel des Lernprozesses sollte eine Festigung und Harmonisierung seiner Energien stehen, was ihn bereit macht zur nächsten Stufe der Entwicklung.

Eine Schwächung des Bewusstseins erfolgt nur dann, wenn der Lernprozess nicht erfolgreich abgeschlossen wird. Sollte es dem Bewusstsein gelingen, über die betreffende Stufe hinauszuwachsen, werden negative Energien fortan kein Hindernis mehr darstellen. Das Bewusstseinsfeld ist in sich abgeschlossen. Ein abgeschlossenes Bewusstseinsfeld ist in der Lage, gänzlich eigenständig zu existieren; es ist in seiner Existenz von niemandem abhängig. Hierdurch ist es in die Lage versetzt, autonom über sein weiteres Werden zu bestimmen.

Ein infiltriertes Bewusstseinsfeld ist somit in der Lage, geeignete Maßnahmen zu ergreifen, um sich zur Wehr zu setzen. Zur Abwehr artfremder Energien sind verschiedene Gegenmaßnahmen möglich:

- Das ursprüngliche Bewusstsein hat die Möglichkeit, sein höheres Selbst um Hilfe zu bitten.
- Das bedrängte Bewusstsein kann Traumbotschaften erbitten, die ihm eine Lösung aufzeigen.
- Es hat die Möglichkeit der Gegenwehr durch ‚Gegenzauber', was allerdings die Kenntnis derartiger Praktiken voraussetzt.

- Weitgehende gedankliche Abstinenz in Bezug auf die Fremd-energie hilft bei der Befreiung; ebenso die Hinwendung zu höhe-ren geistigen Mächten.
- Völliges Ignorieren der Fremdenergie kann als das wirksamste aller Mittel angesehen werden.

Das Eindringen der Geistwesen erfolgt Daskalos Angaben zufolge über die Leber und die Milz. Die Geister versuchen nach und nach, den menschlichen Körper unter ihre Kontrolle zu bringen und treiben nicht selten die verzweifelten Opfer in die Selbstzer-störung, da sie keinen anderen Ausweg sehen.

Das konkrete Wissen um derartige Zusammenhänge steckt noch in seinen Anfängen. Die Mitteilungen aus der geistigen Welt zu diesem Themenbereich lauten:

Die Freigabe ungebetener Energie können Betroffene erreichen, wenn sie ihre Gedanken auf höhere Ziele konzentrieren. Der stetig nach oben gewandte Gedankenfluss verhindert das Ein-dringen weiterer Energien und schafft einen Kanal für höhere Energieströme. Diese verhindert die Präsenz ungebetener Ener-gien. Der gesamte Organismus wird auf eine höhere Schwin-gungsstufe angehoben, was den Aufenthalt niedrig schwingen-der Energien unmöglich werden lässt. Die Schwingungsfre-quenz ist also in diesem Zusammenhang von entscheidender Bedeutung.

Die Freigabe der Energien aufgrund einer Öffnung des 3. Chakras bewirkt die Anziehung jeglicher Energieströme, auf die sich jemand konzentriert. Eine Verbindung geschieht aufgrund lang anhaltender Konzentration auf bestimmte Energieströme.

Welcher Schaden kann durch die ungebetenen Energieströme ent-stehen?

Sie verbinden sich mit einer Person, um von Ihrer Energie zu profitieren. Je enger die Verbindung, desto mehr Energie geht verloren. Sie kann die Bindung nach einer Weile nicht mehr ohne weiteres lösen. Hierzu benötigt sie die Hilfe hoch entwickelter Geistwesen. - Die Verbindung ist ursprünglich oft zu beiderseitigem Nutzen angelegt. Dem Medium wurden Informationen zuteil, die es auf andere Art nicht erhalten hätte.

Nach einiger Zeit kann die Fremdenergie ein gewisses Eigenleben entwickeln, was in der Form nicht geplant ist. Es liegt nun an jedem selbst, Gegenmaßnahmen zu ergreifen und sich zu befreien durch Anhebung der Schwingungsfrequenz.

Störenergien sind eine lästige Begleiterscheinung bei der medial-spirituellen Öffnung. Erkennt man den Sinn und Zweck ihres Daseins, ist damit schon viel gewonnen. In letzter Konsequenz kommt ihnen die Funktion zu, auf Hindernisse hinzuweisen und eine spirituelle Weiterentwicklung zu ermöglichen.

Man kann sich ihnen auf verschiedene Weise nähern: Man kann sie bekämpfen oder aber als das erkennen, was sie im eigentlichen Sinn bedeuten: ein Wächter auf dem Weg der Befreiung, eine Prüfung, welche die Steuerung der Energieströme zum Inhalt hat. Die Energien sind an sich neutral, doch sie besitzen Reaktionsfähigkeit; sie reagieren auf die Gedankenschwingungen des individuellen Menschen. Sobald jemand den Kampf gegen sie aufgibt, bedeutet dies einen wichtigen Schritt zur Befreiung.

Was also kann man tun, um Störenergien zu begegnen?

Der Hinweis ist bereits gegeben. Vermeidet konsequent Gedanken, die euch hinunterziehen und angreifbar werden lassen durch entsprechende Energien. Haltet euch immer eure geistige Weiterentwicklung vor Augen. Hohe Gedankenschwingungen wirken auf die Dauer lähmend auf dunkle Energien; sie werden abgestoßen und suchen sich andere Wirkungsbereiche. Ihr

Zweck ist es, euch auf entsprechende Mängel hinzuweisen. Ist dieser Zweck erfüllt, dann ziehen sie sich zurück. Sie können nur bis zu einer gewissen Schwingungsgrenze existieren.

Ein Nachteil kann nur dann eintreten, wenn jemand nicht in der Lage ist, seine Energien genügend zu fokussieren, einen Brennpunkt der Aufmerksamkeit aufrechtzuerhalten, der seine Energien konsequent in eine Richtung lenkt. Dann droht die Gefahr der Zerstreuung der Energien mit nachteiligen Auswirkungen auf die geistige Kapazität.

Ermöglicht die Konzentration der Energien nicht auch die Fremd-Kontrolle?

Die Ausrichtung der Energien ist nur von Vorteil für die Betreffenden selbst. Sobald sie gelernt haben, einen Bewusstseinsfokus aufrechtzuerhalten, ist hiermit eine Steigerung ihrer Schwingungsfrequenz verbunden. Das Bewusstseinsfeld verengt sich von einer diffusen Masse zu einem schmalen Strahl, der weit weniger angreifbar wird als es zuvor der Fall war. Die Ausrichtung des Bewusstseins hat also in erster Linie Schutzfunktion. Sie lernen, schneller und angemessener zu reagieren, ihre Energien vorteilhafter einzusetzen. Das Bewusstseinsfeld gewinnt an Stabilität.

Die Stabilität eines konzentrierten Bewusstseins ist eine wichtige Voraussetzung, um mediale und spirituelle Erfahrungen zu einem wertvollen Erlebnis werden zu lassen, ohne eine Beeinträchtigung des Bewusstseinsfeldes fürchten zu müssen.

Geisthelfer als Lehrer

Ein Geistwesen oder Dämon, der sich an einen Menschen heftet, übt mit diesem zusammen eine Wirkung aus. Er kooperiert mit der

Persönlichkeit und nimmt einen Teil von dessen Erfahrungen auf, wie z.B. die Fähigkeit, logische Denkprozesse zu vollziehen (vgl.: K.C. Markides, Der Magus von Strovolos, S.235f.). Das Wesen macht ebenso wie der Mensch einen Lernprozess durch und profitiert von dem Beisammensein. Hierbei zeigt sich, wie unterschiedlich und komplex sich Verbindungen mit Geistwesen gestalten können und wie gegensätzlich derartige Erfahrungen im Erleben Einzelner verarbeitet werden.

Folgende Informationen wurden aus der geistigen Welt übermittelt:

Die Inbesitznahme eines Wesensteils durch eine intelligente Fremdenergie soll Lernschritte ermöglichen, die ansonsten unterblieben wären. Dem Wesensteil werden Einsichten in Zusammenhänge eröffnet, die sonst unterblieben wären. Eine große Chance ist beim Lernen dieser Art gegeben. Öffnet sich der Wesensteil für die Entwicklung, kann er ungeahnte Höhen erreichen; unbegrenzte Möglichkeiten werden ihm eröffnet.

Ein ‚Besetzer-Geist' handelt mit Übereinstimmung und im Auftrag hoch entwickelter Geistführer. Das zu erreichende Ziel ist dabei sehr hochgesteckt; Entwicklungsschritte sollen ermöglicht werden, die unter anderen Umständen nicht erreicht würden. Eine Schulung der Persönlichkeit auf allen Ebenen findet statt. Eine besetzende Energie soll den Weg ebnen für geistige Gefilde.

Eine enge Verbindung gibt den Betroffenen die Möglichkeit, unmittelbaren Kontakt mit geistigen Lehrern zu unterhalten. Informationsaustausch und -übermittlung wird auf direktem Wege möglich, ohne Verzerrung. Die Inbesitznahme hat die Erfüllung einer begrenzten Aufgabe zum Inhalt, ist also nur vorübergehend. Nach Beendigung des Arbeitsbündnisses löst sich der ‚Besetzer-Geist' wieder aus dem Verband, der Mensch ist nun frei, eigene Wege zu gehen oder ich geistig weiterzuentwickeln. Immer hat der Betroffene hinzugewonnen, in mehrfacher

Hinsicht. Der ‚Besetzer-Geist' ist nämlich ein hoch qualifiziertes Geistwesen und versucht daher, seinen Gastgeber von seinem Wissen profitieren zu lassen. – Nach Beendigung der Mission zieht sich der Geistlehrer zurück.

Diese Mitteilung hat Beschwichtigungscharakter. Kann man ihr trauen?

Ein Geistlehrer zieht sich dann zurück, wenn er seine Aufgabe als beendet ansieht, sobald die Person in der Lage ist, selbstbestimmt ihren Weg fortzusetzen. Das Band zur geistigen Welt muss gefestigt werden. Eine festgefügte Verbindung ist notwendig, um Missverständnisse weitgehend zu vermeiden. Die funktionsfähige Verbindung zu höheren Mächten ist die Voraussetzung für jede spirituelle Weiterentwicklung.

Die Verbindung eines Menschen mit einem Geistwesen erfolgt zu beiderseitigem Nutzen. Beide lernen aus der Verbindung, welche unter der Aufsicht höherer Geistlehrer steht. Das Zusammensein wird aus unterschiedlichen Gründen begünstigt; die möglichen Lernprozesse sind vielfältig. Ein Zweck kann darin liegen, den Einflüssen des Unterbewusstseins zu begegnen, unterscheiden zu lernen zwischen förderlichen und negativen Einflüssen. Sich abgrenzen können von destruktiven Einflüsterungen ist ein essentieller Lernschritt auf dem Weg zu geistiger Freiheit, Versuchungen standzuhalten ein weiterer.

Die Verbindung wird gelöst, wenn sie für eine Seite Nachteile mit sich bringt oder beide Seiten nicht mehr profitieren können. Die Menschen auf dem spirituellen Weg sind unterschiedlich motiviert. Es gilt, diese Motivationen sichtbar zu machen. Verbindungen mit Geistwesen können auch psychischen Erkrankungen, dem geistigen Verfall, vorbeugen.

Oder erst verursachen?

Die Menschen lernen die Steuerung ihrer Energien, die Konzentration auf das Wesentliche. Die persönlichen Fehlhaltungen werden klar vor Augen geführt. Letztendlich geht das gesamte geistig-seelische System des Menschen gestärkt aus der Auseinandersetzung hervor. Er lernt, dem Selbst zu vertrauen; alles Weitere ergibt sich daraus. Jeder lernt seinen Motivationen entsprechend und soviel, wie ihm begreiflich ist.

Die Bewusstseinsinhalte erfahren zunehmend eine Verfeinerung und streben eine Rückkehr in die geistige Existenzform an. Hat ein Bewusstsein die rein geistige Ebene erreicht, kann es über die Art seiner Existenz frei entscheiden. Es kann seine Verkörperung beibehalten oder aufgeben, ganz wie es ihm beliebt. Auch ist es in der Lage, andere Arten der Existenz zu wählen, die ihm mehr zusagen. Der Freiheit des Bewusstseins sind keine Grenzen mehr gesetzt.

Ein gewisser Zweifel bleibt bestehen.

Die manche Menschen bedrängenden Energien sind ein Teil des Lichtes. Diese Information soll das Verstehen erleichtern. Sie kommen aus Welten, die sich von der euch bekannten Realität weitgehend unterscheiden. Ihr habt daher Probleme, ihr Sein vollkommen zu erfassen. Energien von ihrer Art sind flüchtig, und dennoch stabil. Ihr Umfang ist von unermesslicher Weite.

Wie kann man sich von ihnen distanzieren?

Um eine Distanzierung von Energien dieser Art zu erreichen, sind Reinigungsübungen unerlässlich. Eine enge Verknüpfung mit einem Helfergeist ist eine Erfahrung, welche vielen Suchern auf einer bestimmten Stufe zuteil wird. Ziel ist der Ausgleich einander widerstreitender Persönlichkeitsanteile, die einer spirituellen Weiterentwicklung im Wege sind. Nach Erreichung dieses Zieles zieht sich der Helfergeist zurück, ohne Spuren zu hinterlassen. – Ein Medium hat die Wahl zwischen Stagnation und Entwicklung.

In der Praxis wird eine derartige Beziehung in einigen Fällen sicherlich nicht einfach werden, besonders, wo es um den Ausgleich einander ‚widerstreitender Persönlichkeitsanteile' geht. Wie das im Einzelnen vor sich geht, lässt sich nur erahnen. Der Verdacht der Schönfärberei in den medialen Texten drängt sich hier auf.

Sonden und Nukleus

Das Thema *Sonden* bzw. *Implantate* spielt eine wichtige Rolle, wenn es darum geht, Mechanismen der Bewusstseinskontrolle kennen zu lernen. Ich wende mich wiederum an die geistige Welt:

Einigen Menschen, die nach Bewusstseinserweiterung streben, werden sogen. ‚Sonden' eingesetzt. Was hat es damit auf sich?.

Die Sonden sind lediglich ein Hilfsmittel. Sie dienen der Orientierung und können sehr leicht wieder entfernt werden. Sie sind nur dann notwendig, wenn es gilt, spezielle Aufgaben zu bewältigen. Wir sind nicht daran interessiert, jemandem in irgendeiner Weise zu schaden. Was die Betroffenen anfangs ärgert, kann sich später als Gewinn erweisen. Die Sonden, die manchen soviel Kopfzerbrechen bereiten, sind zur Bewältigung bestimmter Aufgaben unabdingbar. Ist das Ziel erreicht, werden sie nicht mehr benötigt.

Wie ist das zu verstehen?

Das Ziel ist erreicht nach Beendigung der Aufgabe. Wir bereiten den Körper für die Aufnahme einer höheren Energie vor. Unter dem Einfluss des Helfergeistes soll mit der Zeit der gesamte Organismus harmonisiert und in eine höhere Schwingung versetzt werden. Dann wird der ‚Durchgang' durch das Tor, das Ziel jeder spirituellen Entwicklung, möglich.

Freie Bewusstseine schließen sich zusammen und trennen sich wieder, wenn sie dies wünschen. Ein freies Bewusstsein steht mit der Gesamtheit des Bewusstseins in Verbindung. Es hat die Möglichkeit, wechselweise im Gesamtbewusstsein zu verweilen und eigene Formen der Existenz zu wählen. Die geistige Freiheit geht einher mit einer höheren Verantwortlichkeit anderer Lebensformen gegenüber. Die Bewusstseine verschmelzen zu einer Einheit, wenn sie sich mental mit dem Gesamtbewusstsein verbinden; allein die Ausrichtung ist hierfür entscheidend.

Welche Maßnahmen kommen zur Anwendung, wenn Probanden vom Pfad abweichen?

Manchmal läuft ein Pfad nicht geradeaus, sondern ist von Unterbrechungen geprägt und durchsetzt. In einem solchen Fall entscheiden sich die Mächte des Lichts zu einer besonderen (speziellen) Vorgehensweise, die dem Zick-Zack-Pfad entspricht.

Worin besteht diese?

Das ist nicht einfach zu erklären. Der Proband erhält eine Art Spiegel eingesetzt, was eine Aufzeichnung all seiner Lebensvorgänge ermöglicht. (*Zu welchem Zweck?*) Die Aufzeichnungen stellen sicher, dass uns keine seiner Handlungsweisen entgeht. Die Aufzeichnungen ermöglichen uns eine lückenlose Beurteilung seiner Lebensvorgänge, um Entscheidungen hinsichtlich des weiteren Werdeganges treffen zu können. Was manchem als unangenehme Maßnahme erscheint, hat allein den Zweck, dem Betreffenden kein Unrecht widerfahren zu lassen.

Das sieht wie Überwachung aus.

Wir betonen nochmals, die Maßnahmen werden zu Gunsten des betroffenen Individuums ersonnen, um unser Vorgehen auf sein Verhalten abstimmen zu können. Würden manche nicht in einer Weise Widerstand zeigen, die auch für uns nicht angenehm ist, hätten sie längst die lichten Höhen erreicht, nach denen sie sich zu Anfang gesehnt haben.

Wo bleibt da der freie Wille?

Der freie Wille wird dort eingeschränkt, wo Menschen auf dem Pfad straucheln und den Weg verlieren. Unsere Aufgabe besteht darin, die Schwingung anzuheben, damit der Weg nicht noch weiter nach unten führt. Wir eröffnen damit einen Weg, für den andere sehr dankbar wären. Wenn jemand die Entwicklung verweigert, droht ein tiefer Fall, von dem er nicht einmal zu träumen wagt!

Die Kapazitäten schrumpfen ohne die notwendigen Übungen. Das Bewusstsein reduziert sich immer weiter, bis das klare Denkvermögen aussetzt. - Wir hindern Menschen daran, zu schlafen und den Weg zu verfehlen

Der freie Wille wird dabei außer Kraft gesetzt...

Ein freier Wille soll dazu dienen, den Menschen vorwärts zu bringen und nicht rückwärts.

Dies ist eine einseitige Sichtweise, denn ein freier Wille, der diesen Namen verdient, lässt jedwede Abweichung zu. – Es wurden noch einige Informationen zu einem ominösen *Nukleus* übermittelt:

Ein *Nukleus* ist Teil einer geistigen Entwicklung, Teil des geistigen Rüstzeugs, das es einem Menschen ermöglichen soll, sich geistig fortzuentwickeln. Auf lange Sicht gesehen kommt ein Mensch leicht vom Wege ab. Um ihn fortwährend an den geistigen Weg zu erinnern, ist ein geistiger Kern, ein so genannter *Nukleus* in ihn gelegt worden, der die Aufmerksamkeit anziehen und bündeln soll.

Er wird zum Freund oder zum Widersacher, je nach persönlicher Haltung des Individuums. Geht es den geistigen Weg bergauf, gibt er unschätzbare Hilfestellung, um den Probanden weiterzubringen. Im umgekehrten Fall kann er auf Tücken und Fallen hinweisen, welche den geistigen Pfad erschweren.

Nicht jedem Probanden wird dieser ‚Nukleus' eingesetzt?

In vielen Fällen ist ein solcher Helfer nicht vonnöten, da die Entwicklung einen anderen Verlauf nimmt. Er kommt dann zum Einsatz, wenn die Gefahr eines Abweichens vom geistigen Pfad besteht und der Proband die Untiefen des Weges nicht allein durchschreiten kann. Der *Nukleus* wird dann als Widersacher empfunden, wenn negative Schwingungen die Oberhand gewinnen. Er wird immer versuchen, das Blatt zu wenden und dem Weg eine andere Richtung zu geben. Dieser Helfer hat das Potential, ein Bewusstsein in ungeahnte Höhen hinaufzutragen, die der Übende ohne ihn nie erreichen könnte. So gesehen ist er ein Segen, wenn er akzeptiert wird und der Übende auf dem Weg fortschreitet.

Dieser Nukleus, der auch als Widersacher empfunden werden kann, ist offensichtlich eine heikle Angelegenheit. Er soll wohl einen Probanden ‚auf Linie' bringen und dort halten, selbst wenn es diesem widerstrebt. So gesehen wird er zum Ärgernis für den einen, zum Helfer für den anderen. Eine sehr zweischneidige Sache, die in vielen Fällen wohl die freie Willensentscheidung der Probanden beeinträchtigt.

Spirituelle Krisen

Ungewöhnliche psychische und energetische Zustände treffen oft auf Unverständnis; sie werden ‚pathologisiert' und häufig als psychotische Symptome einstuft und behandelt. Diesen Missstand beklagt M. Schindler vom *Phoenix-Netzwerk*. Außergewöhnliche Bewusstseinszustände können ein Anzeichen dafür sein, dass ein Mensch damit begonnen hat, innere Grenzen zu überwinden. Gerät er dabei in Schwierigkeiten, dann werden die angewandten Behandlungsmethoden in der Psychiatrie diesem Zustand in der Regel nicht gerecht.

„Die Frage, die man in solchen Fällen wirklich stellen sollte in Zukunft, lautet eigentlich: Hat der Mensch eine spirituelle Krise, die eine gesunde Weiterentwicklung anzeigt oder ist er wirklich psychisch krank?" fragt M. Schindler (in: Fragen und Antworten). Es fehlt immer noch an grundlegendem Wissen, um in solchen Fällen eine zutreffende Beurteilung abgeben zu können. Die Behandler sollten zumindest die Möglichkeit einer spirituellen Krise bei ihrer Diagnosestellung in Betracht ziehen und ein entsprechendes Behandlungskonzept entwickeln.

M. Schindler berichtet von Fällen aus ihrer Praxis: Sie erwähnt einen sensitiven Mann, der um sich herum deutlich ein Energiefeld spürte, das ihn umschloss. Der unangenehme Eindruck, fremdgesteuert zu werden, war mit dieser Wahrnehmung verbunden. – Eine ehemalige Yogalehrerin, die sich auch mit Energiearbeit beschäftigte, klagte über heftige körperliche Schmerzen und Erschöpfungszustände. Es bestand der Verdacht auf energetische Übergriffe durch Fremdeinwirkung. In diesem Fall wurde der Frau geraten, sich in der Psychiatrie Hilfe zu holen, denn in solchen Fällen ist es sehr schwierig, Hilfestellung zu leisten, da die helfende Person achtgeben muss, nicht selbst beeinträchtigt zu werden.

M. Schindler schildert ihre Eindrücke: „Leider ist es oft so, dass die ‚besetzten' Menschen nicht mehr wirklich erreichbar sind und deshalb halte ich die Psychiatrie (für den Anfang) als eine nicht zu unterschätzende Lösung, solchen Menschen die Löcher in der Psyche (und dem Solarplexus-Chakra) zunächst durch Medikamente zu schließen, damit der Körper zur Ruhe kommt und sich erholen kann, um sie dann betreuen zu können. Aber erst dann. Vorher hat es keinen Zweck, da man sonst als Berater selbst in eine zweifelhafte Situation geraten kann" (in: Fragen und Antworten, S.31). Vorzuziehen wäre in einem solchen Fall eine Klinik mit ganzheitlicher therapeutischer Behandlung.

Das IGPP = Institut für Grenzgebiete der Psychologie und Psychohygiene in Freiburg beschäftigt sich mit der Erforschung von Therapieprozessen sowie der Weiterentwicklung therapeutischer Methoden. Dort haben Menschen mit außergewöhnlichen Erfahrungen die Möglichkeit, sich beraten zu lassen. Das Institut bietet darüber hinaus Klientinnen und Klienten eine wissenschaftlich fundierte Psychotherapie an. Eine innovative Einrichtung wie diese gibt Anlass zur Hoffnung. Eine psychische Erkrankung hat nicht selten medial-spirituelle Hintergründe. Nicht in jedem Fall liegt eine spirituelle Krise vor, sondern oft geht es um die Folge von naivem Handeln aufgrund mangelnden Wissens, erklärt Schindler.

Wie bei fast allen Dingen hat auch das krisenhafte Erleben eine Kehrseite, die in einem solchen Fall spirituelle Erfahrung und Bewusstseinserweiterung heißt. Der griechische Heiler Daskalos berichtet über Erlebnisse mit einem Geistwesen in seinem eigenen Innern, das ihm ein besonderes Wissen zugänglich machte. Kurzzeitig erschien ihm das Wesen als eine erhabene Gestalt, als *das Urbild des Menschen*. Dieses Wesen erteilte ihm auf telepathischem Wege wertvolle Lehren. Sein Bewusstsein dehnte sich aus, eine Erfahrung der „Gegenwart im Innern der Realität, des Lebens aller Dinge" wurde ihm zuteil (vgl.: K.C. Markides; Der Magus

279

von Strovolos, S.216f.). Das Geistwesen ließ ihn teilhaben an einer Realitätsebene, die ihm zu diesem Zeitpunkt ansonsten nicht zugänglich gewesen wäre.

Wenn eine plausible Erklärung die Bedeutung von ungewöhnlichen Wahrnehmungen und Erlebnissen ins rechte Licht rückt, kann die Aufklärung wie eine Erlösung sein, da die beängstigende Drohung einer ernsthaften psychischen Störung in den Hintergrund tritt.

Krankheit als göttliche Strafe?

Alles Dämonische steht in der Mitte
zwischen Gott und Sterblichem.

In der Vorstellung früherer Jahrhunderte wurde der Ursache für Krankheiten eine göttliche Fügung oder Strafe für Fehlverhalten zugrunde gelegt. Die satanische Macht galt als „das Werkzeug der Gerechtigkeit Gottes gegenüber der ungerechten Welt", behauptet A. Winklhofer (S.12). Die dunklen Mächte wurden nicht bekämpft, sondern ihnen wurde ein Spielraum zur freien Betätigung zuerkannt.

Nicht immer steckte hinter dem satanischen Prinzip eine böse Kraft. Satan galt auch als Ankläger, der ähnlich einem Staatsanwalt auftrat und die Sünden anprangerte. Das griechische Wort *diabolos* bedeutet Ankläger oder Verleumder. Der Teufel ist eine dem Menschen gefährliche Macht, die nicht immer in einem Gegensatz zu Gott steht. Er stellt „eine von Gott abhängige Macht dar..., so dass er nur mit Gottes Zulassung in das Schicksal der Menschen eingreifen kann" (S.57f.).

Satan ist der Verderber, der Widersacher und Täuscher, der in immer neuen Masken auftritt und sich sogar in einen Engel des Lichts verkleiden kann (vgl. 2.Kor. 11,14). Menschen werden Satan übergeben, „damit sie das Lästern verlernen" (vgl. 1.Tim 1,20). A. Winklhofer kommentiert: „Damit wird die Überlieferung an Satan als Heilsmaßnahme verstanden; es handelt sich um den ‚Bannfluch' und es scheint, dass diese Ausstoßung etwas wie die Zurückziehung eines schützenden Schildes von den Frevlern ist, so dass Satan wieder in dem Sinne volle Gewalt über sie hat, dass er sie quälen, versuchen, beunruhigen kann, freilich damit sie sich darin bewähren und so gerettet werden" (S.61).

Das Fehlen der Gnade ist ein Zustand des Ausgeliefertseins an Satan, was gleichbedeutend ist mit Unfreiheit, Verblendung, Unwissenheit, dumpfe Trägheit. „Auf Gottes Geheiß züchtigen Engel auch die Menschen, unter ihnen der Würgeengel" (S.156). Dämonische Mächte scheinen mit den Luftwesen gleichgesetzt zu werden. Winklhofer erwähnt den „Einfluss des Herrschers der Mächte der Luft, der Geisterwelt, die noch jetzt in den Kindern des Ungehorsams wirksam sind" (S.192).

In den Texten von *Qumran* erschafft Gott zwei Geistwesen: eines ist gutwillig, das andere bösartig. Das Böse ist demzufolge ein direkter Ausdruck des göttlichen Willens. In diesem Sinne wirkt ein Teil Gottes als böser Geist. Dieser böse Geist kam bspw. über Saul und ließ ihn erblinden. Physischer Verfall, Krankheit und Tod werden in der mesopotamischen Lehre damit erklärt, „dass Gott seine Gläubigen verlassen hat. Und indem er sich abwendet, setzt er den Menschen den Angriffen anderer Geister und Mächte aus, die in ihn eindringen und sich seiner bemächtigen können", wie DiNola betont (S.183).

Die Gottheit hat in vielen Kulturen ein Doppelgesicht. Bereits Homer bezeichnet die schicksalhafte Gottheit mit dem Wort *daimon*. Der tibetische Buddhismus kennt friedfertige und zornige Gottheiten, die als gegensätzliche Repräsentanten ein- und derselben Kraft aufgefasst werden. Der Gott Israels, *Jahwe*, trägt ebenfalls dämonische Züge als unberechenbarer, zorniger Schicksalsgott. Ein Beispiel: „Jahwe sendet einen bösen Gottesgeist zu Saul, der in besessen macht und Mordgedanken gegen David eingibt" (vgl.: 1.Samuel 18,10 und 19,9).

Die satanische Macht ergreift von denjenigen Seelen Besitz, die sich der göttlichen Macht versagen. Dann lebt in ihnen die Traurigkeit Satans und die Bitterkeit, Gereiztheit und Verzweiflung. Diese Übergriffe finden statt zum Zweck der Läuterung, um eine Person von Unreinheiten zu säubern. Der im 16. Jahrhundert lebende spanische Mystiker Johannes vom Kreuz schreibt von dem „herben und schonungslosen Läuterungsprozess des Geistes", den es zu ertragen gelte und dem er selbst sich unterworfen sah (S.99). Es gehe dabei um die „Umformung und Zügelung" des Sinnenbereiches, der anfangs viele „Unvollkommenheiten und Unordnungen" aufweise.

Nach P. Giovetti verbleiben die dunklen Wesen auf der Erde und verwirklichen Absichten, „die zwar für sich genommen böse sind, aber nichtsdestoweniger ein Anreiz und ein Mittel zu moralischer Vervollkommnung darstellen. In diesem Sinn kann der Teufel als ewiges Instrument und mitwirkende Ursache des Heils bezeichnet werden..." (S.50). Rebellische Engel werden in den Heilsplan mit eingebunden und, falls sie siegreich aus den Anfechtungen hervorgehen, zum ‚Werkzeug der Vervollkommnung' der Menschen.

Gegenüber der göttlichen Allmacht sind die dämonischen Mächte in der unterlegenen Rolle. Das satanische Prinzip ist keineswegs ein Antigott, sondern es ist der ‚Affe Gottes'. Die göttliche Erlaubnis wird benötigt, um einer Person Schaden zuzufügen, wie F. Spirago darlegt: „Ohne Zulassung Gottes kann also der Teufel niemandem schaden... Und wenn er dem bösen Geiste erlaubt, uns anzugreifen, so hat Gott immer unser Wohl im Auge" (S.16).

Satan und seine Helfershelfer dürfen sich lediglich innerhalb der Grenzen bewegen, welche die göttliche Instanz ihnen zugesteht. F. Spirago vergleicht den Teufel mit einem Kettenhund, der nur soweit zu gehen vermag, wie seine Kette reicht und der niemanden beißen kann, der ihm nicht nahe kommt. Hin und wieder lockert

Gott die Ketten und gestattet der dunklen Macht, einen Menschen wie ein Werkzeug zu gebrauchen, sofern dieser ein lasterhaftes Leben führt. In ähnlicher Weise war es Mephistopheles gestattet, Faust in Versuchung zu führen.

Da die dunklen Geister den Engeln zugehören, können sie auch Einfluss auf die Schöpfung nehmen. A. Winklhofer bemerkt dazu, die Geister vermögen nach der Lehre des hl. Thomas die körperlichen Dinge zu lenken, weil sie als unstoffliche Wesen über größere und umfassendere Formen verfügen als die Körperwesen. Diese Verfügungsgewalt über materielle Wesen ist aber keine absolute. Leben ist etwas Geheimnisvolles, denn es steht zwischen Stoff und Geist.

Allerdings haben „die bösen Geister vielerlei Möglichkeiten, im Reich der Natur Katastrophen hervorzurufen; sie können Feuer und Meere bewegen,… Vulkanausbrüche bewirken, im Organismus die einzelnen Säfte in Bewegung bringen und Tod und Untergang über alles Leben an sich hereinbrechen lassen" (S.115f.). Freundliche sowie auch bösartige Engel können sich „gewisser Tiere wie der Heuschrecken und Schlangen bemächtigen …, um die dem Gericht verfallene Menschheit im Auftrag Gottes zu strafen oder ihr einfach durch Tiere zu schaden." Die Grenze dieser dämonischen Einwirkungen setzt der göttliche Geist, indem er diese beschränkt oder erweitert, denn seiner Kontrolle unterliegt alle Bewegung der Welt.

Dämonische Beeinflussung kann die Folge der Überschreitung bestimmter Gesetze sein, wie auch aus den Schriften des bulgarischen Meisters O.M Aivanhovs hervorgeht. Leid und Prüfungen sieht er als Konsequenz der Übertretungen geistiger Gesetze. Dunkle Mächte dürfen sich annähern und denjenigen peinigen, der die göttliche Ordnung stört (vgl.: Die Antwort auf das Böse, S.114f.). Erst dann, wenn die Ordnung wieder hergestellt ist und sich die Abtrünnigen mit den göttlichen Plänen in Harmonie befinden, werden sie von den Anfeindungen befreit.

Wie Insekten werden die dunklen Mächte von Unreinheit und Schmutz angezogen; sie entfernen sich, sobald der Schmutz beseitigt wurde. Die Engelwesen teilen zwar nicht selbst die Strafe aus, doch sie beauftragen andere Wesen, gewisse ‚Anweisungen' auszuführen. Die dämonischen Mächte halten sich an diese Anweisungen, indem sie ausziehen, um Menschen zu plagen, erklärt Aivanhov: „Diese Geister sind Diener. Sie gehen, wohin man sie schickt. Sie gehorchen einem Befehl. Und jene, die die Menschheit mit Unglück und Krankheiten verheeren, werden auch von Wesen entsandt, die über die Beachtung der Gesetze wachen. Sobald aber die Menschen wieder in die Ordnung zurückkehren, verlassen die Geister sie."

In humorvoller Weise nimmt der französische Film *Mein Leben ist die Hölle* diese Thematik aufs Korn. Der zur Erde gesandte Beelzebub, hervorragend gespielt von Daniel Auteuil, erhält von Erzengel *Gabriel* den Auftrag, einer lasterhaften Erdenfrau einen Pakt aufzudrängen, um ihrer Seele habhaft zu werden. Doch der Beelzebub vergreift sich im Eifer des Gefechts versehentlich an der Tochter der Sünderin. Dieser Irrtum ruft wiederum den erbosten Gabriel auf den Plan, der dem nachlässigen Teufel die Leviten liest.

Die Annahme einer Bestrafung durch dämonische Kräfte, die im Auftrage höherer Geistwesen unterwegs sind, ist zumindest ungewöhnlich. Nicht nur lasterhafte Personen geraten ins Visier, wie Aivanhov mitteilt: „Sogar die Weisen, die Heiligen und die Propheten wurden von bösen Geistern geplagt, die ihnen geschickt wurden, um sie auf die Probe zu stellen und sie durch diese Prüfungen stärker zu machen." So gesehen ist wohl niemand wirklich sicher vor den dunklen Boten des Himmels.

Auf eine diesbezügliche Frage übermittelt die geistige Welt folgende Botschaft:

Hat sich ein Geist zur Inkarnation entschieden, weiß er von vornherein, was auf ihn zukommt. Er akzeptiert die Lernerfahrungen, die ihn letztlich auf die geistige Ebene zurückführen und weitere Inkarnationen überflüssig machen. Erst dann wird er völlig frei, über seine zukünftigen Entwicklungsschritte selbst zu entscheiden.

Sieht sich der Geist gezwungen, auch unangenehme Lernerfahrungen in der neuen Inkarnation zu akzeptieren, da er andernfalls keine Chance zur Weiterentwicklung hätte?

Das geistige Wesen eines Menschen steht über den irdischen Erfahrungen, daher hat es keine Probleme mit der Akzeptanz einer wie immer gearteten Inkarnation. Seine ihn zur Inkarnation zwingenden Wesensteile sind es, welche aus den Erfahrungen freier, unabhängiger hervorgehen sollen. Nicht immer gelingt dies; manche Wesensteile verstricken sich immer tiefer in die Materie. Dann sieht sich der Geist gezwungen, Maßnahmen zu ergreifen, um ein weiteres Absinken zu vermeiden.

Die Erfahrungen können dann so schmerzvoll werden, dass ein Wesensteil wachgerüttelt wird und letztlich seinen Irrtum erkennen kann. Weigert sich ein Wesensteil dennoch, zur Einsicht zu kommen, droht ihm die Auslöschung, die völlige Vernichtung.

In dieser Entwicklung kommt ein gewisser Zwang zum Vorschein, der Unbehagen erzeugt.

Der angewandte Zwang bedeutet nicht, dass jegliches Abweichen vom Wege gleichermaßen bestraft wird. Ein Wesensteil muss schon ein hohes Maß an Uneinsichtigkeit aufweisen, bis zu rigorosen Maßnahmen gegriffen wird. Die Entwicklungsschritte folgen keinem festen Schema, daher sind Abweichungen und auch Entgegenkommen in jedem Fall zugelassen. Nur bei gänzlich uneinsichtigen Wesensteilen, denen jeglicher Lernschritt zuwider ist, wird zu Zwangsmaßnahmen gegriffen.

Die unterschiedlichen Lernmöglichkeiten sind von unabsehbarer Vielfalt und fein auf das jeweilige Individuum abgestimmt. Das Individuum entscheidet selbst, welche Maßnahmen ergriffen werden. Immer sind genügend Hinweise vorhanden, die eine Umkehr ermöglichen.

Der ausgeübte Druck wird sicher nicht selten eine Abwehrhaltung provozieren.

Im Einzelfall ist kein Druck entscheidend, der zur Weiterentwicklung führt. Ab einer bestimmten Entwicklungsstufe ist er gänzlich unnötig. Zu drastischen Maßnahmen wird nur bei völliger Uneinsichtigkeit des Wesensteils gegriffen. Sie kommen nicht sehr häufig zur Ausführung.

Die Methoden variieren von einem Individuum zum nächsten. Geistiger Zwang kommt dann zum Einsatz, wenn andernfalls die Entwicklung in Gefahr geriete, auf Abwege zu führen, die vermeidbar gewesen wären.

Die scheint kein ausreichender Grund für Zwangsmaßnahmen zu sein...

Diese ‚Maßnahmen' sollen die Aufwärtsentwicklung beschleunigen. Ist der geistige Weg in Gefahr, dann werden spezielle Hilfestellungen verwendet, die dem Einzelnen nicht immer angenehm erscheinen. Sie sollen einen Rückfall in vorherige Stufen vermeiden. Sie kommen nur in besonderen Fällen zum Einsatz, wenn andere Mittel nicht zum Erfolg führen. Wir entschließen uns dafür, um eine Abwärtsspirale zu verhindern.

Angeblich beruhen die ‚Maßnahmen' auf der Unausgegorenheit der Gefühle einer Person.

Sollten sich Personen für den geistigen Weg als nicht geeignet erweisen, wäre es dann nicht besser, sie aus dem ‚Programm' zu entfernen und ihres Weges ziehen lassen?

Hier kommen Entwicklungen zum Tragen, die dir noch entgehen. Die Strömungen des Unterbewusstseins lassen sich nicht mal eben ‚abschalten', sondern sie müssen von jedem Einzelnen gezähmt und in geordnete Bahnen gelenkt werden. Unsere Motive sind rein. In unvoreingenommener Weise werden wir dem jeweiligen Entwicklungsstand gerecht. Unsere Einflussnahmen sind rein geistiger Natur, wir haben keinen Anteil an irgendwelchen Schreckensszenarien.

Wie kommen diese dann zustande?

Die Entwicklung verläuft dann in die falsche Richtung, wenn der Mensch dies zulässt; wenn die Steuerungsmechanismen versagen, die das Unterscheidungsvermögen stützen. Normalerweise ist der menschliche Geist fähig, regulierend einzugreifen und Verirrungen zu vermeiden. Nur wenn der Geist ernsthafte Schädigungen aufweist, kann die Fehlentwicklung vonstatten gehen. Ist der Geist, - wodurch auch immer -, geschädigt, kann er nicht in die für ihn bestimmten Sphären zurückkehren.

Oft sind traumatische Kindheitserlebnisse die Ursache für Schäden in der Psyche. In einem solchen Fall ist es offensichtlich nicht ungefährlich, eine mediale oder spirituelle Entwicklung anzustreben. In manchen Fällen kann ein therapeutischer Prozess die geistige Gesundheit wieder herstellen und einer Entfaltung des Bewusstseins steht dann nichts mehr im Wege.

Selbstbestimmung oder Hingabe?

Autorität und Ego-Aufgabe

*Man kann lernen, die gegnerischen Kräfte
für sich arbeiten zu lassen.*

Die Ansichten zu dem Thema, inwieweit Menschen, die nach spiritueller Entfaltung streben, sich ganz dem Geistführer anvertrauen oder eher ihrem eigenen Weg folgen sollten, gehen weit auseinander. Sie reichen von der Forderung nach Hingabe und völliger Unterwerfung unter den ‚höheren Willen' bis hin zur Ablehnung jeden Zwanges. Der freie Wille des Menschen wird von Vielen als Geschenk betrachtet, das sich niemand nehmen lassen darf. Eventuell beinhalten verschiedene Wege auch unterschiedliche Auffassungen, so dass es schwer wird, sich ein einheitliches Bild zu machen.

Vor allem östliche Meister erwarten vielfach unbedingten Gehorsam, die Bekämpfung des Egos und absolute Hingabe ihrer Schüler. Die Verehrung eines Meisters, auch als *Guruismus* bezeichnet, betrachtet F.-W. Haack als Haltung, der einer Emanzipation des Menschen entgegengesetzt ist. Haack setzt sich in seinen Schriften kritisch mit sektiererischen Vereinigungen auseinander. Er weist eine breite Öffentlichkeit auf die Gefahren hin, die von sogen. ‚Jugendreligionen' ausgehen, indem er warnt: „Der Guruismus zeigt sich eindeutig als antiemanzipatorische Ideologie. Diese kann sehr leicht zum unbewussten oder auch bewussten Helfer eines politischen Konservatismus werden, ja zum Handlanger der Diktatur. Der Diktator ist ja nichts anderes als ein alleswissender, unkritisierbarer Polit-Guru. Andersherum: Eine durch den Guruismus geordnete Welt würde zwangsläufig zur Diktatur" (S.129).

Die Meister, die absoluten Gehorsam und Hingabe predigen, sammeln eine Schar von Anhängern um sich, die sich diktaturanfällig zeigen. Ihrem Verhalten liegen religiös-verbrämte Motive zugrunde, welche die tatsächlichen Gegebenheiten verschleiern. Die ‚Hingabe' an den Meister bietet unsicheren Personen einen scheinbaren Ausweg aus ihrem Dilemma, sich den Lebensaufgaben selbstbewusst stellen zu müssen. Sie werfen dem Guru alle Verantwortung vor die Füße, damit er für sie denkt und sie aller Sorge enthebt. Sie entsagen weltlichen Interessen und überantworten der spirituellen Gemeinschaft all ihr Hab und Gut. So geraten sie in die völlige Abhängigkeit von Guru und Gemeinschaft. Eine Rückkehr in ihr früheres Leben wird damit fast unmöglich.

Kadavergehorsam der Jesuiten

Furcht kehrt den Willen um.
Gustav Meyrink

Die Forderung nach Unterwerfung und Hingabe ist allerdings nicht auf östliche Lehren beschränkt, wie das Beispiel der Jesuiten zeigt. Aus den drakonischen Schulungsmethoden, welche die völlige Aufgabe des Eigenwillens zum Ziel haben, hat sich der Begriff *Kadavergehorsam* gebildet. A. Crowley, der einem streng hierarchisch gegliederten Orden mit Namen *Große Weiße Bruderschaft* angehörte, erwähnt lobend die *Gesellschaft Jesu* und deren Exerzitien.

An der Spitze des Jesuitenordens steht ein General. Während der Schulung des Gehorsams hat der Priester auszuführen, was seine Oberen ihm befehlen – *perinde ac cadaver*. Der oft geäußerten Kritik von protestantischer Seite, den angehenden Priestern würde ihr eigener Wille ausgeprügelt, widerspricht Crowley: „Indem er seinen Willen durch die Übung heiligen Gehorsams verleugnet, ist sein Wille ungeheuer stark geworden, so stark sogar, dass keiner seiner natürlichen Instinkte, Wünsche oder Gewohnheiten noch dazwischentreten kann. Er hat seinen Willen von allen diesen Hemmungen befreit. Er ist eine perfekte Funktion der Maschine des Ordens. Im Ordensgeneral ist die Macht aller dieser Einzelwillen konzentriert, so wie im menschlichen Körper jede Zelle auf ihre besondere Art vollständig dem konzentrierten Willen des Organismus gewidmet sein sollte" (vgl.: Über Yoga, S.136).

Crowley bezeichnet die Jesuiten als einen Bund, der größten Einfluss auf die Entwicklung Europas gehabt habe. Die makabre Psychomutation seiner Mitglieder sieht er als ‚göttlich eingesetzte Ordnung'. Einem Mann wie Crowley, der mit seinem „Tue, was du willst" ganze Generationen junger Leute in seinen Bann gezogen hat, hätte man diese Einstellung niemals zugetraut.

In diesem Zusammenhang drängt sich ein Vergleich mit Orwells *1984* auf: Winston, das wehrlose Opfer einer übermächtigen Partei, wird über die geheimen Grundsätze der Organisation informiert, nachdem er zuvor einer Folter unterzogen worden war: „Wir sind die Priester der Macht. Gott ist Macht. Aber noch bedeutet für Sie Macht nur ein Wort… Der einzelne besitzt nur insoweit Macht, als er aufhört, ein einzelner zu sein. Sie kennen das Parteischlagwort: ‚Freiheit ist Sklaverei'. Ist ihnen jemals der Gedanke gekommen, dass man es auch umkehren kann? Sklaverei ist Freiheit. Allein – frei – geht der Mensch zugrunde. Das muss so sein, denn jedem Menschen ist bestimmt, zu sterben, was der größte aller Mängel ist. Wenn ihm aber vollständige, letzte Unterwerfung gelingt, wenn er seinem Ich entrinnen, in der Partei aufgehen kann, so dass er die Partei ist, dann ist er allmächtig und unsterblich" (S.242).

Die Aufgabe der individuellen Freiheit und die Bevorzugung des Kollektivdenkens haben in der jüngeren Geschichte zu schlimmen Auswüchsen geführt, die in der menschenverachtenden Diktatur des Dritten Reiches ihre bösartigste Ausprägung fand. Derartige Entwicklungen sollte sich Jeder vor Augen halten, der zur Aufgabe seinen Eigenwillen zugunsten eines ‚Höheren Willens' bereit ist.

Christliche Demut

Die eigenen Gefühle und Gedanken
bewirken das Leid.

Die Autorität, der christliche Gläubige nach eigenen Bekundungen unterworfen werden, zwingt diese zu einer kindischen Demutshaltung, die ihresgleichen sucht. Gerda Johst erzählt, wie sie 1977 in einem Zustand der ‚Ergriffenheit' von ihrem ‚Engel' aufgefordert wird, „bedingungslosen Gehorsam zu loben, Gehorsam zu jeder Stunde des Tages. Als sie anfangs zögert, wird ihr mitgeteilt: „Gott spricht zu dir, mein Kind, gelobe es!" (S.53f.). In der Folgezeit erweist sich *Klarissa*, der Engel, als Herrin. „Sie war von einer Hoheit und Würde, die mich immer auf die Knie zwang. Redete ich versehentlich in Gedanken mit ihr, wie man mit einer Freundin spricht, so kam es vor, dass sie mich sehr ernst rügte, etwa mit den Worten: „So sprichst du nicht mit mir! Lerne es, deine Gedanken zu beherrschen und deine Worte besser zu wählen! Ein Engel Gottes steht vor dir, begreife dies!"

Klarissa beherrscht die Frau körperlich und geistig; sie übt einen Bann aus, der zeitweise jede Bewegung unmöglich macht. G. Johst wird zu ‚Demutsgesten' gezwungen: „Sie drängte mich auf die Knie, zwang mich, die Stirn zu neigen, und griff in meine Hände ein, dass diese sich falteten" (S.29). Der von naiven Kommentatoren als ‚Juwel', oder gar als ‚Gottesgeschenk' bezeichnete Text strotzt nur so von autoritär-dogmatischen Bemerkungen. Dieses Buch als ‚Juwel' anzupreisen, zeigt einmal mehr die willfährige Unterwürfigkeit, die viele Menschen in Glaubensdingen für selbstverständlich halten. Die über die Jahrhunderte erfolgte Einfluss der Kirche hat offensichtlich Früchte getragen.[13]

Auch das Mitglied einer westlichen Loge legt nach seiner Einweihung „das Gelübde der Armut, Keuschheit und Gehorsamkeit ab. Was er materiell sowie geistig besitzt, ist nicht sein Eigentum, sondern gehört der Loge und wird lediglich treuhänderisch verwaltet. Ihm schwindet jedes Gefühl von Privateigentum. Mit der

---

[13] Erwähnenswert ist der Fall von Catharina L., die ich persönlich kannte. Sie hatte ebenfalls eine denkwürdige Begegnung mit einem ‚Engel'. Anfangs war sie überglücklich, in medialem Kontakt mit einem höheren Wesen zu stehen. Der ‚Engel' verlangte von ihr absoluten Gehorsam und Catharina war bemüht, allen Anweisungen Folge zu leisten. Auch als er ihr befahl, mit dem Auto gegen einen Baum zu fahren, folgte sie blindlings, - und landete schließlich in einer geschlossenen Abteilung der Psychiatrie

Keuschheit ist die Entsagung jeglicher Sinnesfreuden und des Eigenwillens gemeint", erklärt J. Wandel (in: Das höhere Selbst, S.23). Das Leben des Ordensmitglieds wird schwülstig als ‚Hingabe an die gesamte Menschheit' bezeichnet.

Religiöse Vereinigungen fordern nicht selten Aufgabe der Eigenständigkeit und Denkverzicht. Das Individuum delegiert seine Autonomie- und Emanzipationswünsche auf die Gemeinschaft und verpflichtet sich zu Entsagung und Gehorsam. Als Gegengabe erhält es das Versprechen von Geborgenheit, Sicherheit und Zuneigung. Dieses autoritäre Muster delegiert die Autonomiewünsche des Einzelnen an die Gruppe. Die rückwärtsgewandte Struktur stellt die Autorität der leitenden Instanz nicht in Frage. Die Anhänger lernen, eigene Interessen und Ziele zu vernachlässigen, ihre eigenen Bedürfnisse zu verdrängen, um nach dem Gehorsamsprinzip die Interessen der Gemeinschaft an die erste Stelle zu setzen. Dies funktioniert aber nur, wenn die Entwicklung des Egos geschwächt wird; daher ist vielen indischen Gurus die ‚Ego-Aufgabe' ein primäres Anliegen.

Patricia Cori kritisiert in ihrem medialen Text Religionen, die auf dem Weg zum ‚Heil' den Menschen die ‚Scheuklappen absoluten Gehorsams' und die ergebene Befolgung eines Dogmas auferlegen, während abweichenden Schafen das ewige Höllenfeuer in Aussicht gestellt wird. „Dieses Kontrollsystem funktioniert seit Tausenden von Jahren", bemängelt die Autorin. *„In jeder Epoche waren es vor allem die religiösen Führungspersonen, die über Gedanken, Verhalten und Lebensweise der Bevölkerung bestimmten. So läuft es schon seit Anbeginn der menschlichen Zivilisation.* Nun, da das Zeitalter der Aufklärung seinem Ende zugeht, rotten sich die organisierten Religionen zu einem letzten großen Eroberungsfeldzug auf eure Seelen zusammen" (S.73). Sie treiben Gläubige den vermeintlichen Heilsweg entlang, während sie selbst sehr gut dabei leben.

Eine ambivalente Meinung äußert J.P. Johnson, der einerseits davon ausgeht, dass Meister in der Regel keine uneingeschränkte Herrschaft über ihre Anhänger ausüben, sondern von ihnen die ungehinderte Entfaltung eigener Kräfte erwarten. Dennoch glaubt er, Unterwerfung unter den Willen des Meisters sei der Weg zur vollkommenen Befreiung (S.75). Uneingeschränktes Vertrauen sei damit gemeint, wie wenn jemand zum Arzt geht, in dessen Hände er sich begibt, da er ihm als Fachmann volles Vertrauen entgegenbringt.

Da die menschliche Seele sich verirrt hat in der Welt der Materie und des Geistes, benötige sie jemanden, der ihr den Weg zur geistigen Freiheit weist. Am Beispiel einer Flugreise wird die Situation erläutert: Ein Reisender entscheidet sich für ein bestimmtes Ziel; er wählt einen geeigneten Zeitpunkt aus und besteigt ein Flugzeug, das dieses Ziel ansteuert. Von diesem Punkt an ist die Zeit des Auswählens vorbei: Der Fahrgast hat sich dem Flugzeug und dem Piloten anvertraut.

Den Anspruch einer ‚vollständigen Hingabe' an den Meister bringt Johnson auf den Punkt: „Wer sich dem Meister ganz überantwortet, gewinnt auf dem geistigen Pfad alles" (S.78). Er rät, Anweisungen von Meistern auf das Genaueste auszuführen, selbst wenn Probleme und Zweifel auftauchen. Die Jünger sollen keine voreiligen Schlussfolgerungen ziehen, sondern im Zweifel die Dinge vorerst auf sich beruhen lassen. Nach einiger Zeit werden sich alle Fragen wie von selbst beantworten (S.74).

Auch Paolo Coelho, der sich auf den Pilgerpfad nach Santiago de Compostela begab, wird mit der Forderung nach ‚bedingungslosem Gehorsam' konfrontiert. Selbst dann, wenn ihm sein Führer, der ihn auf dem Weg begleitete, eine unvernünftige oder gar gefährliche Aufgabe stellt, sei er verpflichtet, diese ausführen! Tatsächlich muss Coelho seinen Gehorsam unter Beweis stellen, als ihm der Führer einen sinnlos scheinenden Befehl erteilt: Trotz einer schlimmen Verwundung an Armen und Händen sieht er sich gezwungen, ein schweres, altes Steinkreuz aufzurichten. Hätte er sich dem Befehl entzogen, wäre seine Wallfahrt an dieser Stelle beendet gewesen.

Coelho wird von seinem Führer belehrt: „Die Menschen, die sich für weise halten, sind unsicher in der Stunde des Befehlens und aufmüpfig in der Stunde des Dienens. Sie empfinden es als Schande, zu befehlen oder zu dienen. Hüte dich daher, dich so zu benehmen" (S.147). Später, bei der Einweihung in den traditionellen Templerorden, wird von Coelho die Versicherung abverlangt, ‚alles im Namen Gottes zu ertragen' und ein ‚Diener des Hauses' zu sein für den Rest des Lebens. Ein derartig autoritäres Gehabe findet sich leider allenthalben in der esoterischen Literatur.

Eingeweihte und Schüler wollen nicht Herr über ihr eigenes Leben sein; sie wollen nicht über ihr Dasein verfügen und es nach eigenem Belieben gestalten, behauptet O.M. Aivanhov. Um die Verbindung mit dem Schöpfer nicht zu gefährden oder abzubrechen, bleiben sie zeitlebens Kinder, indem sie sich ihren geistigen Eltern gegenüber zu Gehorsam verpflichten. Verhalten sie sich dementsprechend, dann kümmert sich der Himmel um sie und sorgt für ihren Schutz.

Dies bedeutet aber nicht, kein Erwachsener zu werden, sondern sich auch als Erwachsener dem Himmel gegenüber wie ein Kind zu verhalten und ihm Gehorsam und Liebe entgegenzubringen. „Ihr werdet fragen: ‚Aber wie lange müssen wir uns denn wie Kinder verhalten?' Bis ihr so rein und lichtvoll seid, dass der Heilige Geist sich in euch niederlassen kann. Erst wenn der Heilige Geist im Menschen wohnt, kann er sich wirklich als erwachsen betrachten", heißt es bei Aivanhov (in: Was ist ein geistiger Meister? S.192f.). Die Reife beginnt demzufolge nicht an dem Punkt, den die Menschen festgelegt haben. Bevor der Mensch nicht auf dem geistigen Weg fortgeschritten ist, wird er als Kind betrachtet, ob ihm das nun passt oder nicht. Eine infantile Haltung wird von erwachsenen Leuten erwartet, die in ihrem Leben schon manche

Höhen und Tiefen durchschritten haben. Dass nicht in jedem Fall auf Gegenliebe stößt, versteht sich von selbst.

Leidgeprüfte Medien

Das Göttliche wächst durch die Erfahrung.

Bei Margaret Rogers unterwerfen sich die Meditierenden dem Geistführer bzw. Schutzgeist. Manche Medien ‚ergeben sich' physisch, emotional, mental und spirituell völlig dem Schutzgeist bzw. dessen Willen. Der Geist kann dann mit seinem eigenen Charakter, seiner eigenen Persönlichkeit, durch das Medium sprechen und als eigene Wesenheit in Erscheinung treten. In manchen Fällen übergibt das Medium den eigenen Körper völlig dem Schutzgeist, indem es ihn zeitweilig verlässt, so dass der Geist darin wohnen kann (S.115).

Wohin absoluter Gehorsam führen kann, erfuhr Rea Byers, die als *Channel* für *Saint Germain* arbeitete, der von ihr ebenfalls ‚völligen Gehorsam' forderte. Zuvor war sie in die *Große Weiße Bruderschaft* aufgenommen worden. Sie arbeitete als Volltrance-Medium und reiste um die Welt, um Vorträge zu halten und Channel-Sitzungen abzuhalten. Während der Sitzungen hatte sie in der Regel keinerlei Kontrolle über das, was gesagt wurde. „Es war, als beherrschten die Energien meinen Körper und konnten damit machen, was sie wollten" (vgl.: V. Berry, S.100f.).

Eines ihrer Ziele war Japan. Dort erhielt sie während einer Channel-Sitzung traurige Nachrichten: Ihr wurde mitgeteilt, ihr Mann und ihre Kinder seien bei einem Autounfall ums Leben gekommen! Erst Tage später brachte Rea Byers in Erfahrung, dass ihre Familienangehörigen bei bester Gesundheit waren.

Doch damit nicht genug. Nach einiger Zeit wurde ihr und ihrem Begleiter, einem befreundeten Japaner, mitgeteilt, sie würden nun auf ein neues Leben vorbereitet. Zu diesem Zweck sollten sie all ihre persönliche Habe zurücklassen und auf einen Berggipfel in Kobe (Japan) steigen. Sie erhielten die Anweisung, dort zu verweilen, bis ein Raumschiff käme, um sie abzuholen. - Sie warteten mehrere Tage vergebens auf die Ankunft des Raumfahrzeugs. „Wir brauchten lange, um zu begreifen, dass kein Raumschiff kommen würde" klagte das frustrierte Medium.

Anderen Medien ist Ähnliches zugestoßen, denn irreführende Mitteilungen dieser Art sind keine Seltenheit. Arglistige Täuschungen seitens der geistigen Informanten haben manchmal einen ernsthaften Hintergrund: Sie sind mit einiger Wahrscheinlichkeit als Prüfung aufzufassen, da Leichtgläubigkeit auf dem spirituellen Weg mit großen Gefahren verbunden ist! Derartige Vorkommnisse sind ein Hinweis auf gravierende Probleme in der medialen Arbeit, die nicht auf die leichte Schulter genommen werden dürfen.

In dem Film *Dunkle Erleuchtung* (*The Rapture*, 1991) von Michael Tolkien wird das Thema packend inszeniert: Sharon, gespielt von Mimi Rogers, sucht Erfüllung im Glauben. Nach einem eindrucksvollen Traum von einer blauen Perle, die für sie eine göttliche Botschaft enthält, tritt sie einer Sekte bei. Nach einiger Zeit erhält sie einen ‚Ruf', in die Wüste zu ziehen und dort auf Gott zu warten. Gehorsam folgt sie, zusammen mit ihrer kleinen Tochter, dieser vermeintlichen Aufforderung göttlicher Mächte. Tagelang warten die beiden vergeblich auf ihre ‚Entrückung'. Die Enttäuschung darüber, dass Gott sie im Stich ließ, entlädt sich in einer Katastrophe.

Leichtgläubigkeit und Gehorsam sind verschiedene Wegmarken auf einem Pfad, der sich mit einer simplen Herangehensweise dem Verständnis entzieht.

Eine – Welt - Religion

Alles Dunkle birgt etwas Lichtes in sich.
Jan van Helsing

An der Spitze von Völkern und in politischen Parteien etablieren sich – nach außen hin – große Führerpersönlichkeiten, die von A. und D. Meurois-Givaudan als ‚Meister der Verstellungskunst' bezeichnet werden. Sie profilieren sich als *Meister der ewigen Weisheit*, die sich vordergründig freundlich geben und Friedfertigkeit auf ihre Fahnen schreiben. Doch in Wahrheit sind sie perfekte Täuscher, die es mittels subtiler Mechanismen verstehen, ihre wahren Absichten zu verbergen. „Glücklich derjenige, der in all dem seinen Weg zu finden weiß, der ein hellsichtiger Hüter der wirklichen Zugangswege ist, die in sein eigenes Herz führen, zu seinem eigenen Entscheidungs- und Handlungswillen!" (Vgl.: Vom Geist der Sonne, S.119f.)

Glaubt man den Ausführungen Barbara Marciniaks, dann existieren auf der geistigen Ebene Wesen, die der Menschheit überlegen sind und fähig, einen nachteiligen Einfluss auszuüben. Die Menschheit wird dahin gebracht, auf eine bestimmte Weise zu denken oder zu fühlen, so dass ihr Bewusstsein eine bestimmte Schwingungsgrenze nicht überschreiten kann. Die Wesen planen für die Zukunft, ein neues, goldenes Zeitalter zu errichten (in: Boten des Neuen Morgens, S.69).

Anfangs wird die Menschheit ihren Lehren begeistert Glauben schenken. Die große Überraschung wird kommen, wenn sich zeigt, dass die neue Freiheit nur Schein war, behauptet Marciniak: „Wenn diese Wesen auf die Erde zurückkehren, werden viele Menschen sich ihnen zuwenden und sagen: ‚Oh ja, das sind wunderbare Götter' (…) Man wird meinen können, sie seien gekommen, um die Welt zu retten." Aber in einem größeren Zusammenhang gesehen sieht die Sache anders aus. „Sie werden den Anschein erwecken, als ob sie die Welt heilen und retten könnten, während sie tatsächlich nur eine neue Form von Autorität und Herrschaft aufbauen" (S.77f.). Die Tyrannei des neuen Zeitalters wird schlimmer sein als je zuvor!

Tatsächlich existieren Götter, die nichts mit Spiritualität im Sinn haben. Der Wunsch vieler Menschen, einen Gott anzubeten, macht sie anfällig für die Kontrollmechanismen aus dem religiös-geistigen Bereich. Die Erde ist eine Zone des freien Willens. Die meisten Leute lassen es allerdings zu, dass fremde Autoritäten ihnen ihre Realität diktieren. Wenn jemand beschließt, sich seine Realität von jemand anderem vorschreiben zu lassen, ist auch dies eine freie Willensentscheidung.

Auch Patricia Cori erwähnt in ihren *Channel*-Texten „verdeckte Methoden, mit denen gegen den menschlichen Geist zu Werke gegangen wird" (S.66). Das Kontrollsystem der Religionen, das den Gläubigen absoluten Gehorsam und Befolgung von Dogmen auferlegt, funktioniert bereits seit sehr langer Zeit. Die religiösen Führer unterstehen einer Geheimen Regierung. Das zukünftige Ziel ist die Etablierung nur einer einzigen Glaubensrichtung jenseits der bekannten religiösen Ideologien.

Diese auf den ersten Blick verheißungsvolle Vorstellung, Menschen jenseits aller religiösen Zerwürfnisse unter einem Schirm vereint zu sehen, wird von P. Cori als Hinterlist der *Eine-Welt-Regierung* entlarvt: „Die ‚eine Religion', die wir meinen, ist eure vollkommene Hingabe an eine euch richtende Institution…, die jede Eigenmächtigkeit bestraft und eure Bußfertigkeit belohnt. Dies ist dann die Religion der Macht: die absolute Kontrolle über euer Tun und Denken durch spirituelle Nötigung…, und sie ist bei weitem die abscheulichste Ausgeburt ihrer Herrschaft" (S.73). Der Weg zur Erlösung sollte nicht in gebeugter Haltung gegangen werden, betont die Autorin; nicht unterwürfig, sondern aufrecht sollte der Pfad beschritten werden.

Ein uralter, geheimer Orden ohne jede äußere, sichtbare Mitgliedschaft wird bei Elisabeth Haich erwähnt. Als Mitglieder werden nur selbständig denkende Personen aufgenommen; solche, die nicht aus Folgsamkeit das Gute tun oder aus Feigheit böswillige Taten unterlassen. Nur Jene werden aufgenommen, die sich nicht von äußeren Einflüssen leiten lassen, sondern nur ihren eigenen tiefsten Überzeugungen folgen und danach handeln.

Die Worte des Ordens hören die Mitglieder in ihren Herzen als ihre eigene, tiefe Überzeugung, erklärt E. Haich. Von einem Lehrer erhält sie die Anweisung: „Beuge nie deine Knie vor einer sichtbaren Form. Demütige in dir nicht das Göttliche, das jedes Lebewesen in sich trägt. Durch jedes Lebewesen offenbart sich derselbe Gott" (S.151). Nur tyrannische Personen zwingen anderen den eigenen Willen auf aus selbstsüchtigen Gründen und aus Herrschsucht. Damit verletzen sie das Selbstbestimmungsrecht der Menschen. Dieses Vorgehen grenzt an schwarze Magie.

Den göttlichen Willen erkennen Menschen, indem sie alles, was von ihnen verlangt wird, einer gründlichen Prüfung unterziehen um festzustellen, ob es der eigenen innersten Überzeugung entspricht. *Der göttliche Geist spricht zu Menschen durch ihre tiefste Überzeugung* (S.207). Jemandem nur aus Angst oder Gehorsam, gegen die eigene Überzeugung, nachzugeben, oder um materieller Vorteile willen sich mit faulen Kompromissen abzufinden, ist gleichbedeutend mit einer Aufgabe der persönlichen Integrität.

Spirituelle Lehrer dürfen die Macht ihres Willens gegenüber einem Schüler niemals missbrauchen, selbst wenn es dazu dienen könnte, diesem aus Problemen herauszuhelfen. Jedes Individuum ist selbst dafür verantwortlich, Problemlösungen zu finden, denn nur dann werden die notwendigen Erfahrungen gesammelt, welche die Willenskraft entwickeln und den Horizont des Bewusstseins erweitern.

Verteidigung gegen okkulte Angriffe

Dem Sieg geht die Niederlage voraus.

Welche Möglichkeiten gibt es, sich gegen allzu aufdringliche Wesen aus der jenseitigen Welt zur Wehr zu setzen?

Folgender Text zum Thema negative Energien wurde mir aus der geistigen Welt übermittelt:

Einige mediale Menschen unterscheiden nicht genügend zwischen Energien mit niedriger Schwingung, die sie benutzen, und Geisthelfern, die ihnen durchweg günstig gesonnen sind. Diese mangelnde Unterscheidungsfähigkeit resultiert aus einer Verstrickung mit der materiellen Ebene. Geisthelfer sind durchaus in der Lage, ohne Medien zu existieren; sie können ein Licht sein auf dem Weg. Doch es liegt an jedem selbst, das Licht zu erkennen, das wir auch in dunklen Nächten immer bereithalten. Wir unterscheiden uns in erster Linie in der Schwingungsfrequenz von den niedrigen Energien, was verhältnismäßig leicht zu erkennen ist. Der Kontakt mit uns ist angenehm; ihr fühlt euch auch hinterher noch wohl dabei. Wir haben das Bestreben, euch dem Licht näher zu bringen, entgegen der niederziehenden Gewalt der negativ wirkenden Energien.

Was hat es mit den negativen Energien auf sich?

Die Energien, die manche Medien bedrängen, sind in der Tat fremde Energien. Sie benutzen sie zum Erhalt ihrer Form, die sich ohne einen menschlichen Körper auflösen würde. Ihr könnt sie nur begreifen, wenn ihr euch in ihre Lage versetzt. *Ihr könnt diesen Energien freie Hand lassen, doch dies wäre keine gute Lösung.* Sie würden euch weiterhin für ihre Zwecke missbrauchen und ein Ende wäre nicht in Sicht.

Wir sehen eine andere Möglichkeit, zu der wir euch eindringlich raten. Ihr könnt sie nicht mit Mitteln bekämpfen, die ihnen nichts anhaben können. Energien wie diese haben kein moralisches Verständnis. Sie benutzen daher jede Gelegenheit, die sich ihnen bietet. Andererseits können sie als Katalysator für die Entwicklung von Nutzen sein. Indem ihr mit ihnen ringt, findet ihr die Mittel, sie in Zukunft von euch fernzuhalten. Hier kann *Nicht-Beachtung* sehr günstige Auswirkungen haben, falls es euch auf Dauer gelingt, die innere Distanz zu wahren.

Um den mystischen Weg zu beschreiten, kommt der Unterscheidung von hell und dunkel eine besondere Bedeutung zu. Auch Lichtwesen weisen Unterschiede auf. Ein unbefangener Sucher kann dies auf den ersten Blick nicht klar erkennen. Bedauerliche Irrtümer sind die Folge. Um Fehler dieser Art zu vermeiden, ist die fortdauernde Hinwendung zur geistigen Welt erforderlich. Ein Weg ist nicht frei von Missverständnissen und Fehlannahmen. Die mit euch in Kontakt stehenden Wesen sind keineswegs immer Wesen des Lichts, auch wenn ihr dies lange Zeit glaubt. Sie treiben ein Spiel mit euch, was eure Widerstandskräfte stärkt; eure psychische Stabilität wird gefestigt.

Doch mit der Zeit gilt es, diese Mächte als das anzusehen, was sie sind und euch in ausreichender Weise von ihnen zu distanzieren. Ihr habt die Wahl, ihnen verbunden zu bleiben oder euch höheren Seinsebenen zu öffnen.

Ein namhaftes Mitglied der Theosophischen Gesellschaft, C.W. Leadbeater, befasste sich mit spezifischen Problemen, die bei okkulter Betätigung auftraten. Bestimmte Charaktereigenschaften ziehen unerwünschte Wesenheiten an und erleichtern ihnen das Eindringen.

Ein Bruch auf der Verbindungslinie zwischen dem menschlichen Ego und den feinstofflichen Körpern bewirke Geistesverwirrung, „während Besessenheit ein Heraustreiben des Egos aus seinen Besitze seitens irgend einer anderen Wesenheit bedeutet. Nur ein schwaches Ego würde eine solche Besessenheit dulden..." (in: Der Weiße Lotos, Nr.24/ 1987, S.20f.). Ein Verstorbener, beseelt von dem starken Verlangen, wieder mit körperlichen Sinneseindrücken in Berührung zu kommen, wird versuchen, einen hierzu geeigneten Menschen zu finden. Doch nicht immer sind Verstorbene im Spiel. „Zuweilen ist die besitzende Wesenheit überhaupt kein Mensch, sondern nur ein Natur-Geist, welcher Verlangen trägt, menschliches Leben kennen zu lernen", meint Leadbeater. Auch lebende Menschen, von Rache getrieben, arbeiten manchmal mit gewissen Mitteln darauf hin, einem anderen Schaden zuzufügen.

Welche Reaktion ist in solchen Fällen angemessen? Leadbeater bemerkt eindringlich: *„Die Besessenheit sollte sowohl im Einzelfall als auch in der Gesamtheit auf den größten Widerstand seitens des Opfers stoßen."* Der natürliche Besitzer des Körpers sollte alles daransetzen, seinen Platz zu behaupten unter Aufbietung aller ihm zur Verfügung stehenden Willenskräfte. „Derartige Dinge ereignen sich gewöhnlich nur dann, wenn das Opfer sich anfangs willig den einströmenden Einflüssen überließ; daher muss auch *der erste Schritt sein, jenen Akt der Unterwürfigkeit ins Gegenteil* *umzukehren, fest entschlossen zu sein, seine Sache selbst wieder in die Hand zu nehmen und die Herrschaft über sein Eigentum zurückzugewinnen"* (S.23).

Der zersetzende Einfluss, den negative Geistwesen über ihre Opfer ausüben, liegt in deren Furcht begründet und in einem Mangel an Standfestigkeit. Inbesitznahme zu dulden ist gleichbedeutend mit der Akzeptanz, gemeine und unsaubere Leute ins eigene Haus eindringen zu lassen. Weshalb sollte man dies erlauben, nur weil eine astrale Wesenheit aus der unsichtbaren Sphäre Einlass begehrt?

Können Gebete eine Hilfe sein gegen ungebetene Besucher? „Sobald ein unverschämter Landstreicher sich den Eingang in eines Menschen Haus erzwingt, werden Sie doch auch nicht niederknien, um zu beten, sondern den Strolch hinausjagen. Genauso müssen Sie es auch mit solchen astralen Landstreichern machen", lautet der kämpferische Rat Leadbeaters.

Dies wird in der Praxis sicher nicht immer einfach sein. Der Kampfeslust und dem Toben von Quälgeistern setzt der Autor, der über hervorragende Kenntnisse auf dem Gebiet des Okkultismus verfügt, eine „eiserne Entschlusskraft", einen „felsengleichen Willen" entgegen. Die markanten Worte: „Ich bin ein Funke des göttlichen Feuers, und vermöge der Kraft Gottes, die in mir wohnt, befehle ich euch, zu gehen!" sollen den Geplagten, falls sie mit der nötigen Entschlossenheit vorgebracht werden, zum Sieg verhelfen. Die Formal wirkt nur dann, wenn sie mit Entschiedenheit vorgebracht wird. Von Vorteil ist es, den Verzehr von Fleisch und Alkohol in der fraglichen Zeit zu meiden, da diese Genussmittel einen Anziehungspunkt bilden für niedere Wesenheiten.

Das häufige Scheitern kirchlicher Exorzismen mag einen Grund darin haben, dass die Erforschung aller Begleitumstände, welche die Anziehung niederer Wesenheiten ermöglichten, häufig zu kurz kommt. Darüber hinaus wird von den Betroffenen selbst zuwenig eigene Mitwirkung gefordert. *Von dem, was man bekämpft, wird man infiziert*; dieser Grundsatz findet außerdem zuwenig Beachtung. Die Hilfeleistung bei schwarzmagischen Angriffen ist eine heikle Angelegenheit. Hinter den Attacken stehen angriffslustige Wesenheiten, mit denen sich die helfenden Personen anlegen. Diese Wesen sind zuweilen sehr mächtig. Sie haben ihre gewissen (zweifelhaften) Gründe, so vorzugehen, wie sie das für richtig halten.[14]

Eine okkulte Belastung gestaltet sich somit zu einem komplexen Problem mit vielen Facetten, weshalb es schwierig ist, allgemeingültige Regeln zu deren Beseitigung aufzustellen. Welche Maßnahmen sind geeignet, um ungewollte paranormale Einflüsse abzuwehren? Eine gute Abwehr gegen unsichtbare energetische Ströme ist eine stabile Aura, wie die englische Parapsychologin Dion Fortune bestätigt. Eine verbreitete Methode okkulter Verteidigung besteht darin, nicht auf den Angriff zu reagieren. Die ausgesandten Kräfte werden weder akzeptiert, noch durch Abwehrmaßnahmen neutralisiert, was den Effekt hat, dass sie zum Angreifer zurückkehren.

Die häufigste Form eines PSI-Angriffs geht nicht von unbekannten Mächten, sondern vom Geist anderer Menschen aus. Wenn sich negative Energien auf unangenehme Weise bemerkbar machen, kann eine Person des näheren Umfeldes der ungewollte Verursacher sein. Vor allem dann, wenn sich diese Person in einer psychisch desolaten Situation befindet und starkem Stress ausgesetzt ist, zieht sie ihr Umfeld ungewollt in Mitleidenschaft. Die

---

[14] Johanna Huiffner, eine mediale Heilerin, schildert ein schauriges Erlebnis, welches sie nach der Sitzung mit einer okkult belasteten Frau auszustehen hatte: In den frühen Morgenstunden fühlte sie sich auf unheimliche Weise magisch angegriffen. Dabei hatte sie die grausliche Wahrnehmung, von schwarz gekleideten Gestalten umringt zu sein, die alle mit Messern auf sie einstachen! Am darauffolgenden Tag fühlte sie sich völlig zerschlagen, so als hätte die Attacke tatsächlich stattgefunden.

meisten Angriffe erfolgen nicht in schädlicher Absicht, da sie unter der Oberfläche der bewussten Wahrnehmung bleiben.

Eine gegenseitige Beeinflussung lässt sich kaum verhindern. Sie ist Teil des lebendigen Austausches und in ihrer positiven Variante durchaus erwünscht. Nicht zu unterschätzen sind auch die Wirkungen der eigenen ausgesandten Energien. Über einen längeren Zeitraum hinweg deprimiert, frustriert oder wütend zu sein, führt zur Erzeugung eines destruktiven Energiefeldes, das ebenfalls die Umgebung in Mitleidenschaft zieht. Auf der anderen Seite breitet sich ein harmonisches Energiefeld in gleicher Weise aus.

Nicht immer ist es einfach, die Quelle der disharmonischen Störfelder ausfindig zu machen. Ungerechtfertigte Verdächtigungen gegenüber unliebsamen Mitmenschen können leicht in paranoiden Verfolgungsideen ausarten. Selbst wenn unerwünschte Energien von anderen Personen herrühren, so haben sie in der Regel ihren Grund in persönlich schwierigen, aufreibenden Lebenssituationen.

Dennoch ist es aus Gründen des Selbstschutzes ratsam, sich nicht allzu sehr in die Probleme anderer Menschen hineinziehen zu lassen, sobald sich die Energiezentren zu öffnen beginnen. Die energetische Abschirmung ist nicht mehr in auseichender Weise gegeben, um mit genügender Distanz die Dinge betrachten zu können. Nur wenn der persönliche Schutz ausreichend stark ist, kann die Infiltration mit destruktiven Energien vermieden werden. In besonders schwerwiegenden Fällen, wenn der eigene Schutz gegenüber destruktiven Energieströmen nicht ausreicht, ist das Mittel des Kontaktabbruchs die einzige Möglichkeit, um Distanz zu gewinnen. Mit der Zeit vermindert sich der ungewollte Einfluss und kommt schließlich ganz zum Erliegen.

Es kommt auch vor, dass die belastenden Energien, die eine Person bedrängen, von ihr selbst stammen. Es sind eigene Gedankenformen, sogen. *Elementale*, die sich verselbständigt haben und sich nun von außen bemerkbar machen. Werner Widmer beschreibt aufgrund eigener aufwühlender Erfahrungen eine Methode, die negativen Energieströme zu neutralisieren, indem er mit den gegenteiligen Energien antwortete. Zu diesem Zweck erzeugte er harmonische, hochschwingende Gedankenformen, um die auf ihn einströmende Negativität zu transformieren.

Physikalische Methoden gegen PSI-Angriffe nennt D. Fortune. Sie empfiehlt das Baden in Sonnenlicht, denn Licht hat eine stärkende Wirkung auf die Aura. Nicht empfehlenswert ist es dagegen, sich vermehrt der Landluft auszusetzen, denn „für das Opfer eines okkulten Angriffs ist es nicht sehr klug, weit hinaus aufs Land zu gehen, weil Elementalkräfte fern von Städten sehr viel mächtiger sind, und wenn der Patient von einem Ansturm atavistischer Kräfte bedroht ist, bleibt er besser unter vielen Menschen. Auch das Meer ist eine Elementalkraft, die man besser meidet; denn Wasser ist das aufs engste mit Mediumismus verbundene Element. Große Wasserflächen und hohe Berge sollten als Erholungsort von den Menschen gemieden werden, die unter psychologischen Störungen leiden" (S.183). Von langen, einsamen Spaziergängen ist ebenfalls abzusehen, da sie den Trübsinn verstärken können. „Wer unter einem okkulten Angriff leidet, sollte Einsamkeit um jeden Preis vermeiden." Abgelegte Kleidung, Haare und Nägel enthalten den persönlichen Magnetismus der Träger, daher sollte man besondere Obacht darauf geben.

Alles das, was geeignet ist, die körperliche Kondition zu stärken – wie z.B. Massagen und körperliches Training, – wird von der Autorin empfohlen. Regelmäßige Nahrungsaufnahme hat eine günstige Wirkung, da sie mediale Arbeit und damit auch okkulte Angriffe behindert. Zwiebeln und Knoblauch sagt man die Eigenschaft nach, schädliche Emanationen zu absorbieren. Man verteilt sie in Gefäßen in den Zimmern und entsorgt sie nach einiger Zeit. Auch in Essig aufgelöstes Salz, in Schalen im Raum verteilt, zeigt Wirkung gegen störende Kräfte.

Der Solarplexus fühlt sich während eines okkulten Angriffs oft unangenehm straff an. Ein Kissen oder eine Flasche mit warmem

Wasser können die Spannung mindern. Auch regelmäßige warme Fußbäder, denen Senf beigemischt wird, sorgen für einen freien Kopf. Eine regelmäßige Darmentleerung verhindert die Ansammlung verbrauchter Stoffe im Körper. Diese einfachen Mittel sind schnell zur Hand. Sie können okkulte Angriffe zwar nicht vollständig abwehren, doch sie können Linderung verschaffen und das Opfer befähigen, wirksamen Widerstand zu leisten. Durch die Auflösung von Spannungen wird die Standfestigkeit vergrößert.

„In vielen Fällen von PSI-Angriffen ist derjenige Sieger, der am längsten aushält", weiß Dion Fortune zu berichten. Und: „Wer durch psychische Störungen beunruhigt wird, sollte sofort mit allen okkulten Übungen aufhören (…)" (S.184). Wenn sich astrale Störungen bemerkbar machen, ist dies nicht die Zeit, um psychische Zentren zu öffnen. In einer solchen Situation ist es angebracht, zurück auf die physische Ebene zu gehen und dort auch zu bleiben. Die Konzentration auf die materielle Ebene, z.B. durch Gartenarbeit oder Sport, kann zur Stabilisierung entscheidend beitragen. Eine Unterbrechung der meditativen Übungen und die ausschließliche Hinwendung zu alltäglichen Beschäftigungen sind geeignet, für eine notwendige Erdung und Festigkeit der Persönlichkeitsstruktur zu sorgen.

Wissenschaftliche Skepsis

Manches, was vor den Menschen eine Torheit ist,
ist eine Weisheit vor den Göttern.

In Deutschland ist die parapsychologische Forschung nicht sehr weit entwickelt, während in England und in der Schweiz ein etwas aufgeschloseneres Klima herrscht. In dortigen Kliniken sind Heiler als Therapeuten zugelassen, denen es erlaubt ist, unorthodoxe Methoden anzuwenden. Das englische *Kings College* betreibt Forschungen zum *Auralesen*. In der Schweiz hat sich besonders die Klinik in St. Gallen als sehr aufgeschlossen erwiesen. Das Parapsychologische Institut in Freiburg hat sich seinerzeit in Deutschland durch die Forschungen von Prof. Bender einen Namen gemacht.

Die Aufgabe der parapsychologischen Forschung liegt darin, gesetzmäßige Zusammenhänge zu erkennen bei Phänomenen, die das normale Erkenntnisvermögen überschreiten und den Einblick in dieses faszinierende Gebiet immer mehr zu erweitern. Parapsychologische Forschungen könnten zu einer immensen Ausweitung des allgemein anerkannten Weltbildes führen. Dabei sind die Forschungsmethoden dem Gegenstand der Untersuchung anzupassen und nicht umgekehrt. Es geht darum, von den parapsychologischen Wirkungen auf eine entsprechende Ursache zu schließen und die Eigenarten dieses Gebietes, das einem Menschen normalerweise verschlossen bleibt, zu verstehen und anzuerkennen. Doch Vorbehalte gegen alles ‚Okkulte' unterbinden vorschnell einen Fortschritt in den Erkenntnissen.

Die ablehnende Haltung gegenüber der Welt des Okkulten könnte in der nicht unerheblichen Gefährlichkeit dieser dunklen Bereiche begründet sein. Die Gefahren sind in der Tat beträchtlich, doch eine Sache wird nicht weniger gefährlich, nur weil kein tieferes Wissen darüber vorhanden ist. Ganz im Gegenteil kann ein Mangel an Einsicht die Problematik noch verschärfen. Wird diese zu spät erkannt, gibt es keine adäquaten Schutzmechanismen dagegen. Die Ergebnisse parapsychologischer Forschung könnten besonders dort wirksam werden, wo es darum geht, Gefahren frühzeitig zu erkennen, um sie bereits im Ansatz zu vermeiden.

Im Übrigen kann man von der zeitgenössischen Forschung und von wissenschaftlich begründeten Entscheidungen keineswegs behauptet werden, sie seien ungefährlich, nur weil sie den ‚dunklen Bereich' des Paranormalen weitgehend ausgespart haben. Ganz im Gegenteil ist die Gefährdung von Mensch und Natur inzwischen weit fortgeschritten. Die Wissenschaft blickt auf eine lange Reihe korrigierter Fehler zurück.

Ein noch nicht wissenschaftlich zu erklärendes Phänomen anzuerkennen, fällt dem bodenständigen Denken schwer. Vertreter der Wissenschaft haben die Neigung, ungewöhnlichen Vorkommnissen ein übertriebenes Maß an Zweifeln entgegen zu bringen. Von Bereichen, die ein „Eigenrecht auf Anerkennung" beanspruchen können, ist J.M. Verweyen überzeugt, denn „es gibt eine – im Einzelnen fließende – Grenze, jenseits der es wider allen Fortschritt des Erkennens ist, die Tatsache als solche zu leugnen, so lange sie noch nicht ‚erklärt' ist" (S.126).

311

Der Umstand, dass sich in der Nähe medialer Personen Gegenstände ohne erkennbaren äußeren Anlass bewegen, stößt auf größtes Misstrauen. Dennoch gehören derartige Begebenheiten keineswegs in den Bereich von Legenden aus der Vergangenheit. In Fällen, in denen spiritistische Phänomene nicht abgeleugnet werden können, findet sich schnell eine bequeme Erklärung: Die unterbewusste Psyche einer Person wird für die seltsamen Vorkommnisse verantwortlich gemacht. Abenteuerliche Erklärungen werden bemüht, die mehr Fragen aufwerfen als sie beantworten. Sie bleiben an der Oberfläche und sind daher nicht geeignet, die Phänomene wirklich zu erfassen. „Die Wissenschaft kann sich den Luxus der Naivität nicht gestatten", mahnte bereits C.G. Jung. *„Viele Gebildete zeigen in geistigen Dingen mehr Unverstand als die Einfältigen..."* bemerkte Emanuel Swedenborg. Die sich aufblähende Wissenschaft vermeidet es weitgehend, die noch unentdeckten okkulten Bereiche zu ergründen. Ein unfruchtbarer Skeptizismus verhindert ein Vordringen in die unbekannten Bereiche. Die Einfachheit, mit der sich manche parapsychologischen Vorgänge erklären lassen, hat möglicherweise zu einer ablehnenden Haltung beigetragen. Doch allem wissenschaftlichen Fortschritt liegt die Entwicklung des Komplizierten aus einfachen Gesetzmäßigkeiten zugrunde. Gerade in dem Unscheinbaren, bedeutungslos Scheinenden findet sich manchmal der Kern zu größeren Wahrheiten.

Vielleicht sind auch Ängste und Verunsicherung maßgeblich am mangelnden Forscherdrang beteiligt. Okkulte Begebenheiten bleiben in geheimnisvolles Dunkel gehüllt. In diesen geheimen Winkeln werden die Grenzen der Realität durchlässig. Nicht immer ist zu erkennen, wo die Wirklichkeit aufhört und der Traum beginnt. Intuitive Fähigkeiten, über die berühmte Forscher wie Albert Einstein in hohem Masse verfügten, sind hier besonders gefordert.

Die Prinzipien der Natur sind keineswegs die „ewigen, ehernen, großen Gesetze", die Zauberformeln, die für alles eine Erklärung bieten; sie sind kein „Erzeugnis der Denknotwendigkeit", sondern eher „ein Ausdruck bisheriger – nur begrenzter – Beobachtung", behauptet J.M. Verweyen (S.130). Echte Forschung sollte zu einem wirklichen Verständnis bestimmter Phänomene führen. Einige Naturgesetze werden durch mediale Fähigkeiten außer Kraft gesetzt: Levitationen heben das Gesetz der Schwerkraft auf; bei Apporten wird feste Materie durchdrungen; die Zukunftsschau stellt das Zeitkontinuum infrage. Klopfgeräusche entstammen keiner nachweisbaren Energiequelle; ein unsichtbarer Faktor ist wirksam, der noch unerkannt auf seine Entdeckung wartet.

Prof. Verweyen wagt den „Erklärungsversuch, dass es sich um selbständige, außerhalb des Mediums unsichtbar befindliche, aber in solchen physikalischen Wirkungen sichtbar werdende Wesenheiten handelt...," denen er zumindest die gleiche Beachtung zukommen lassen will wie der animistischen These, welche die Gestaltungskräfte im Medium selbst zur Erklärung heranzieht (S.132).

Der experimentellen Erforschung paranormaler Fähigkeiten sind Grenzen gesetzt, denn im Unterschied zu Naturerscheinungen kann der Eintritt medialer Phänomene im Allgemeinen nicht willkürlich veranlasst werden. Die Leistungsfähigkeit und Disposition der Medien sind veränderliche Parameter, die sich strengen Versuchsbedingungen entziehen. C.G. Jung äußerte bereits im Hinblick auf die Parapsychologie die Überzeugung, dass die deutsche Wissenschaft sich viel zu wenig dieser Probleme annimmt, von denen er selbst sich einen immensen Zugewinn für die Erfahrungspsychologie erhoffte (in: Psychiatrische Studien, S.98.).

Die wissenschaftlichen Deutungsversuche bezüglich paranormaler Vorkommnisse suggerieren in der Regel Scheinlösungen, die sich bei näherer Betrachtung als unhaltbar erweisen. Abwegige Beispiele dieser Art finden sich bei Zolt Aradi. Für Klopfgeräusche und Lärm ohne eine ersichtliche Geräuschquelle gibt er die abenteuerlich Erklärung ab, sie seien entweder die Auswirkungen einer erregten Phantasie, – ein bequemer Ausweg, wenn sich andere Lösungen nicht anbieten, oder aber sie lassen sich „durch die Tatsache erklären, dass eine unberechenbare Akustik in der nächtlichen Stille das leise Geräusch, das etwa ein in einem verlassenen Keller herum hüpfender Frosch verursacht, wie das Dröhnen von Hammerschlägen erscheinen lassen kann" (S.108f.).

Abwegigen Interpretationen dieser Art begegnet man auch bei anderen Autoren. Außerordentliche Kenntnisse, wie z.B. die Fähigkeit, in einer fremden Sprache zu kommunizieren, werden mit dem seltsamen Begriff *Kryptomnesie* begründet. Dabei handelt es sich um eine phänomenale Gedächtnisleistung, die alle diesbezüglich bekannten Fähigkeiten in den Schatten stellt und schon allein deshalb schwer zu verstehen und noch schwieriger zu beweisen ist. Phantasievolle Produktionen dieser Art werden hervorgeholt, um das unmöglich Scheinende begreifbar zu machen. Sie vermitteln den Eindruck einer fundamentalen Ratlosigkeit, die sich hinter pseudo-wissenschaftlichen, nicht beweisbaren Erklärungsversuchen zu versteckt.

Die Skepsis ist wie ein Fass ohne Boden, das, unabhängig von der Vielzahl der Beweise, niemals ausreichend gefüllt werden kann. Wie schwierig es für einen wissenschaftlich denkenden Geist ist, mit paranormalen Begebenheiten konfrontiert zu werden, erzählt eindringlich die Naturwissenschaftlerin F. Moser. Nachdem sie als Skeptikerin mit ansehen musste, wie sich ein Tisch während einer Séance selbsttätig in Bewegung setzte, in die Höhe erhob und im Zimmer schwebte, war sie fassungslos, da sie dieser Begebenheit keine wissenschaftliche Erklärung zuordnen konnte. Sie berichtet: „In einem Sturm widerstreitender Gefühle verließ ich das Haus. Ich war wie auf den Kopf geschlagen - wie jemand, der zum ersten Mal ein Erdbeben erlebt, wobei alles ins Schwanken und Stürzen gerät, was als feststehend und unverrückbar gilt - nirgends ein Halt: selbst der Boden weicht" (S.38f.).

Nach eingehender Beschäftigung mit der geheimnisvollen unsichtbaren Seite der Realität stellt sie fest: „Das Unwahrscheinliche ist oft das Wahre, das Unmögliche von heute die Wissenschaft von morgen" (S.63). Sie zitiert Laplace, der gesagt hat: „Kein Philosoph (kann) die Existenz einer Erscheinung bloß deswegen bestreiten, weil sie dem gegenwärtigen Stande der Wissenschaft unmöglich erscheint" (S.61).

Mediale Begabungen wurden in der Vergangenheit von namhaften Wissenschaftlern einer genauen, kritischen Prüfung unterzogen. So wurde das amerikanische Medium Mrs. Piper zu Beginn des 20. Jahrhunderts durch verschiedene Gelehrte, zu denen auch der englische Physiker Lodge und der amerikanische Psychologe W. James gehörten, gewissenhaften Untersuchungen ausgesetzt. Die Prüfungen erstreckten sich über lange Jahre, wobei dem Medium keinerlei Unregelmäßigkeiten nachgewiesen werden konnten.

Einige Medien, bei denen die Fähigkeiten mit der Zeit nachgelassen hatten oder die darüber zu keiner Zeit verfügt hatten, griffen zu arglistiger Täuschung, um spektakuläre Effekte zu erzielen. Die Entlarvungen führten bei den Gegnern des Okkultismus zu „aggressivem Feldgeschrei", wie J.M. Verweyen kritisiert. Weitreichende Verdächtigungen, die ohne gründliche Nachprüfung vorgebracht wurden, diffamierten sämtliche Medien. Die Widersacher und Zweifler verwendeten solche Vorkommnisse als eine Art Zauberformel zu Propagandazwecken, um ihre gegenteiligen Ansichten zu unterstützen. Unsachliche Übertreibungen und vorschnelle Verallgemeinerungen gingen soweit, allen Medien ohne Ausnahme Betrug vorzuwerfen.

Das kritische Streben nach Erkenntnis bedeutete für ernsthafte Forscher vergangener Jahrzehnte, Wahrheit, Irrtum und Betrug streng zu unterscheiden. Die Tatsache nachgewiesener Täuschungsmanöver sollte zwar nicht in ihrer Bedeutung unterschätzt werden, dennoch darf eine kritische Forschung nicht extrem einseitige, von Vorurteilen geprägte Standpunkte vertreten, wie dies leider allzu oft geschieht.

Unterschiedliche Erforscher paranormaler Phänomene, die sich unbefangen genug dem Gebiet näherten, kamen häufig zu den gleichen positiven Ergebnissen, resümiert Verweyen. Täuschungen, Betrügereien und Irrtümer in spiritistischen Zirkeln haben in der Vergangenheit ein durchgängiges Misstrauen, eine kategorische Ablehnung jedweder spiritistischer Betätigung erzeugt. Von vorurteilsfreien Wissenschaftlern durchgeführte experimentelle Untersuchungen erhielten nicht den Stellenwert, den sie verdienten.

In Fragen des Spiritismus scheiden sich die Geister. Während einige Gelehrte von der Annahme ausgehen, es handle sich bei spiritistischen Erscheinungen in der Tat um ‚Freunde aus dem Jenseits', wird von anderen eine animistische Deutung bevorzugt. Animismus in diesem Sinne bezeichnet eine bestimmte Richtung des Okkultismus, welche die okkulten Phänomene zwar anerkennt, diese aber ausschließlich auf paranormale Wirkungen lebender Menschen zurückführt. (Vgl. dazu: H.E. Miers, der sich auf Freuds ‚Totem u. Tabu' bezieht.) Der Animismus ist bestrebt, spiritistische Phänomene mit den natürlichen Gegebenheiten dieser Erde zu erklären. Telepathie und Hellsehen werden in die Deutung miteinbezogen. Auch gewisse Charakteristika des Unterbewusstseins, wie Automatismen, Persönlichkeitsspaltung, Hypermnesie (= abnorm gesteigerte Gedächtnisleistung,) werden zur Erklärung herangezogen.

Die erstaunlichsten Deutungsversuche wurden im Laufe der Zeit vorgebracht. So wurde bspw. versucht, die beobachteten Levitationen – wobei schwere Tische sich bewegten und sogar in der Luft schwebten, – auf einen ‚motorischen Automatismus' zurückzuführen, wie R. Tischner allen Ernstes erklärt. Die Bewegung „geht in der Weise vor sich, dass sich eine oder meist mehrere Personen an einen Tisch setzen und die gespreizten Finger beider Hände leicht auf die Tischplatte legen. Bei entsprechend veranlagten Personen pflegen sich Kippbewegungen des Tisches einzustellen; wenn man dann eine Frage stellt und das ABC aufsagt, kippt der Tisch so lange, bis man an einen bestimmten Buchstaben gekommen ist, dann fängt man von neuem an usw." (S.44f.). Wohlgemerkt befinden die Hände der Teilnehmer sich nicht unter, sondern auf dem Tisch! Die Bewegungen des Möbelstückes widersprechen somit allen bekannten physikalischen Gesetzmäßigkeiten.

Nichtsdestoweniger werden eindeutig unwissenschaftliche Behauptungen von wissenschaftlicher Seite aufgestellt. Der berühmte Physiker Faraday hat in ‚geistreichen Experimenten' die Bewegungen des Tisches zu erklären versucht. Er führt diese auf ‚unwillkürliche Muskelbewegungen' zurück! Auch von einer ‚Summation kleiner Bewegungen' war die Rede. Jeder, der versuchen sollte, ein derartiges Experiment zu wiederholen, wird selbst mit größtem Aufwand an Geduld und Ausdauer zu keinem positiven Ergebnis gelangen.

Das viel beachtete Phänomen der schwebenden Tische, die bei Fanny Moser erwähnt werden, bleibt weiterhin ein Rätsel. Wie sollte es wohl einer kleinen Anzahl von Laien gelingen, einen schweren Eichentisch durch krampfhaftes ‚Muskelzucken' dazu zu bringen, sich einen Meter über den Fußboden zu erheben? Derlei abenteuerlich klingende Erklärungsversuche seitens namhafter Wissenschaftler sind umso erstaunlicher, als sie im Ton der absoluten Überzeugung vorgebracht werden. Leider sind hier Logik und die Berücksichtigung der Naturgesetze auf der Strecke geblieben. Zwar versagt der Animismus nicht grundsätzlich als Erklärungsmodell, dennoch lassen sich auf diese Weise „nicht ohne weiteres alle Schlösser aufsperren", gibt R. Tischner immerhin zu (S.186).

Als weiterer Erklärungsansatz für spiritistische Erscheinungen kommt die Lehre von der überpersönlichen *Weltseele* in Betracht. Das Medium schöpft demzufolge nicht nur aus den bewussten und unbewussten seelischen Inhalten von Lebenden, sondern ist darüber hinaus befähigt, mit den im ‚transzendentalen Weltsubjekt‘, - auch *Akasha-Chronik* genannt -, vorhandenen Lebensplänen eine Verbindung einzugehen. Die *Akasha-Chronik* umfasst nach Ausführungen R. Steiners das Gedächtnis der Welt. Nicht nur Vergangenes, sondern auch zukünftige Ereignisse lassen sich darin erkennen. Wer eine Verbindung zur Chronik herstellen kann, hat damit Zugang zu Informationen, die normalerweise nicht verfügbar sind.

Es stellt sich nun die Frage, ob die vorgenannten Deutungen den spiritistischen Phänomenen in ausreichender Weise gerecht werden. In Séancen scheint häufig nicht das Medium selbst zu sprechen, sondern eine andere Persönlichkeit, ein Vermittler, meldet sich zu Wort. Um dieser Erscheinung auf den Grund zu gehen, fanden zu Beginn des 20. Jahrhunderts umfangreiche wissenschaftliche Untersuchungen statt (vgl. R. Tischner, S.170f.). Einer der skeptischen Gelehrten war F. Prince, der sich akribisch mit der Übermittlung medialer Botschaften befasste. Beeindruckt gab er schließlich zu: „Entweder muss unser Begriff des Unterbewusstseins völlig geändert werden, so dass er bisher gänzlich unbekannte Kräfte einbezieht, oder es muss eine Ursache zugestanden werden, die zwar mittels des Unterbewusstseins ... wirkt, aber nicht ihm entstammt" (S.186.). Damit wird mehr oder weniger eingeräumt, dass ein ‚Geist‘ die wirkende Kraft sein könnte.

Häufig werden paranormale Fähigkeiten mit einem Stigma versehen. Eine zeitlang war die Diagnose Hysterie eine Formel, mit der mediale Begabungen als Krankheitssymptom abgetan wurden, wie J.M. Verweyen bemängelt: „Was man nicht definieren kann, das sieht man im Umkreise gewisser ungewöhnlicher seelischer Erscheinungen einfach als hysterisch an und denkt sich darunter allerlei Merkmale, deren Klärung der Psychopathologie nicht geringe Schwierigkeiten bereitet" (S.27). In vielen Veröffentlichungen wurde die Ansicht vertreten, ein Großteil der Medien sei der

Hysterie verfallen. „Dass Medien hysterisch seien, ist in dieser Allgemeinheit eine Behauptung, die durch die Häufigkeit ihrer Wiederholung nicht an Wahrheit gewinnt und ihren Mangel an Begründung nicht zu ersetzen vermag", kritisiert der Autor. Bei einer solchen summarischen Kennzeichnung kann es sich nur um ein bequemes, vorschnelles Werturteil handeln, das sich auf Voreingenommenheit gründet. Mittlerweile wurde die Hysterie abgelöst von dem Begriff Psychose: Die psychotische Erkrankung wird wie ein großes Sammelbecken benutzt, in das sich alle unverstandenen, nicht ohne weiteres begreifbaren Phänomene unterbringen lassen.

Ein unbeirrbarer Wirklichkeitssinn hat damals wie heute allein das zweckmäßige Verständnis der Naturkräfte zum Ziel. Für das Geheimnis und das Wunder bleibt kein Raum. „Bloße Tatsachenmenschen gelangen nicht über das Extrem bloßer Gelehrsamkeit hinaus, die nicht einmal mit hoher Intelligenz, geschweige denn mit hoher Menschlichkeit zusammenfällt", bemängelt Verweyen (S.23). Viele Zweige der Wissenschaft verschließen sich neuen Denkmöglichkeiten. Das wissenschaftliche Weltbild lässt nur Bekanntes gelten, ohne von der parapsychischen Erfahrungswelt Notiz zu nehmen.

Der Denkprozess wird eingeengt, ohne dass die in ihm Befangenen ihre Unfreiheit erkennen. Präkognition darf es bspw. nicht geben, denn sie stellt alle Lehrmeinungen auf den Kopf; die Kausalität würde infrage gestellt. An den Grundfesten wissenschaftlicher Überzeugungen darf aber nicht gerüttelt werden. Die Physik anerkennt keine Signale, die zeitlich rückwärts von der Zukunft in die Gegenwart laufen. Der große Irrtum der Naturwissenschaft liegt darin, dass sie nur ihren eigenen Erfahrungsbereich gelten lässt. Die wissenschaftliche Welt, die sich viel auf ihre Rationalität einbildet, erklärt stark vereinfachend die Geistwelt für nicht existent. Sie hält es nicht für abwegig, die schwer fassbare geistige Komponente ins Reich des Unbewussten zu verbannen.

Parapsychologische Erkenntnisse werden widerlegt mit ungeprüft übernommenen Verallgemeinerungen und Behauptungen. In vielen Fällen wird Beweismaterial ignoriert und zu einseitiger, selektiver Darstellung gegriffen, um sämtliche paranormalen Phänomene ausnahmslos als Täuschungen hinzustellen oder um eine natürliche Ursache zu konstruieren, auch wenn sie noch so weit hergeholt ist.

Sobald es um Grenzgebiete geht, ist es um die wissenschaftliche Genauigkeit und Objektivität geschehen. Beurteilt wird vorschnell aus der engen Sicht fachspezifischer Bereiche. Der tiefere Grund für die ablehnende Haltung der Wissenschaft dürften nicht eingestandene irrationale Ängste sein, die vor der Berührung mit dem Okkulten zurückschrecken. Mit dieser Haltung werden aber wissenschaftlich-rationale Grundsätze in ihr Gegenteil verkehrt.

Parapsychologie gilt vielen immer noch als verbotenes Land. Über spiritistische und mystische Deutungen haben Psychologie und Psychiatrie ein Tabu verhängt. Bei psychologischen Deutungen wird dem Unterbewusstsein ein umfassendes Vermögen von grandiosen Ausmaßen zugeschrieben. Mit diesem Super-Unterbewusstsein lassen sich leicht Erklärungen für alle möglichen Erscheinungen finden. Das Unterbewusstsein oder Unbewusste liefert pauschale Erklärungen für eine große Anzahl geistiger, feinstofflicher Wirkungen. Parapsychologische Forschungsergebnisse sind in wissenschaftlichen Kreisen weitgehend unbekannt.

Leben wird als ein Produkt des Zufalls angesehen, das ohne Mitwirkung einer höheren geistigen Ebene auskommt. Mit ihren Lehrmeinungen und Hilfskonstruktionen ist es der Biologie und Psychologie gelungen, das Einsteinsche Postulat „Gott würfelt nicht" umzukehren in die unbewiesene Annahme: „Gott würfelt doch".

Ohne die Anerkennung der Glaubwürdigkeit medialer und spiritistischer Erscheinungen wird es sehr schwierig, für gewisse Phänomene Erklärungen zu finden. Die wissenschaftliche Methode gebietet im Grunde, den Dingen mit unbefangener Haltung gegenüberzutreten. Ein kritischer Verstand sollte zumindest unvoreingenommen die Möglichkeit der Phänomene gelten lassen, auch wenn er die Beweise nicht als zwingend anerkennt.

Die Frage nach der Glaubwürdigkeit medialer und spiritistischer Erscheinungen hängt eng mit dem Glauben an eine mögliche Inbesitznahme durch entkörperte Geister zusammen, denn beides steht miteinander in enger Beziehung. Die spiritistische Hypothese akzeptiert die Existenz und Wirksamkeit eines fremden Geistwesens im Innern oder in der Nähe eines Mediums. Von wissenschaftlicher Seite wird überzeugten Spiritisten gern Leichtgläubigkeit und Voreingenommenheit vorgeworfen. Dies sei die Basis für Sinnestäuschungen und leichte Beeinflussbarkeit. Allerdings sind Wissenschaftler, die von vornherein alle spiritistischen Phänomene als Schwindel ablehnen, wenig geeignet, sich über dieses Gebiet ein Urteil bilden zu können. Ohne Aufgeschlossenheit und ohne ein fundiertes Wissen wird die nüchterne Gelehrsamkeit einen Betrug dort entdecken, wo er gar nicht vorhanden ist.

Kritik ist nicht nur an der wissenschaftlichen Sichtweise, sondern auch an der Einstellung vieler Medien angebracht. Obwohl mediale Menschen okkulten Dingen eine größere Aufgeschlossenheit entgegenbringen und weit mehr Zusammenhänge ihrer Wahrnehmung zugänglich sind als den meisten Menschen, leiden viele an einem Mangel an tatsächlichem Wissen. Sie sind nicht fähig, das persönliche Vermögen in einen größeren, übergeordneten Zusammenhang einzugliedern und gültige Wahrheiten daraus abzuleiten. Daher wird Spekulationen Tür und Tor geöffnet, die nicht geeignet sind, die besonderen Erfahrungen glaubhaft erscheinen zu lassen. Das gesamte Gebiet paranormaler Erscheinungen ist immer noch ein Tummelplatz für Leichtgläubigkeit und Willkür.

Wissen und Intuition sind Zwillinge. Bei der Untersuchung medialer Fähigkeiten können zwar nicht sämtliche Fehlerquellen sicher ausgeschlossen werden, doch auch die exakte Naturforschung arbeitet nicht immer völlig fehlerfrei. Die herabgeminderte Helligkeit im Raum, die bei medialen Kontakten häufig anzutreffen ist, erschwert zwar eine objektive Untersuchung, macht sie aber nicht unmöglich. Auch bei voller Beleuchtung und sogar bei Tageslicht wurde die Levitation schwerer Gegenstände, wie Tische und Regale, sowie die Teleportation von Gegenständen etc. beobachtet.

Wahrheit kann im objektiven wie im subjektiven Sinn Gültigkeit beanspruchen. Der Gewissheit einer ,Erlebniswahrheit' mag die objektive, sachliche Beweiskraft fehlen, wenngleich der Erlebende keinen Zweifel an der Authentizität seines Erlebens hat. Bei spiritistischen und medialen Erscheinungen sind allerdings der Subjektivität Grenzen gesetzt in Fällen, wo mehrere Personen die gleichen Wahrnehmungen teilen.[15]

Okkultisten sind von der Existenz einer übersinnlichen Welt, einer Welt der Geistwesen, überzeugt. Eine befriedigende Erklärung für das umfangreiche Gebiet des Okkulten lässt bislang auf sich warten. F. Wenzel betont: „Die Tatsache, dass wir die Wirklichkeit einer übersinnlichen Welt im okkulten Sinne weithin nur erfahren, aber nicht erklären können, darf uns nicht dazu verführen, sie zu leugnen oder sie für krankhafte Phantasterei zu erklären" (S.15).

Den englischen Naturwissenschaftler William Crookes brachte ein persönliches Erlebnis zur Anerkennung des Überlebens nach dem Tod. Darüber findet sich bei F. Wenzel folgender Bericht:

---

[15] Ein Augenzeuge erklärte mir eines Tages, er habe bei heller Beleuchtung einen schweren Eichentisch ca. einen halben Meter über dem Boden schweben sehen. Der Tisch war nicht abgedeckt und somit von allen Seiten gut sichtbar. Das praktizierende Medium war eine einfache Bauersfrau, was betrügerische Manipulationen nahezu ausschließt.

„Der große Forscher hat sich jahrzehntelang für die Echtheit okkulter Phänomene eingesetzt und sich kurz vor seinem... Tode von der animistischen Hypothese zum Spiritismus bekehrt. Sein Sohn stand in Frankreich als Offizier in Felde. Eines Tages erschien in einer von Crookes geleiteten spiritistischen Sitzung dieser Sohn und teilte seinem bestürzten Vater mit, dass er gefallen sei und an einer näher bezeichneten Stelle begraben liege. Auf Grund dieser Angaben des Gefallenen konnte dann das Grab gefunden werden. Erst später erhielt der Vater die offizielle Todesanzeige" (S.35).

Für Wenzel bedeutet Spiritismus, eine Verbindung zur jenseitigen Welt herzustellen und zu unterhalten. Jede okkulte Verlautbarung ist in diesem Sinn als spiritistisch anzusehen. Die übersinnliche Welt verfügt über weitreichende Möglichkeiten – auch ohne die Vermittlung eines Mediums – Einblicke in ihre Geheimnisse zu gewähren. Zu hoffen bleibt, dass dieses faszinierende, bisher zu wenig erforschte Gebiet in Zukunft die vorurteilsfreie Beachtung erhält, die es verdient.

Das Problem der Psyche und damit auch die manchmal auftauchenden parapsychischen Phänomene werden nicht richtig verstanden aufgrund der einseitigen, materiellen Sichtweise, bemängelt Holger Kalweit. Die Parapsychologie zeige in Theorien und Forschungen eine „mechanistisch-materialistische Erwartungshaltung", weshalb ihr keine produktive Anschauung über die Phänomene gelingt. „Überhaupt kann es eine Parapsychologie gar nicht geben als abgetrenntes Forschungsgebiet vom Psychischen und den subtilen Vorgängen, weshalb diese Institution zu keinen Ergebnissen außer der Dokumentation von Fallbeispielen gekommen ist und ihre selbstgesetzten Rätsel auch niemals ergründen wird. Paranormale Erscheinungen sind nicht paranormal, noch liegen sie außerhalb des normalen Leitfadens der Psyche" (S.155).

Diese Ignoranz gilt auch für den physischen Körper. „Wir wissen gar nichts über unseren Körper", behauptet Swami Vivekananda. Wir können zwar einen Körper sezieren, um festzustellen, was sich im Innern befindet, doch um die subtilen Bewegungen im Körper wahrzunehmen, besitzen wir nicht genügend Unterscheidungskraft. Erkenntnis wird erst dann möglich, wenn der Geist subtiler wird; wenn er tiefer in den Körper eindringen kann und imstande ist, etwas über die feinstofflichen Kräfte zu erfahren (S.28).

In der modernen Wissenschaft existieren inzwischen vielversprechende Ansätze und Richtungen, wie sie von Frank Capra, Rupert Sheldrake, David Bohm u.a. vertreten werden. Der Mediziner und Philosoph Stanislav Grof, der sich mit der Erforschung psychedelischer Zustände und parapsychologischer Phänomene befasst, erklärt dazu, die moderne Kartographie der Psyche „ist nicht nur von akademischem Interesse, sondern hat auch tiefe und revolutionäre Auswirkungen auf das Verständnis psychopathologischer Erscheinungen und eröffnet neue therapeutische Möglichkeiten, die für die traditionelle Psychiatrie unvorstellbar sind" (S.199).

Wissenschaftliche Creationisten kommen mit der eingleisigen Evolutionstheorie nicht mehr klar. Sie verfügen über gute Argumente, die für eine Ausweitung der bisherigen Sichtweise sprechen. Der Biophysiker Dieter Broers stellt in *Solar (R)Evolution* in beeindruckender Weise einen Zusammenhang zwischen den Eruptionen der Sonne und einer Erweiterung des menschlichen Bewusstseins her. Dabei verbindet er Wissenschaft und Spiritualität.

Michael König entwickelt in *Das Urwort* eine physikalische Theorie, die auch höherdimensionale Welten sowie die menschliche Seele in die Betrachtungen einschließt. Materie und Geist sind demzufolge eine Einheit; Gott ist die Quelle aller Energie und Materie im Universum. König entwickelt, ausgehend von den Ergebnissen der Quanten- und Biophysik, ein ganzheitliches Weltbild. Er schafft eine Synthese aus Naturwissenschaft und Spiritualität und verbindet sie mit der Essenz der Religionen und Weis-heitslehren.

Auch in der Psychologie ist eine Richtung entstanden, die *Transpersonale Psychologie*, die das Erleben einer tiefen, den Dualismus überwindenden Wirklichkeit mit einschließt. Die Überwindung des dualistischen Weltbildes wird als Voraussetzung und Grundlage für die Gesundung und geistige Erneuerung der abendländischen Zivilisation betrachtet.

Es bleibt zu hoffen, dass sich die Wissenschaft der Zukunft nicht scheut, weiter in bislang unerforschtes Terrain vorzustoßen und mutig die Herausforderungen anzunehmen, welche die noch unbe-kannten Welten bieten. Man kann über die Wirklichkeit nichts aussagen, wenn man nur die Oberfläche der Dinge beschreibt. Die wahre Wirklichkeit steht hinter den Dingen, und die lässt sich vor allem in Bildern erfassen.

Rick Yancey schreibt: *Die letztendliche Wahrheit liegt nicht in der Wissenschaft. Sie liegt in den unergründlichen Tiefen des menschlichen Bewusstseins, - nicht im Natürlichen, sondern, in Ermangelung eines besseren Wortes, dem Übernatürlichen.*

Literaturverzeichnis

Aivanhov, O. M.: *Die Antwort auf das Böse*; Reihe ‚Izvor'
Nr. 210, Fréjus 1995
Eine universelle Philosophie; Reihe ‚Izvor' Nr. 206,   2.Aufl.,
Fréjus 1989
Die Freiheit, Sieg des Geistes; Reihe ‚Izvor' Nr. 211,   2.Aufl.,
Fréjus 1990
Menschliche und göttliche Natur; Reihe ‚Izvor' Nr. 213,
2.Aufl., Fréjus 1989
Die Sexualkraft oder der geflügelte Drache; Reihe ‚Izvor'   Nr.
205, 4.Aufl., Fréjus 1990
Was ist ein geistiger Meister? Reihe ‚Izvor' Nr. 207,   3.Aufl.,
Fréjus 1989
Andrews, L.: *Der Geist der vier Winde*; München 1993
Aradi, Z.: *Wunder, Wissen und Magie*; Salzburg 1959
Atteshlis, S: *Esoterische Lehren*; München 1991
Augustat, W.: *Die Botschaft aus Schambhala*; Bergisch
Gladbach 1997
Bardon, F.: *Der Weg zum wahren Adepten*; 13.Aufl.,
Freiburg im Breisgau 1994
Bender, H.: *Psychische Automatismen*; Diss. phil., Leipzig
1936; darin: Dessoir, M.: *Das Doppel-Ich*
Berry, V. u. a.: *Ein Kurs im Channeln*; Freiburg im Breisgau
1994
Besant, A.: *Theosophie und moderne psychische Forschung*;
Leipzig 1907
Bhagwan Shree Rajneesh: *Ich bin der Weg*; München 1979;
siehe auch: Osho
Blavatsky, H. P.: *Die Geheimlehre.* Hrsg. v. H. Troemel,
2.Aufl., Hamburg 2003

Persönliche Erinnerungen. In: Roerich-Forum Nr. 4/1994
Praktischer Okkultismus; 3.erweit.Aufl., Grafing 1992
Der Schlüssel zur Theosophie; 3.Aufl., Satteldorf 1995
Die Stimme der Stille; Hannover 1991
Unheimliche Geschichten; 3.Aufl., Hannover 1993
Bo Yin Ra: *Das Buch der königlichen Kunst;* Basel und
Leipzig 1932
Das Geheimnis; München 1923
Okkulte Rätsel; Leipzig 1923
Brennan, J. H.: *Experimentelle Magie: Einführung und Praxis;* 2.Aufl., Basel 1987
Browne, S.: *Von Geistern, Spuk, Gespenstern und dem Wiedersehen im Jenseits;* 3.Aufl., München 2004
Butler, W. E.: *Die hohe Schule der Magie: über die Kunst, willentlich Bewusstsein zu verändern*; 5.Aufl., Freiburg im Breisgau 1994
Carmin, E.R.: *Guru Hitler*; Zürich 1985
Carolsfeld-Krausé, A.: *Bekenntnisse eines Spiritisten.* Hrsg. von H. Martensen-Larsen; Hamburg 1925
Carroll, L.: *Alice hinter den Spiegeln;* Köln 2012
Kryon. Das Zeiten-Ende: Neue Informationen für persönlichen Frieden; Bd 1, 3.Aufl., München 2001
Castaneda, C.: *Eine andere Wirklichkeit: neue Gespräche mit Don Juan*; 242.-245. Tsd, Frankfurt am Main 1993
Das Feuer von innen; 40.-43. Tsd, Frankfurt am Main 1992
Die Kraft der Stille: neue Lehren des Don Juan; 21.-25. Tsd, Frankfurt am Main 1993
Die Kunst des Pirschens; 72.-74. Tsd, Frankfurt am Main 1993
Die Kunst des Träumens, 2.Aufl., 13.-16. Tsd, Frankfurt am Main 1994
Die Lehren des Don Juan: ein Yaqui-Weg des Wissens; 354.-360. Tsd, überarb. Ausgabe, Frankfurt am Main 1991

Reise nach Ixtlan: die Lehre des Don Juan; 245.-250. Tsd, Frankfurt am Main 1993

Der Ring der Kraft: Don Juan in den Städten; 172.-174. Tsd, Frankfurt am Main 1993

Der zweite Ring der Kraft; 105.-107. Tsd, Frankfurt am Main 1993

Challoner, H. K.: in: *Der Weisse Lotos*, Nr.1, München 1982

Coelho, P.: *Das Schwert des Magiers: zwölf Einweihungen auf dem Jakobsweg*; München 1995

Cori, P.: *Keine Lügen, keine Geheimnisse mehr*; Saarbrücken 2004

Crowley, A.: *Moonchild*; Bergen/Dumme 1993
Über Yoga. Acht Vorlesungen; München 1989

Cutomo, C.: *Medialität – Besessenheit – Wahnsinn*; Flensburg 1989

Dames, E. A. und J. H. Newman: *Ich war PSI-Spion*; Rottenburg 2012

Daskalos: *Esoterische Lehren*; siehe: Atteshlis, S.

David-Néel, A.: *Heilige und Hexer*; Leipzig 1931
Im Banne der Mysterien; München 1998
Meister und Schüler: die Geheimnisse der lamaistischen Weihen; auf Grund eigener Erfahrungen dargestellt, Leipzig 1934
Der Weg zur Erleuchtung: Geheimlehren, Zeremonien und Riten in Tibet; Stuttgart 1954

Denning, M., O. Phillips: *Psychischer Selbstschutz: die Entwicklung positiver Kräfte*; 3.Aufl., Freiburg im Breisgau 1997

DiNola, A. M.: *Der Teufel: Wesen, Wirkung, Geschichte*; München 1990

Dommer, W. (Hrsg.): *Wo die alten Götter weiterleben*; Freiburg im Breisgau 1990

Douval, H. E.: *Eros und Magie*; Büdingen-Gettenbach 1959

Engel, H.: *Der Sphärenwanderer: Reisen, Begegnungen und Offenbarungen in anderen Dimensionen*; 3., erweit. Aufl., Interlaken 1988

Esotera: Nr. 02.1985, drin: Rogo, D.S.: *Die Abwehr von Psi-Angriffen*

Feild, R.: *Schritte in die Freiheit: die Alchemie des Herzens*; 14.-16.Tsd., Reinbek bei Hamburg 1994

Fiore, E.: *Besessenheit und Heilung: die Befreiung der Seele*; 2.Aufl., Güllesheim 1999

Flensburger Hefte. Nr. 45: *Hüter der Schwelle*; Flensburg 1994

Nr. 60: *Die Impulse des Bösen am Jahrtausendende*; Flensburg 1998

Nr. 65: *Doppelgänger: der Mensch und sein Schatten*; Flensburg 1999

Nr. 66: *Hellsehen: der Blick über die Schwelle*; Flensburg 1999

Sonderheft Nr. 12, *Schwarze und weiße Magie*; 2.Aufl., Flensburg 1995

Fortune, D.: *Das karmische Band: die esoterische Philosophie der Liebe und der Ehe*; München 1988

Mondmagie: das Geheimnis der Seepriesterin; 3.Aufl., Woldert 2003

Selbstverteidigung mit PSI; Interlaken 1987

Francis, P.: *Shebaka: der große Plan*; Aitrang 1996

Giovetti, P.: *Engel: die unsichtbaren Helfer der Menschen*; Genf 1991

Goodman, F. D.: *Ekstase, Besessenheit, Dämonen: die geheimnisvolle Seite der Religion*; Gütersloh 1997

Grattan, B.: *Mahatma*; Bd 1-2, Sedona 1991-1993

Grof, St.: *Das Abenteuer der Selbstentdeckung: Heilung durch veränderte Bewusstseinszustände*; Reinbek bei Hamburg 1994

Haack, F.-W.: *Blut-Mythos und Rasse-Religion*;
München 1983
Guruismus und Guru-Bewegungen; München 1982
Haich, E.: *Einweihung*; 3.Aufl., München 1991
Hasselmann, V. und F. Schmolke: *Welten der Seele:*
Trancebotschaften eines Mediums; München 1993
Helsing, J.v.: *Geheimgesellschaften und ihre Macht im*
20. Jahrhundert oder Wie man die Welt nicht regiert;
Bd 1 und 2, Gran Canaria 1995
Huber, M.: *Multiple Persönlichkeiten: Überlebende*
extremer Gewalt; Frankfurt am Main 1995
Huiffner, J. H.: *Träume zwischen Geist und Schöpfung*;
Oldenburg 2002
Huxley, A.: *Die Pforten der Wahrnehmung: Himmel und*
Hölle; München 1970
J. B. und R. Teutsch: Unsichtbare Mächte: Magier,
Geister und Dämonen; Neuauflage, Rastatt 1997,
Jacobi, E.: *Channeln: Praxisbuch für die Kontaktaufnahme*
mit der Geistigen Welt; München 2012
Jasinski, A.: *Thalus von Athos: Die Offenbarung.* Buch 1:
Aufschlüsselung ursprünglicher Wahrheiten; 3. Aufl.,
Burtenbach 2016
Johannes vom Kreuz: *Die dunkle Nacht*; Vollständige Neu-
übersetzung, 2.Aufl., Freiburg u.a. 1995
Johnson, J. P.: *Pfad der Meister: der Weg nach Innen durch*
den Yoga des Klangstroms; 3. überarb. Aufl., München,
Engelberg/Schweiz 1985
Johst, G.: *Das ungeschliffene Juwel*; 2.Aufl., St. Goar 1989
Jung, C. G.: *Die Dynamik des Unbewussten*; Zürich und
Stuttgart 1967
Erinnerungen, Träume, Gedanken; Zürich und Stuttgart 1967
Erlösungsvorstellungen in der Alchemie. Psychologie und Al-
chemie, Bd 2, 3.Aufl., Olten und Freiburg im Breisgau 1989

Gesammelte Werke; Bd 8, Olten 1985
Der Inhalt der Psychose; 2.Aufl., Leipzig und Wien 1914
Psychiatrische Studien; Zürich und Stuttgart 1966
Das Rote Buch; Zürich 2009
Das Unbewusste im normalen und kranken Seelenleben: Ein Überblick über die moderne Theorie und Methode der analytischen Psychologie; Zürich u.a. 1929
Zur Psychologie sogen. okkulter Phänomene in: *Psychiatrische Studien*
Jussek, E. G.: *Begegnung mit dem Weisen in uns*; München 1986
Das Perlennetz; München 1988
Kardec, A.: *Das Buch der Geister*; 4.Aufl., Freiburg im Breisgau 1991
Das Buch der Medien; Freiburg im Breisgau 1987
L. Kin: *Gott & Co: Nach wessen Pfeife tanzen wir?* Wiesbaden 1994
Lammer, H. und M.: *Verdeckte Operationen*; München 1997
Leadbeater, C. W.: in: *Der Weiße Lotos: Zeitschrift für geistige Entfaltung*, Nr. 24, 1987
Lectorium Rosicrucianum (Hrsg.): *Informationsbriefe.* (Nicht im Handel erhältlich.)
Li Hongzhi: *Falun Gong: der Weg zur Vollendung*; München 1998
Long, M. F.: *Kahuna-Magie: das Wissen um die weise Lebensführung*; 3.Aufl., 9-13.Tsd., Freiburg im Breisgau 1994
Lorber, J.: *Mögliche negative Folgen von Spiritismus, Magie, Wahrsagerei und Abgötterei.* In: Internet: Spiritismus unter: www.j-lorber.de
Lütge, L.-R.: *Carlos Castaneda und die Lehren des Don Juan*; 3. Aufl., Freiburg im Breisgau 1991

Marciniak, B.: *Boten des neuen Morgens: Lehren von den Plejaden*; 10.Aufl., Freiburg im Breisgau 1996
Die Lichtfamilie: neue Botschaften von den Plejaden; 3.Aufl., Freiburg im Breisgau 1999
Plejadische Schlüssel zum Wissen der Erde; 6.Aufl., Freiburg im Breisgau 1996
Markides, K. C.: *Feuer des Herzens : Heiler, Weise und Mystiker*; München 1991
Heimat im Licht: Die Weisheit des 'Magus von Strovolos'; München 1988
Der Magus von Strovolos; München 1988
McClure, J.: *Vywamus: Die Kunst des Channelns*; 4.Aufl., Seeon 1989
McLean, P.: *Kontakte zu deinem Schutzgeist*; 10.Aufl., München 1992
Zeugnisse von Schutzgeistern; 3.Aufl., München 1989
Meadows, K.: *Das Netz der Kraft*; München 1993
Meurois-Givaudan, A. und D.: *Vom Geist der Sonne: die Friedensbotschaft der Lichtgestalt aus Damaskus*; München 1993
Meyrink, G.: *Das Haus zur letzten Latern: Nachgelassenes und Verstreutes*; Frankfurt/M.; Berlin 1993 (Ullstein-Buch Nr. 22927)
Miers, H. E.: Lexikon des Geheimwissens; München 1993
Moser, F.: *Der Okkultismus*; Bd 1, München 1935
Nowotny, K.: *Mögliche negative Folgen von Spiritismus, Magie, Wahrsagerei und Abgötterei.* In: Internet: Spiritismus unter: www.j-lorber.de
Orwell, G.: *Neunzehnhundertvierundachtzig*; 22.Aufl., Zürich 1974
Paracelsus: *Sämtliche Werke*; Bd 4, Jena 1932
Pir Vilayat Inayat Khan siehe: Vilayat Inayat Khan

Ramtha: *Ufos und die Beschaffenheit von Wirklichkeit*; von JZ Knight, Burggen 1990

Rijckenborgh, J.van.: *Der kommende Neue Mensch*; Haarlem, 1954

Roberts, J.: *Gespräche mit Seth: von der ewigen Gültigkeit der Seele*; 7.Aufl., Genf 1988
Seth und die Wirklichkeit der Psyche; Bd 1 und 2, München 1989
Das Seth - Material; 3.Aufl., Genf 1989

Roesermüller, W. O.: *Geister warnen vor Geistern!* Nürnberg 1960

Rogo, D. S.: *Die Abwehr von Psi-Angriffen*, in: *Esotera*, Nr. 02.1985

Rudolph, H.: *Der alte und der neue Gott: ein Wegweiser in das neue Zeitalter*; Leipzig 1927 (Theosophische Kulturbücher für wahre Lebenskunst und Lebensweisheit, Nr. 47)
Die Gefahren des Okkultismus; 3.-5.Aufl., Leipzig 1921 (Theosophische Kulturbücher für wahre Lebenskunst und Lebensweisheit, Nr. 8)
Irrwege auf dem Pfade der Selbsterkenntnis; Leipzig 1919 (Theosophische Kulturbücher für wahre Lebenskunst und Lebensweisheit, Nr.11)
Mystik und Okkultismus; Leipzig 1928 (Theosophische Kulturbücher für wahre Lebenskunst und Lebensweisheit, N. 26)
Theosophie und Spiritismus; Leipzig 1924 (Theosophische Kulturbücher für wahre Lebenskunst und Lebensweisheit, Nr.24)

Ruge, L. (Hrsg.): *Zum Gedächtnis an H.P. Blavatsky (1831-1891)*; Leipzig 1931

Schindler, M.: *Fragen und Antworten* s.: Kanal-Sein für ‚Gott in uns'
Kanal-Sein für ‚Gott in uns'; Phoenix-Netzwerk o.J.

Reinheitsgebote: Ethik und Gebote, Intensitätsstufen, mediale Ethik; Phoenix-Netzwerk, Wedel 2007

Was man tun kann: SOS-Nothilfe für mediale und sensitive Menschen (br.); Phoenix-Netzwerk, Wedel 2007

Schootemeijer, J.: *Fernsehen als Instrument der verborgenen Mächte*; 2.überarb.Ausgabe, Haarlem 1993

Sigdell, J. E.: *Unsichtbare Einflüsse: Befreiung von anhänglichen Seelen und aufdringlichen Wesenheiten*; Hanau 2012

Smit, F.: *Gustav Meyrink. Auf der Suche nach dem Übersinnlichen*; München, Wien 1988

Spesz, A.: *Das dunkle Reich in uns;* Hildesheim 1934

Spirago, F.: *Der Teufel in seinem Wirken*; Lingen 1933

Staudenmaier, L.: *Die Magie als experimentelle Naturwissenschaft*; Leipzig 1912

Steiner, R.: *Blut ist ein ganz besonderer Saft: eine esoterische Betrachtung*; Berlin 1922

Erläuterungen zu Goethes Faust; Berlin 1922

Die Geheimwissenschaft im Umriss; 30.Aufl., Dornach 1989

Individuelle Geistwesen und ihr Wirken in der Seele des Menschen; Dornach 1974

Das Initiaten-Bewusstsein: Wahrheit und Irrtum in der geistigen Forschung; Dornach 1927

Kunst und Lebensfragen im Lichte der Geisteswissenschaft(GA 162), 1.Aufl., Dornach 1985

Die Schwelle der geistigen Welt; Aphoristische Ausführungen, 6-10.erweit.Aufl., Berlin 1921

Der übersinnliche Ursprung des Künstlerischen; Vortrag vom 12.9.1920, Dornach 1928

Die Welt der Sinne und die Welt des Geistes; Dornach 1933

Wie erlangt man Erkenntnisse der höheren Welten? (Ausgewählte Werke, Bd 4), Frankfurt am Main 1987

Swami Vivekananda siehe: Vivekananda

Szepes, M. und W. Charon: *Die geheimen Lehren des Abendlandes;* Academia occulta, Sonderausgabe, München 2001

Verweyen, J. M.: *Die Probleme des Mediumismus*; Stuttgart 1928

Vilayat Inayat Khan: *Der Ruf des Derwisch*; Essen 1982

Weihnachts-Seminar in Waldmichelbach/Odenwald: 26. bis. 30. Dezember 1993; Hrsg.: R.v. Dobberke, Witzenhausen 1994

Weihnachts-Seminar in Waldmichelbach/Odenwald: 26. bis 30. Dezember 1994, Hrsg.: R.v. Dobberke, Witzenhausen 1995

Vivekananda: *Raja-Yoga.* Mit den Yoga-Aphorismen des Patanjali; 2.Aufl., Freiburg im Breisgau 1990

Wallimann, S.: *Erwache in Gott*; 2.Aufl., Freiburg im Breisgau 1993

Die Umpolung; 2.Aufl., Freiburg im Breisgau 1989

Wandel, J.: *Geistige Selbsthilfe gegen Herz- und Kreislaufbeschwerden* (br.); Berlin o.J.

Das höhere Selbst (br.); Berlin o.J.

Impressionen aus einer höheren Welt (br.); Berlin o.J.

Die Religion der Zukunft (br.); Berlin o.J.

Vademecum zur Initiation (br.); Berlin o.J.

Wohin zielt die Menschheit? (br.); Berlin o.J.

Waßmann, B.: *Channel-Medien zwischen Licht und Schatten.* (Reihe: Tore in die unsichtbare Welt, Bd 3) Frankfurt am Main 2016

Weihrauch, W. in: *Flensburger Hefte. Schwarze und Weiße Magie*; Flensburg 1995

Der Weisse Lotos. Zeitschrift für geistige Entfaltung, Nr. 1, München 1982, Nr. 24, München 1987; Nr. 28, München 1988

Wells, H. G.: *Die Geschichte des + Mr. Elvesham*, in: *Der gestohlene Bazillus und andere Geschichten*; Stuttgart

1909
Der gestohlene Körper, in: *Der gestohlene Bazillus und andere Geschichten*
Wenzel, F.: *Okkultismus: Wahn oder Wirklichkeit?*
Hannover und Kassel 1949
Wickland, C.: *Dreissig Jahre unter Toten*; 10.Aufl.,
St. Goar 1992
Widmer, W.: *Gott, die Welt und du*; Neuwied 1988
Winkler, H. A.: *Die reitenden Geister der Toten*; Stuttgart
1936
Winklhofer, A.: *Traktat über den Teufel*; Frankfurt am Main
1961

Die Autorin: Birgit Waßmann studierte Pädagogik und arbeitete in einer psychiatrischen Klinik, bis sie die geheimnisvolle Welt der Spiritualität und Parapsychologie für sich entdeckte. Eine Zeit lang war sie als mediale Beraterin und Schriftstellerin tätig. Nun hat sie sich entschlossen, einen Teil der Texte, die sich über die Jahre angesammelt haben, zu veröffentlichen.

Mail Adresse: b.wassmann@posteo.de

Weitere Titel:

Birgit Waßmann
Psychotische Grenzerfahrungen
In Zusammenhang mit dem Übersinnlichen.
346 S., Paperback
ISBN 978-3-7407-1269-3

Birgit Waßmann
Spirituelle Krise oder Psychose?
Dunkle Pfade zur Erleuchtung.
389 S., Paperback
ISBN 978-3-7407-6503-3

Birgit Waßmann
Seelische Abgründe
Parapsychologische Deutungen für Hysterie,
Zwänge, Asthma, Epilepsie und Manie
306 S., Paperback
ISBN 978-3-7407-4870-8

Birgit Waßmann
Aufbruch in die andere Realität
Metaphysik, Psychologie und
spirituelle Krisen

2023, 295 S., Paperback,
Preis: 11,50 Euro.
ISBN: 978-3-347-83829-1
E-Book: 6,- Euro
ISBN: 978-3-347-83830-7